图书在版编目（CIP）数据

15—19世纪中国货币流通变革研究／张宁著．—北京：中国社会科学出版社，2018.4
ISBN 978-7-5203-2374-1

Ⅰ.①15… Ⅱ.①张… Ⅲ.①货币流通—货币史—研究—中国—15世纪—19世纪 Ⅳ.①F822.9

中国版本图书馆CIP数据核字（2018）第067050号

出 版 人	赵剑英
责任编辑	孔继萍
责任校对	石春梅
责任印制	李寡寡

出 版	中国社会科学出版社
社 址	北京鼓楼西大街甲158号
邮 编	100720
网 址	http://www.csspw.cn
发 行 部	010-84083685
门 市 部	010-84029450
经 销	新华书店及其他书店

印 刷	北京明恒达印务有限公司
装 订	廊坊市广阳区广增装订厂
版 次	2018年4月第1版
印 次	2018年4月第1次印刷

开 本	710×1000 1/16
印 张	18.75
插 页	2
字 数	295千字
定 价	79.00元

凡购买中国社会科学出版社图书，如有质量问题请与本社营销中心联系调换
电话：010-84083683
版权所有　侵权必究

目 录

绪 论 ……………………………………………………………… (1)

第一章 银钱并用币制的形成 ……………………………………… (18)
 第一节 明初货币政策的失败 …………………………………… (21)
 第二节 财政改革推动下的币制转型 …………………………… (39)

第二章 明代铜钱危机中的银、钱流通格局 ……………………… (51)
 第一节 铜钱危机的形成和延续 ………………………………… (52)
 第二节 白银时代的银两制度 …………………………………… (67)
 第三节 行钱之地与行银之地 …………………………………… (84)

第三章 清前期货币政策的调整 …………………………………… (91)
 第一节 积极有为的铸币政策 …………………………………… (91)
 第二节 制钱流通扩张压力下的铸钱大跃进 …………………… (103)
 第三节 铜钱制度危机的酝酿 …………………………………… (117)

第四章 清中叶货币流通格局的大变动 …………………………… (131)
 第一节 清代早期的货币流通 …………………………………… (134)
 第二节 清中叶银、钱流通地位的转变 ………………………… (151)
 第三节 银、钱流通地位转变的原因 …………………………… (164)
 第四节 制钱流通的信用化趋势 ………………………………… (175)
 第五节 洋钱对银、钱流通的冲击 ……………………………… (192)

第五章　19世纪下半叶的货币流通格局 ……………………（207）
  第一节　世界银价下跌中的银两制度 …………………………（207）
  第二节　铜贵钱荒局面的形成 …………………………………（226）
  第三节　从洋钱到龙洋——银圆势力的扩张 …………………（253）
  第四节　银、钱流通地位的局部变化 …………………………（269）

结　语 ………………………………………………………………（276）

参考文献 ……………………………………………………………（280）

绪　　论

　　15世纪，以大明宝钞的失败为标志，中国的货币制度和货币政策完全改变。中国是世界上最早使用铸币的地区之一，并在宋代率先发明纸币。元至明初主要推行不兑换纸币，偶尔铸钱。明代正统年间，这一超前的币制随大明宝钞的失败而破产。此后，币制逐渐演变为（贵金属称量货币）银两与（贱金属铸币）铜钱并用，货币发展水平转而落后于当时世界上其他经济发达地区。

　　这一币制转型，也是世界历史上的一件大事。中国产银很少，白银成为普遍流通的货币后，需求巨大。16世纪，美洲和日本银矿大开发。从此，海外白银与中国商品的交换，成为当时世界贸易和中国东南沿海商品经济扩张的重要推动力，也是晚近国际经济史学界的研究热点。[①]

　　从15世纪晚期至19世纪，银钱并用（亦称银钱平行本位、银钱两本位、银铜复本位）是中国币制的主要内容。金融史的传统观点认为，这一币制的基本特点是"大数用银，小数用钱"。然而，在实际的经济生活中，银两和铜钱各自有多少种类？"大数"和"小数"的界限何在？银钱两种货币的流通地位经历过哪些变化？在不同时期的各个地区有何差异？在银两、铜钱之外，其他类型货币的流通情况如何？只有对这些问

---

① Andre Gunder Frank 的《Reorient: the Global Economy in the Asian Age》（加州大学出版社1998年版，中译本《白银资本：重视经济全球化中的东方》，刘北成译，中央编译出版社2000年版），以及 Kenneth Pomeranz 的《The Great Divergence: Europe, China, and the Making of the Modern World Economy》（普林斯顿大学出版社2000年版，中译本《大分流：欧洲、中国及现代世界经济的发展》，史建云译，江苏人民出版社2004年版）皆在国际史学界引起较大反响。

题做出细致的实证研究，才能全面准确地理解明清货币金融史的面貌。而了解当时人使用货币的具体方式及其变化，也可以加深对明清经济社会变迁的认识。

本书从银钱并用币制的形成与演变出发，聚焦于银两、铜钱两种货币流通地位的变迁，尝试回答上述问题，并勾勒出这一历史时期生动真实的货币流通面貌，但不是对这一时期货币史的总体研究。某些问题，如海外白银内流、货币政策、货币比价以及货币金融理论和争议，仅就其与银钱流通地位密切相关之处进行探讨。

一 学术研究回顾

货币史是中国经济史研究的冷门。比较而言，只有宋代及金元货币史得到较多关注。各种货币金融通史，如张家骧的《中华币制史》（民国大学1926年版）、彭信威的《中国货币史》（上海人民出版社1958年版）、萧清的《中国古代货币史》（人民出版社1984年版）、叶世昌的《中国古近代金融史》（复旦大学出版社2001年版）、叶世昌的《中国金融通史》第1卷（中国金融出版社2002年版）及张国辉的《中国金融通史》第2卷（中国金融出版社2003年版）、朱嘉明的《从自由到垄断：中国货币经济两千年》（远游出版事业股价有限公司2012年版），皆论及明清时期的货币流通，其中彭著内容稍详。断代货币史著作可以作为研究水平的一个指标，杨端六的《清代货币金融史稿》和黄阿明的博士学位论文《明代货币与货币流通》[①]是仅有的分别概述清代和明代货币史的论著。除了黄著注意到明代货币流通存在地区差异，其他论著普遍重银轻钱，固守"大数用银，小数用钱"的成说，强调白银是当时币制的主要因素，甚至认为银两不断排挤铜钱，"从明清时代几百年间的货币流通看，银两对于铜钱，在重要性上，是逐渐占据上风的"[②]。

有关明清时期货币流通的各种专题研究，分别概述如下：

[①] 杨端六：《清代货币金融史稿》，三联书店1964年版；黄阿明：《明代货币与货币流通》，博士学位论文，华东师范大学，2008年。

[②] 杨端六：《清代货币金融史稿》，三联书店1964年版，第60页。

(一) 明代货币流通

1. 大明宝钞失败的原因

15世纪中国币制的逆转，始于宝钞政策的失败。关于大明宝钞的发行流通，乔晓金、叶世昌、唐文基、赵善轩、王玉祥、陈昆、黄阿明等人的普遍观点是明初滥发宝钞使钞价崩溃，之后虽努力挽救，仍为民众抛弃。① 赵善轩、王玉祥和陈昆还着重分析了宝钞的体制缺陷，如纯粹依靠政府的信用支撑，既无发行准备金，也没有现金回收的安排。后来仅凭税收回笼宝钞，不可能减少流通压力。此外，"倒钞法"运行不畅，新旧钞也难以倒换。滥发是宝钞疯狂贬值的直接原因，孙兵、蔡小平和黄阿明分别从洪武朝宝钞印造支出以及洪武永乐时期用宝钞救荒的问题出发，用详细的数字说明当时是如何毫无节制地发行宝钞。②

但回顾宋元以来纸币的发行流通，如南宋末和元末战乱时期也是滥发，仍能维持流通。③ 何以明政府在统治力强盛的和平年代，却不能维持钞法？大明宝钞发行高峰在洪武永乐年间，此后减少以至停止造钞，何以在宣德正统年间政府认为"钞法颇通"之时，宝钞开始退出流通？这是滥发货币说难以解释的。因此，币政转型在多大程度上是政府被动适应货币经济的需要，又有多少政策主动调整的成分，仍待进一步研究。

2. 明代白银货币化及银两流通

这是当时中国以至世界经济的一大变化。已有研究的一个重点是海

---

① 乔晓金：《明代钞币初探》，《中国钱币》1983年第2期；叶世昌：《论大明宝钞》，《平准学刊》第四辑下册，光明日报出版社1989年版；王玉祥：《明朝钞法述论》，《甘肃社会科学》1997年第5期；唐文基：《论明朝的宝钞政策》，《福建论坛》2000年第1期；赵善轩：《重评"大明宝钞"》，《江西师范大学学报》（哲社版）2005年第1期；黄阿明：《明代前期的救钞运动及其影响》，《江汉论坛》2012年第2期；陈昆、李志斌：《财政压力、货币超发与明代宝钞制度》，《经济理论与经济管理》2013年第7期。

② 孙兵：《明洪武朝宝钞的印造与支出探微》，《江西社会科学》2003年第8期；蔡小平：《明代洪武永乐年间的荒政与钞法》，硕士学位论文，江西师范大学，2011年；黄阿明：《明代货币白银化与国家制度变革研究》，广陵书社2016年版，第47—54页。

③ 统计《中国历代契约汇编考释》（上）所辑自元二十六年（1289）到至正二十七年（1367）的33份元代徽州地区土地交易典当契约所用交易媒介，除元贞二年（1296）和元统二年（1334）两例用银，至元三年（1337）一例用谷，其余皆用钞。即使在朱元璋军队占领徽州期间，契约用龙凤年号，货币仍用元朝的中统钞（张传玺主编，北京大学出版社1995年版，第543—565、570—580、585—587、638—639页）。

外白银的流入及其估算。① 另一个重点是白银货币化的原因。宋元以降，白银的货币功能潜滋暗长，明正统年间，白银流通合法化。至成化年间，成为普遍流通的主要货币。其原因何在？内生论是主流观点。全汉昇和万明认为：" 在当日社会经济日益发展的过程中，白银却自然而然地普遍流通起来"。② "自明初至成、弘年间，民间社会存在一种自下而上的白银货币化趋势"，战胜了贬值的宝钞。③ 同时，也注意到政府赋税折银进程"自上而下"的推广作用。④ 黄阿明根据《明实录》《万历会计录》等史籍中的财政信息，分析了赋税制度变革和军事供给体制变革与明代白银货币化的关系。⑤

至于白银经济活动中的实际流通状况，研究仅零星数篇。岳麓探讨了白银窖藏风气，认为这导致了流通白银的供应不足。⑥ 黄阿明分析了赋税折银和伪银流通带来的负面问题。⑦

由于白银以落后的称量货币形式存在，银两并不适合在日常交易中广泛使用。那么，为何白银能成为普遍流通的货币？当时民间是如何使用银两的？已有的研究，除了利用徽州契约揭示当地货币流通转向用银的过程，⑧ 并未给出合理的解释。其主要原因在于过度瞩目于白银，抛开了银、钱两种货币的竞争，因此难以理解货币流通演变的实际状态。

---

① 海外白银流入中国是学术热点，论著颇多，参见梁方仲《明代国际贸易与银的输出入》（《梁方仲文集》，中山大学出版社2004年版），全汉昇《明季中国与菲律宾的贸易》（《中国经济史论丛》，香港新亚书院，1972年），贡德·弗兰克《白银资本》（中央编译出版社2000年版），庄国土《16—18世纪白银流入中国数量估算》（《中国钱币》1995年第3期），李隆生《明末白银存量的估计》（《中国钱币》2005年第1期）。

② 全汉昇：《宋明间白银购买力的变动及其原因》，《新亚学报》第8卷第1期，1967年。

③ 万明：《明代白银货币化的初步考察》，《中国经济史研究》2003年第2期。

④ 前引全汉昇论文已有此见解。万明的《白银货币化视角下的明代赋股改革》（《学术月刊》2007年第5期）一文对此做了系统探讨。

⑤ 黄阿明：《明代货币白银化与国家制度变革研究》，广陵书社2016年版。

⑥ 岳麓：《明代窖藏白银之盛》，《中国史研究》1985年第1期。

⑦ 黄阿明：《明代赋税征银中的负面问题》，《史林》2007年第6期；《明代中后期的伪银流通与国家应对》，《浙江社会科学》2010年第1期。

⑧ 利用徽州契约文书研究明代货币变革，始于傅衣凌的《明代前期徽州土地买卖契约中的通货》（《社会科学战线》1980年第3期），李若愚的《从明代的契约看明代的币制》（《中国经济史研究》1988年第4期），目前最完备的统计来自万明的《明代白银货币化的初步考察》（《中国经济史研究》2003年第2期）。

3. 明代的制钱发行与铜钱危机

针对白银进步论，一些学者提出了质疑，认为明代铸钱少且私钱泛滥，是民间不得不广泛用银的重要背景。彭信威、黄仁宇都曾指出明代铸钱少且私劣钱泛滥是白银成为主要货币的重要原因。[①] 晚近，邱永志、赵轶峰、刘光临亦持此议，反对以贵金属货币为进步的简单论断。[②]

深入研究这一问题，必须具体了解明代的铜钱供应（包括前代旧钱留存、制钱供应、私铸钱情况）与铜钱在各地流通的状态。刘光临分析了明代铜钱供应严重不足，以及由此引发的盗铸风气，认为"盗铸钱对规范铜钱的排挤才是白银'取代'铜钱的真正原因"。[③] 明代不重视铸钱，其铸钱体制、过程及铸钱量的前后变化颇为曲折，黄阿明和张诗波的学位论文对此做了粗略的梳理。[④] 洪武禁钱是明代钱法的一大转折，屠燕治根据各地发现的洪武末年铜钱窖藏，揭示了钱禁立竿见影的效果。[⑤] 自正统元年（1436）放开钱禁后，到成化年间，政府开始重视铜钱的流通，试图通过赋税征收铜钱推动钱法运行。张瑞威的研究表明，由于政府不铸钱，铜钱需求的增加反而刺激了私铸，使钱法愈加败坏。[⑥] 嘉庆年间恢复两京日常铸钱后，到万历初年，张居正在全国范围内推行铸钱，旋即以失败告终。滨口福寿分析了从隆庆年间出现的主张铸钱的政策建议对张居正的影响，张瑞威探讨了张居正铸钱的动因和大致过程。[⑦] 万历末年以降，官方铸造的制钱品质不断下降，黄阿明对万历三十九年

[①] 彭信威：《中国货币史》，上海人民出版社1958年版，第453页；黄仁宇：《十六世纪明代中国之财政与税收》，三联书店2007年版，第421页。

[②] 邱永志：《明代货币结构的转变及其原因——以白银的货币性质为分析视角》，《南京大学学报》2013年第5期；赵轶峰：《明代白银货币称量形态对国家——社会关系的含义》，《史学月刊》2014年第7期；刘光临：《明代通货问题研究——对明代货币经济规模和结构的初步估计》，《中国经济史研究》2011年第1期。

[③] 刘光临：《银进钱出与明代货币流通体制》，《河北大学学报》2011年第2期。

[④] 张诗波：《明代铜钱铸造之研究》，硕士学位论文，东北师范大学，2004年；黄阿明：《明代货币与货币流通》，博士学位论文，华东师范大学，2008年。

[⑤] 屠燕治：《谈洪武年间的钱币窖藏》，《中国钱币》1988年第1期。

[⑥] 张瑞威：《劣币与良币——论明宪宗一朝的货币政策》，载于《全球化下明史研究之新视野论文集》第2册，台北东吴大学历史学系，2007年。

[⑦] ［日］滨口福寿：《隆庆万历期钱法新展开》，《东洋史研究》1972年第3卷；张瑞威：《足国与富民？——江陵柄政下的直省铸钱》，《明代研究》2005年第8期。

(1611）留都铸钱事件的研究，揭示了政府对铸钱管理的松懈。① 明代铸钱少，民间流通以旧钱和私铸钱为主，王玉祥和王裕巽对私钱及与物价的关系做了初步探讨，黑田明伸具体分析了福建的私铸与铜钱流通情况。② 明代很多地区长期无铜钱流通，黄阿明注意到明人关于某些地区不用钱的议论，并研究了不用钱的西南地区的货币流通。③

上述研究勾画出明代货币流通的面貌模糊的变化，但一些主要的疑点并未解决。其一，大明宝钞退出流通的根本原因何在，是民众抵制还是政府主动放弃？如何理解始于永乐末年的减少直至停止造钞的政策？其二，白银成为普遍流通的货币，主要动力究竟是内因抑或外因？仅凭徽州契约使用货币的变化不足以说明问题。徽州地域太小，代表性不够。而且当地白银流通背后仍有财税改革的外力推动。其三，虽然一些学者已看到铜钱危机对白银流通的推动力，但未能就银钱流通地位的变化以及地域差异展开细致的讨论。其四，大量明代史料揭示的"不行钱之地"和小数用银的情况，与"大数用银，小数用钱"的成说大相径庭。对此做何理解？避免简单化的认识和笼统的讨论，深入货币流通的实况，是解开上述疑点，全面了解明代币制变革的关键所在。

针对后两个问题，拙作《铜钱危机视野下的明代币制变革》从铜钱危机入手，剖析货币流通演变的地域差异以及银两的实际流通方式，首次探讨了明中后期"行银之地"与"行钱之地"的总体区别与变化，以及"小数用银"出现的原因。以实证研究说明"大数用银，小数用钱"的成说在当时并不完全成立。④ 但对于明代币制从大明宝钞时期向银钱并用转型的具体过程，以及各地银钱流通的具体差异和变化，仍待进一步的研究。

（二）清前期的货币政策与货币流通

由明入清，中国的货币制度维持着银钱并用的总体格局。海外白银

---

① 黄阿明：《万历三十九年留都铸钱事件与两京应对》，《中国钱币》2012年第2期。
② 王裕巽：《试论明中、后期的私铸与物价》，《中国钱币》2001年第3期；王玉祥：《明代私钱述论》，《中国社会经济史研究》2002年第4期。
③ 黄阿明：《明代货币与货币流通》，博士学位论文，华东师范大学，2008年；《明代西南地区的货币与流通》，《兰州学刊》2011年第10期。
④ 张宁：《铜钱危机视野下的明代币制变革》，《湖北大学学报》2014年第6期。

仍是中国用银的主要来源。虽然清初发生过某种程度的"银荒",到18世纪,巨量的美洲白银直接或间接内流,白银供应充裕。但清代的货币政策发生了重大变化。清政府重视"钱法",铸钱是一项重要的财经政策。为此,大规模开发币材来源,特别是铜源。鸦片战争前的一个世纪里,政府铸发的铜钱量超过了北宋时期。优质铜钱供应渐趋充裕,银、钱流通地位因而出现重大变化。

1. 清前期制钱的铸造与管理

王德泰的系列论文及在此基础上形成的专著,[①] 大量利用第一历史档案馆藏档案文献,对清代的铸币管理和各朝各钱局的成本收益做了比较细致量化的研究,是迄今为止研究清代制钱体制最高水平的著作。

清前期的铸钱量,特别是乾嘉两朝,达到中国货币史上的最高峰。傅汉思认为"在1644—1844年的200年间,清帝国的钱局可能生产了总数为二亿三千万串以上的铜钱"。由于现存的数据不足,这个数字只能是估算。杜家骥根据较为可靠的史料记载,计算了乾隆二十年(1755)的铸钱量,认为达到354.9462万串,当年人均19文多。[②] 通过进口洋铜和滇铜计算清前期铸钱量,是一个辅助方法。刘序枫对康熙至乾隆年间洋铜进口量的梳理,严中平对云南铜政的详细考察,都有助于划定铸钱量的大致范围。[③]

此外,还有一些涉及清前期币材生产运输和制钱铸造管理的论文,学术价值相对有限,可参见刘朝辉的综述。[④]

2. 银钱比价与制钱流通的管理

有关清前期铜钱流通的研究,集中于银钱比价和私钱问题。

由于清政府设定了千文一两的法定目标价,顺治到乾隆年间,通过

[①] 王德泰:《清代前期钱币制度形态研究》,中国社会科学出版社2013年版。
[②] [瑞士]傅汉思:《清代前期的货币政策和物价波动》,《中国钱币》1995年第3期;杜家骥:《清中期以前的铸钱量问题——兼析所谓清代"钱荒"现象》,《史学集刊》1999年第1期;严中平:《清代云南铜政考》,中华书局1957年版。
[③] 刘序枫:《清康熙—乾隆年间洋铜的进口与流通问题》,载汤熙勇《中国海洋发展史论文集》第七辑上册,台北"中研院"中山人文社会科学研究所,1999年;严中平:《清代云南铜政考》,中华书局1957年版。
[④] 刘朝辉:《清代制钱研究综述》,《中国史研究动态》2008年第7期。

调整供应、改变制钱重量成色等方式调控钱价，是货币政策的重要内容。学者对当时的银钱比价多有统计，彭信威、杨端六较早梳理了清代银钱比价的整体变动趋势。① 此后，18 世纪的钱贵银贱问题成为研究重点，陈昭南、王光越、袁一堂、黑田明伸、王宏斌、陈锋等整理的银钱比价变化表更为细致。② 由于各地钱价差异较大，需要更多区域化的数据。陈春声对清代广东银钱比价的整理仅有一省钱价数据，郑永昌从各类文献档案中详细整理出乾隆年间各省银钱比价表，代表了这一研究的发展方向。③

在清前期银钱比价变动过程中，18 世纪上半叶的钱贵是当时严重的金融问题，清政府想方设法进行治理。邓亦兵认为政府虽然可以通过各种政策去影响供求关系，但市场力量是银钱比价波动的最终决定因素。④ 雍正年间的铜禁是干预色彩最浓的政策，李强和万庆的研究揭示了铜禁政策的由来、实施过程以及乾隆时解除铜禁的原因。⑤ 乾隆初年，面对严重的钱贵问题，政府在增加供应的同时，还从需求端着手治理，陈锋探讨了限制铜钱流通的政策出台经过。⑥

明代以来，制钱、前代旧钱与私铸钱长期并行。从顺治到康熙年间，对旧钱和私钱的流通从禁止到容许。这一转变是权宜之计，制钱供应充

---

① 参见彭信威《中国货币史》第 8 章"清代的货币"；杨端六《清代货币金融史稿》相关内容。

② 陈昭南：《雍正乾隆年间的银钱比价变动（一七二三一九五）》，"台北中国学术著作奖助委员会"，1966 年；王光越：《清代乾隆初年钱价增昂问题初探》，《历史档案》1984 年第 2 期；袁一堂：《清代钱荒研究》，《社会科学战线》1990 年第 2 期；[日]黑田明伸：《乾隆の钱贵》，《东洋史研究》第 45 卷第 4 期，1987 年；王宏斌：《晚清货币比价研究》，河南大学出版社 1990 年版；陈锋：《清代银钱比价的波动及其对策》，载于《陈锋自选集》，华中理工大学出版社 1999 年版，第 379—401 页。

③ 陈春声：《清代广东银钱比价》，《中山大学学报》1986 年第 1 期；郑永昌：《清代乾隆年间的私钱流通与官方因应政策分析——以私钱收买政策为中心》，《"国立"台湾师范大学历史学报》1997 年第 25 期。

④ 邓亦兵：《清代前期政府的货币政策——以京师为中心》，《北京社会科学》2001 年第 2 期。

⑤ 李强：《论雍正时期的铜禁政策》，《学术界》2004 年第 1 期；万庆：《乾隆时期关于铜禁政策的大讨论及相关问题研究》，硕士学位论文，广西师范大学，2003 年。

⑥ 陈锋：《清代银钱比价的波动及其对策》，华中理工大学出版社 1999 年版。

裕后，严禁私钱势在必行。郑永昌主要依据清代档案，详细剖析了清政府对私钱政策的变化过程。①

18世纪上半叶钱贵现象的原因在于银钱关系的变化。制钱流通地位上升，导致供不应求，因而价格上涨。陈昭南、黑田明伸、郑永昌的论著都提到了这个原因，但视之为（乾隆四十年之前的）阶段性现象而非长期的趋势变化。岸本美绪从文人记载和一些地区的契约文书使用货币情况的变化中，发现18世纪"铜钱代替银被大量使用"很可能是趋势性变化，"为什么会出现这种现象，是清代货币史上非常有趣但是过去很少被关注的问题，期待着对这一问题能有专论出现"。但仍坚持这是"货币史上的倒退现象"。② 拙著质疑了这种线性进步史观，从铸币（制钱）对称量货币（银两）的优势出发，说明银钱关系大变动的合理性，并初步论述了此次货币流通变局导致许多地区流行大数用钱，其影响直达20世纪初。③ 李红梅比较了京师、福建和徽州土地文书使用货币的变化，认为各省以至一省之内的货币流通地位的变动情况有很大的不同。④

3. 钱票和洋钱对货币流通的影响

乾隆年间，货币制度出现新动向。一是洋钱（外国机制银圆）大量流入东南沿海地区，逐渐成为异于银两的计枚流通的银货币，以至于其面值较大幅度地偏离内在含银量，出现升水。二是一些地区出现商家发行的纸币性质的私票（基本上都是钱票）。到19世纪上半叶，洋钱在东南沿海，钱票在北方，都是重要的货币。

私票流通一段时间之后，大都被销毁，道光以前的私票很少有保存至今。由于收藏热升温，散落于民间的早期票帖得到钱币学研究的重视，如王雪农、石长有等辑录的票帖图录，⑤ 以及《中国钱币》等刊物发表的

---

① 郑永昌：《清代乾隆年间的私钱流通与官方因应政策分析——以私钱收买政策为中心》，《"国立"台湾师范大学历史学报》1997年第25期。
② ［日］岸本美绪：《清代中国的物价与经济波动》，刘迪瑞译，社会科学文献出版社2010年版，第300页。作者对这一问题的讨论，见该书第9章"关于清代的'七折钱'惯例"。
③ 张宁：《中国近代货币史论》，湖北人民出版社2007年版，第6—14页。
④ 李红梅：《从土地文书看清代货币使用的地域差异》，《江苏钱币》2013年第2期。
⑤ 王雪农等编：《中国山西民间票帖》，中华书局2001年版；石长有编：《清代地方私帖图录》，中华书局2006年版。

一些论文。但货币金融史方面的研究寥寥无几,一般将钱票视为新式货币,并未深入剖析钱票与制钱本位的关系。拙作以乾隆末年到1861年的宁波金融业为中心,结合全国范围内银钱关系大变动与众多地区相继出现的制钱流通信用化趋势,说明大数用钱是如何推动钱票等金融创新的出现,制钱流通信用化最终使宁波成为当时世界上金融信用化水平最高的城市之一。①

洋钱的流通很早得到关注,如百濑弘对清代西班牙银圆流通的研究。② 此后,专门的研究比较少见。黄寿成从清代藏书家的著作中挖掘了一些史料。③ 陈春声、公一兵根据地方文献和契约文书分别探讨了清代广东、福建的洋钱流通,④ 随着洋钱计枚流通,出现了新的货币单位,金德平分析了圆(元)的由来,拙作对"元、角、分"体系的形成做了系统的探讨。⑤ 这些研究,尚未系统比较洋钱在各地流通情形的差异,也未能从一手史料出发讨论洋钱与他种货币在流通中的关系,因此难以详细说明洋钱对银钱并用币制的影响。

从嘉庆中期至道光年间(从1810年至19世纪40年代),"银荒"逐渐形成并愈演愈烈,对银钱并用币制造成冲击。传统观点认为,鸦片进口导致白银外流是银荒的原因,彭泽益考察了银贵钱贱的货币危机造成的全局性危害。⑥ 林满红站在美洲贵金属减产和世界性通货紧缩的高度,认为美洲白银减产是引发中国白银外流的更深层次原因。19世纪50年代世界贵金属产量恢复后,白银便转为净流入,虽然当时鸦片进

---

① 张宁:《制钱本位与1861年以前的宁波金融变迁——兼与"大数用银,小数用钱"说商榷》,《中国社会经济史研究》2012年第1期。

② [日]百濑弘:《清代西班牙银元的流通》,载《日本学者研究中国史论著选译》第六卷,中华书局1995年版。

③ 黄寿成:《外国银圆在中国的流通》,《中国典籍与文化》1994年第4期。

④ 陈春声:《清代广东的银元流通》,《中国钱币》1985年第1期;公一兵:《试论清代福建的白银货币结构》,载刘秋根《中国工商业、金融史的传统与变迁——十至二十世纪中国工商业、金融史国际学术研讨会论文集》,河北大学出版社2009年版,第91—116页。

⑤ 金德平:《论我国主币单位"圆(元)"之由来》,《中国钱币》1995年第1期。张宁:《论我国现代货币单位"元、角、分"体系的确立》,《史学月刊》2005年第2期。

⑥ 彭泽益:《鸦片战争后10年银贵钱贱波动下的中国经济与阶级关系》,载《19世纪后半期的中国财政与经济》,人民出版社1983年版。

口仍在增长。① 银荒导致银贵钱贱，铸钱亏损，地方钱局大都停铸，制钱供应大幅缩减。林满红通过银钱比价变动的区域分布，讨论世界经济对中国的空间影响，及全国性的经济联系。② 并质疑"钱多钱贱"的观点，认为以铜钱计算的物价有通货紧缩迹象，说明铜钱供应不足，但被银贵钱贱的表象掩盖。③

（三）十九世纪下半叶货币流通格局的局部调整

19世纪下半叶，是银钱并用币制的最后一个阶段，总体的货币流通状态仍然维持在清中叶形成的大格局中。19世纪90年代，清政府开始改革币制，从广东开始自铸银圆，并允许一些地方政府发行纸币，但币制改革对银钱并用币制造成巨大冲击，是20世纪初的事情。传统的近代货币史著作，如耿爱德《中国货币论》（蔡受百译，商务印书馆1929年版）、吉田虎雄《中国货币史纲》（周伯棣编译，中华书局1934年版）、魏建猷《中国近代货币史》（群联出版社1955年版）、彭信威《中国货币史》晚清部分，重点在清末发行的新式货币，对此阶段的银两和铜钱流通仅有简略的介绍。

19世纪50年代，银荒结束，白银又转为净进口。此后，欧美国家相继转向金本位，国际银价不断下跌，巨额白银流入购买力更高的中国。与此同时，铜钱危机逐渐形成。一方面，滇铜生产衰退，币材不足。另一方面，国际银价下跌，导致（以银计价的）进口铜价持续上涨，银钱比价波动又转向钱价上涨。贱金属铸币的高铸造费用无法消化市场化的铜价，钱法难以正常运行。郑友揆和周广远的论文将国际金银比价、国内银钱比价、物价联系起来，反映出国际货币制度变革对中国货币制度

---

① 林满红：《中国白银外流与世界金银减产（1814—1850）》，载吴剑雄《中国海洋发展史论文集》第4辑，台北"中央研究院"中山人文社会科学研究所，1991年，第1—44页。

② 林满红：《银与鸦片的流通及银贵钱贱现象的区域分布（1808—1854）》，《"中央研究院"近代史研究所集刊》1993年第22期。

③ 林满红：《嘉道钱贱现象产生原因"钱多钱劣论"之商榷》，载张彬村《中国海洋发展史论文集》第5辑，台北"中央研究院"中山人文社会科学研究所，2000年，第357—426页。林满红的清代货币史研究成果结集为《银钱：十九世纪的世界与中国》一书，江苏人民出版社2011年版。

的冲击。①

咸丰年间，在军需压力下，清政府短期发行了铜、铁大钱和纸币，彭泽益、张国辉、唐晓辉等有专门的研究。② 这是清代币制的一个插曲，但此后京局继续铸造只能在京城流通的当十大钱，地方铸局基本处于瘫痪状态。铜价上涨加上缺少新增制钱供应，优质铜钱供不应求，质量低劣的私铸钱填补供应缺口，钱荒酝酿并最终形成。郑起东对晚清私铸现象做了初步考察，稍嫌笼统。③ 拙著全面剖析了中央政府三次规复钱法的过程及失败原因，钱荒形成的几个阶段和具体表现。特别强调了钱荒在19世纪末愈演愈烈，迫使中央和地方政府采纳铸造西式铸币的建议，是清末币制改革的重要动力，新发的西式铸币（特别是小银圆和铜元）成了两千多年铜钱传统的掘墓人。④ 丁进军具体分析了最后一次规复钱法期间，为降低铸钱费用而进口新式铸币机器，如何由铸钱的初衷变为广东开铸银圆的尝试。⑤ 对铜钱流通的研究需要地域化视野，任玉雪、武洋探讨了奉天地区小数钱（东钱）惯例的形成及对金融业的影响，邵义对京师流行的计数方式——京钱的形成过程做了考察，具有开创意义。⑥

与走下坡路的铜钱不同，银两的流通范围有所扩大，而且流通方式有所进化。一是某些大商埠形成虚银本位，在附近地区甚至全国产生广泛影响，但相关研究匮乏且水平不高，如杨枫、刘燕武等对汉口洋例银、天津行化银的介绍，皆过于简略。⑦ 二是某些地区银两铸造趋于规范化，

---

① 郑友揆：《十九世纪后期银价、钱价的波动与我国物价及对外贸易的影响》，《中国经济史研究》1986年第2期；周广远：《1870—1894年中国对外贸易平衡和金银进出口的估计》，《中国经济史研究》1986年第4期。

② 彭泽益：《1853—1856年的中国通货膨胀》，载《19世纪后半期的中国财政与经济》，人民出版社1983年版；张国辉：《晚清财政与咸丰朝通货膨胀》，《近代史研究》1999年第3期；唐晓辉：《咸丰朝户部钞票舞弊案》，《清史研究》1996年第3期。

③ 郑起东：《晚清私铸及其影响》，《近代史研究》1990年第2期。

④ 张宁：《中国近代货币史论》，湖北人民出版社2007年版，第62—82页。

⑤ 戴建兵：《中国近代币制的转折点——机制制钱研究》，《中国钱币》1993年第3期。

⑥ 任玉雪、武洋：《论清代奉天地区的市钱》，《清史研究》2014年第4期；邵义：《过去的钱值多少钱》附录《清朝京师"京钱"考》，上海人民出版社2010年版。

⑦ 刘燕武：《天津行化银由宝银转为"虚银两"的过程》，《中国钱币》2011年第2期；杨枫、岳华：《虚银两之汉口洋例银》，《武汉金融》2005年第10期。

由本地的公估局负监督之责。戴学文对云南牌坊锭的研究，是钱币学和货币史相结合的佳作。①

私票和外币的势力范围持续扩张。随着金融业的发展和钱荒的形成，民间私票向南方蔓延，历年《中国钱币》刊载了很多关于某种私票的钱币学文章，一些钱币学图录集中展现了私票流通的种类和地区的变化。洋钱的流通地域扩大，地位也在上升，鹰洋（墨西哥银圆）取代本洋（西班牙银圆），成为洋钱的主力品种。拙作对墨西哥银圆在华流通的过程做了比较详细的考察。② 在华外资银行发行的纸币和外钞是货币流通的新现象，献可依据外文原始资料，考察外钞的发行、流通，尝试估计了不同时期的外钞数量。③ 拙作全面回顾了近代外币流通的情况，认为当时流通的外币为法所不禁，虽然一部分外币有经济侵略性质，大部分外币是中国人主动接受，并强调外币推动币制变革的作用。④

综上所述，关于银钱并用币制的形成，以及在此币制下银两和铜钱两种货币的流通状况，已有较多成果问世，不乏优秀论著。但与明清经济史研究的整体热度和水平相比，货币史是冷门，对很多重要问题的主流认识仍然受到陈旧观念的束缚，特别是"大数用银，小数用钱"的金融史成说与实际情况存在较大差异。虽有一些论著关注到当时银钱两种货币在日常经济生活中的实际流通方式、各地的差异、银钱流通地位的前后变化，以及相关货币政策调整的具体过程，但还是比较笼统粗略。

明清货币金融史研究的深化，其核心问题是清晰全面地认识银两、铜钱两种货币流通地位的演变。要解决这一学术难题，需要在以下几方面有重大突破：

史料搜集的突破：新的研究首先需要克服史料上的障碍。一是货币史料零星分散，有关民间货币流通的史料更加稀少；二是明清时的政府官员和文人在议论货币问题时，常有夸大不实之处；三是史料在时空上分布不均，货币危机时期的史料多，其他时期的史料少，经济文化发达

---

① 戴学文：《晚清传奇货币——云南牌坊锭考》，云南人民出版社1996年版。
② 张宁：《墨西哥银元在中国的流通》，《中国钱币》2006年第4期。
③ 献可：《近百年来帝国主义在华银行发行纸币概况》，上海人民出版社1958年版。
④ 张宁：《清代后期的外币流通》，《武汉大学学报》（人文科学版）2003年第3期。

地区的史料多，落后地区的史料少。受史料限制，以往的研究经常要依赖举例子或简单列举的方法，影响了研究的质量和可信度。因此，如何突破传统思路，收集大量新史料，特别是第一手的货币史料，是顺利开展研究的基础。

银、钱货币职能的交叉重叠：在民间货币流通中，银两和铜钱经常不遵循"大数"和"小数"的界限，侵入对方的势力范围。如银两作为贵金属货币，不便于细微交易，但16—17世纪却有大量用分、厘（一分银子重约0.37克上下）计算物价、收入或者以低至一两分银子交易支付的史料；又如铜钱币值细微，搬运计数艰难，但清乾嘉以降却出现越来越多的几百吊数千吊甚至上万吊用钱的史料，还有许多大商埠通用制钱本位的记载。事实上，小数用银、大数用钱都相当不便，当时又如何缓解这些困难呢？从实证和理论两方面解释上述问题，是研究成功的关键。

货币区的划分：明清时期，无论官方文件还是朝野人士的议论，往往强调各地货币流通习惯的差异。这就要求在探索银钱流通地位的阶段性变化时，不但做全局的鸟瞰式分区，如"行钱之地"与"行银之地"，三大货币区的划分，还要顾及同一货币区内的地域差异，归纳出总体的分布状态和造成变化（歧异）的一般规律，比如核心与外围地区的差异、城乡差别、不同货币区交界地域的流通特点、商帮发源地的特点等。

货币史与货币理论的结合：在世界金融史上，银钱并用币制具有独一无二的"落后性"。"排除了计数性特点的称量货币，而且政府与一切发行没有关系的这种中国白银的使用方式，从世界历史来看是极其特殊的。"[①] 而另一种贱金属货币仍然承担重要的角色，经常要用于较大数额的支付，在当时的世界上也是绝无仅有。这种极其复杂混乱的币制，与今天人们熟悉的货币制度有着巨大的差异。因此，如何用规范的货币理论术语解释当时的货币流通现象，是研究的一个难点。

---

① ［日］黑田明伸：《货币制度的世界史——解读"非对称性"》，何兵译，中国人民大学出版社2007年版，第100页。

二　研究思路和方法

本书的主题是15—19世纪中国货币流通格局的演变，中心是银钱并用币制的形成和演变，重点在银、钱流通地位的变迁，跨越两个朝代，前后5个世纪。不同于传统的断代货币史，本书瞩目于货币在经济生活中的实际流通状态，而非政府的货币政策。因此，需要引入新的研究思路和方法。

（一）研究思路

1. 挖掘新史料。以往的明清货币史研究，史料主要来自两个渠道，一是正史、政书和清代中央档案，其中关于各地民间货币流通状况的记载往往过于简略，或者语焉不详。二是方志、文集、文人笔记，因记载具体和地域性鲜明而日益受到重视，但多是片段的史料，高价值者甚少。也有少数学者使用民间契约、小说和地方档案。本书的研究，除了在传统渠道中尽力搜寻更多史料外，还重视新型史料的发掘，包括契约、碑刻、日记、官方档案、明清小说中的货币史料，重视（有关钱币的）考古发掘报告和钱币学研究的史料价值。这些新型史料的优点有二：一是保存了大量第一手的草根型货币史料，展现了古人日常使用货币的具体情形；二是可以从中整理出一批持续几十年甚至上百年的连续性地方货币史料，得以深入了解各地货币流通演变的轨迹以及地域差异。

2. 围绕银钱并用币制的落后性与商品经济发展要求之间的矛盾，来分析银钱关系演变的内因。贱金属货币铜钱的币值低微，大量远距离搬运的成本太高；贵金属货币白银以落后的称量货币——银两的形式存在，使用时需称重量、较成色，重量标准和成色复杂，折算繁难，以致用银的交易费用较高，大大削弱了银货币的优势。因此，只有在制钱供应匮乏且私铸泛滥、钱分等级之时，银两才会在民间金融活动中占据主导地位。当制钱供应逐渐充裕后，其铸币的优势将发挥出来，在流通中排挤银两的地位。换言之，贵金属货币（白银）相对于贱金属货币（铜钱）的优势，在很大程度上被称量货币（银两）相对于铸币（铜钱）的劣势抵销了，但铜钱的缺点仍然是商品经济发展的一个负担。为解决这一问题，民间金融出现了新的演化趋向：一是东南沿海地区大量使用舶来的标准化机制银圆；二是制钱本位主导的货币区被迫提高金融信用化水平，大量使用钱票、转账等信用手段，以缓解贱金属货币与商品经济发展之间的矛盾。

3. 从银钱供应的特点入手，探讨银钱关系演变的外因。在本书研究的历史时期内，白银和铜钱的供应并不稳定。白银的供应依赖对外贸易，海外贵金属矿藏的开发周期和西方金融体制变迁在总体上决定了海外白银供应的波动周期。铜钱的供应依赖政府的铸币政策和币材产能，而币材产能在很大程度上也取决于政府开发币材矿藏的政策。因其币值低微，铸造费用高，政府掌握充裕的（低于市场价格的）低成本币材，才能维持大规模铸钱。银两是市场化的称量货币，供应不足时可以降低成色流通。如果铜钱长期供应不足，私铸蜂起，必然限制铜钱的流通地位。银钱供应的地理差异也影响着货币流通，白银从东南沿海和西南（缅甸银矿是清代白银的一个次要来源，云南是国内主要银矿产地）进入中国，制钱最大的生产基地在政治中心及附近地区，这都是决定银钱流通地理格局的重要因素。

（二）研究方法

1. 统计分析：计量是经济史研究的核心方法之一。由于史料的限制，以往的明清货币史研究仅对银钱比价变动和白银、制钱的供应进行计量，亦有个别学者利用定量的方法研究某一地区货币流通的特点及演变。本书的研究，从档案、契约、碑刻等第一手文献中梳理出大量各地区的货币史料，进行统计分析，展现各地在较长时间内货币流通变化的特点，并在此基础上做地区间的比较。

2. 区域分析方法：本书构建了一个金融地理的分析框架。一方面借鉴历史经济地理的一般模式，如施坚雅的区域体系分析方法，注意到货币流通的地域差异与各层级的地文区之间存在重要的重叠性。另外，强调金融地理的特殊性。明清时期，货币流动的空间分布还取决于货币生产（流入）的地理位置、贸易线路、商帮流动及城乡差别等因素。

3. 典型案例解剖：以往的中国货币史研究受史料所限，很少进入日常生活层面去了解古人究竟是如何使用货币的，因而对货币流通状态的研究更多停留在概述的层次上。本书利用大量珍贵的第一手记录，对一批地方性典型个案做深入研究，力求深入当时的民间金融活动，揭示货币日常流通状态。

4. 货币史和钱币学相结合：钱币学是货币史的姊妹学科。本课题的研究，汲取钱币学成果，特别是银锭和民间钱票的收藏与研究，以实物特征和文献史料互证，增强研究的技术性和实证价值。

本书是在教育部人文社会科学研究青年基金项目"十六至十九世纪银、钱流通地位的演变"（批准号11YJC770083）结项报告的基础上扩展而成。① 将研究的时间上限扩展到15世纪，剖析从宝钞本位到银钱并用的转型过程，可以更深刻地理解这一币制的特点和内在矛盾。之所以将研究的时间下限定于19世纪，因为直到19世纪末，银两和铜钱仍是主要的流通货币。此后，清政府的货币政策完全转向发行新式货币，规划西方化的新式币制。在短短十余年内，货币流通就发生了天翻地覆的变化。

---

① 该项目已于2016年1月结项，结项证书编号2016JXZ0092。

第 一 章

银钱并用币制的形成

在世界货币史上，中国古代货币制度的一个基本特征是政府只发行贱金属铸币。① 在西方，自公元前600年左右小亚细亚的吕底亚开始，形成铸造贵金属铸币的传统。虽然西方也有铜铸币供民众日常交易支付之用，但贵金属铸币是货币制度的主要因素，也是主要的价值尺度。铜钱在中国有两千多年历史，很早就成为主要货币。贱金属铸币的币值细小，容易渗透进民众的日常生活，其缺点也非常明显：一是大量使用不方便，长途搬运成本高昂，有"斗米运斗钱"之说；二是币材受到铜矿产量的制约，又与日益增长的日常生活用铜竞争，周期性地发生钱荒；三是手工铸钱的技术条件下，币值低微导致铸造费用畸高，如果不能持续获得大量低于市场价格的币材，或者高溢价发行铜钱，大量铸钱必然带来沉重的财政负担。随着人口的增长和商品经济的发展，经济的正常运行要求货币供应持续增长，而铜矿开采经常不能满足铸币和民生用铜的双重需求，屡屡发生"钱荒"。另一方面，远程贸易和大额支付的需求也大大增加，"工商业发展后，急切需要同时有两组交易媒介，一组适合于大型交易，另一组适合于小型交易"②。因此，中国古代币制不可避免地要发展为双本位制，即铜钱和另一种体轻价高的货币并行。战国至西汉，黄金使用较多。东汉时，绢帛的货币功能增长。至三国两晋南北朝隋唐时期，演化为实物货币绢帛与铜钱兼行，纺织品也成为政府的一项重要赋

---

① 唯一的例外是金代的"承安宝货"银铸币。此前，战国时的楚国有"爰金"，但这种金币基本上是一种称量货币，使用时需要切割、称量。

② ［英］马歇尔：《货币、信用与商业》，叶元龙等译，商务印书馆1986年版，第271页。

税收入。但绢帛有先天的劣势，易朽坏，截割后价值大减，加之唐德宗建中元年（780）推行两税法，废除租庸调制，只收谷物和铜钱，不再缴纳纺织品（调和纳庸代役），于是绢帛从唐代后期开始退出货币领域。到北宋，绢帛虽然还用于赏赐劳军等支付手段，但民间用绢帛为交易媒介的记载就很少了。币制的演化出现两个新动向：一是发明和使用贱金属铸币的信用替代物，从中演化出原始纸币。政府看中纸币的财政功能而大加推广。二是使用贵金属白银。白银的货币性潜滋暗长。①

北宋时期，铜钱铸造量达到历史高峰，危机也隐隐浮现。一方面，北宋政府相继划定四川、陕西、河东等发行铁钱的特殊货币区。另一方面，铜钱有了新的竞争对手，即纸币。纸币（交子）始发于铁钱区，宋徽宗时一度在包括京师在内的淮河以北广大地区行用。此外，白银的货币性也在增强，开始取代绢帛的地位。到南宋和金国对峙时期，纸币和白银的势力大为扩张。在南宋，铁钱区有所拓展，沿长江以北连成一片，并禁用铜钱，以防流入金国境内，后又向南延伸到京湖区（京西南路，荆湖北路）。币制变化的重点在纸币，突破了铁钱区（四川交子，淮南交子）的限制，先后发行了东南会子、湖北会子、关子等多种区域性纸币。② 此外，白银在财政收支和私人支付上的使用又有长足进步。③ 在金国，前期用铜钱，但渐趋短缺，私铸泛滥，在币材不足的情况下铸造铜钱又造成官民交困；后期主推纸币（交钞、宝券），铜钱被限禁流通，大量销熔为铜器或运往境外。随着纸币滥发和战乱加剧，白银经常用作大额交易支付的媒介和价值尺度。金章宗承安二年至五年（1197—1200），一度铸造发行承安宝货，是中国货币史上第一种白银

---

① 参见［日］加藤繁《唐宋时代金银之研究——以金银之货币机能为中心》，中华书局2006年版；汪圣铎《两宋货币史》，社会科学文献出版社2003年版；王文成《宋代白银货币化研究》，云南大学出版社2004年版；［日］高桥弘臣《宋金元货币史研究——元朝货币政策之形成过程》，林松涛译，上海古籍出版社2010年版。

② 参见汪圣铎《两宋货币史》第3编《铁钱和特殊货币区》，第4编《纸币》，社会科学文献出版社2003年版。

③ 关于宋代白银货币属性的增强，可参见［日］加藤繁《唐宋时代金银之研究——以金银之货币机能为中心》，中华书局2006年版；王文成《宋代白银货币化研究》，云南大学出版社2004年版。

铸币。

宋金时期，铜钱虽然遇到其他货币的挑战，只是出现局部危机。但铜钱铸造量从北宋的高峰迅速跌落，孕育着更深远的危机。由于铜锡产量减少，铜器需求猛增，以及外贸导致的巨额流出，到南宋末期，杭州等大城市铜钱短缺，在小额交易中不得不以鑞（按：铅和锡的合金）牌、铅牌等替代。

多种货币较量的结果，是元代确立了专用纸币，禁止铜钱、白银流通的货币政策。禁令在长江以南的南宋旧地未能完全贯彻，铜钱仍有流通。至大、至正年间，两度解禁，铸发至大、至正通宝，意在与纸币"子母相权"，维持钞价，但维持不久，又恢复禁令。① 对白银也曾解禁，元杂剧透露的货币信息表明，白银在日常交易中获得更大的流通空间。②

宋金元以来的钞、钱、银三种货币的矛盾，正是明初货币政策所面对的首要问题。朱元璋的第一个选择是铜钱，包括（称帝前的）大中通宝和洪武通宝。洪武八年（1375）才发行宝钞，与铜钱兼行，并"禁民间不得以金银物货交易"。实行一种钱钞并行、宝钞又不能兑钱的币制，与元代及宋代都不相同。③ 与前代相比，大明宝钞更快地陷入滥发贬值的恶性循环。为维持这一财政工具，洪武二十七年（1394），"诏禁用铜钱……悉收其钱归官，依数换钞，不许更用"。④ 至此，又回到元代的不兑换纸币体制。

---

① 金朝和元代的币制，可参见［日］高桥弘臣《宋金元货币史研究——元朝货币政策之形成过程》，林松涛译，上海古籍出版社2010年版。

② 沈伯俊：《文学史料的归纳与解读——元代至明初小说戏曲中白银的使用》，《文艺研究》2005年第1期。

③ 元代仅短期铸造过三种铜钱（武宗时的至大通宝和大元通宝，顺帝时的至正通宝），欲与钞并行，寻废。朱元璋政权在吴国公时期铸造大中通宝，洪武元年（1368）改铸洪武通宝。七年筹备造钞，设置宝钞提举司（《明太祖实录》卷93，洪武七年九月辛未）。八年"诏造大明宝钞"，面值为一贯、五百文、四百文、三百文、二百文、一百文共六等，由桑皮纸制成。最初，"每钞一贯准铜钱一千，银一两"。钱钞并行，禁止民间以金银物货交易，"凡商税课程，钱钞兼收。钱什三钞什七，一百文以下则止用铜钱"（《明太祖实录》卷98，洪武八年三月辛酉）。

④ 《明太祖实录》卷234，洪武二十七年八月丙戌。

第一节 明初货币政策的失败

明初的货币政策，从钱钞兼行变成以大明宝钞为唯一的法定货币，是宋金元以来货币制度演化的必然结果。然而，大明宝钞的发行管理体制极为粗陋，较之宋元有很大退步。这决定了宝钞的失败前景。

一 大明宝钞的先天缺陷

从北宋交子到大明宝钞，政府以强制力确定为法偿货币，本质上都是一种财政工具。政府通过俸禄、军饷、赏赐、采买、赈灾救济等方式发行纸币，一遇财政困难，必然过度发行，造成贬值。维持纸币的信用和购买力主要有三种方法：一是禁止他种货币流通；二是通过税收或市场化的方式建立较为通畅的纸币回收机制；三是建立旧钞回收兑换机制，保证流通纸币的质量。

明初的货币禁令森严，可以保证大明宝钞的垄断地位。[①] 但明政府没有继承学习前代行之有效的管理经验，宝钞体制存在严重的先天缺陷。

（一）管理体制简陋，规章制度缺失

北宋时期，四川交子的日常事务"似主要由成都府（益州）路转运司负责，具体操作则由交子务进行"。宋徽宗时为推广纸币，"曾设京西北路专切管干通行交子所等机构，又从交子、钱引印文来看，可能曾设'提举交子官'和'提举钱引官'，又在汴京地区的交子、钱引发行具体事务由榷货务买钞所操办"。南宋时期，纸币发行受到重视。政府设置"提领会子所"，"提领官"负责会子管理，史载曾有户部、兵部侍郎任

[①] 洪武八年（1375）行钞时，"禁民间不得以金银物货交易"，二十七年禁用铜钱，三十年重申金银之禁。永乐元年（1403）再禁，加大处罚力度，"犯者准奸恶论"，鼓励知情者告发。至洪熙元年（1425），又禁"以金银布帛交易"（《明太祖实录》卷98，洪武八年三月辛酉；卷234，二十七年八月丙戌；卷251，三十年三月甲子。《明太宗实录》卷19，永乐元年四月丙寅。《明仁宗实录》卷10，洪熙元年正月庚寅）。洪武永乐年间法令严苛，从契约文书和货币窖藏看，禁令确有成效，参见万明《明代白银货币化的初步考察》；屠燕治《谈洪武年间的钱币窖藏》（《中国钱币》1988年第1期）。

职。宰相、参政经常主持收兑等事务。"南宋后期，往往令一位执政大臣专门负责会子事务"，"其他地区的纸币，一般由朝廷决策、总领所具体负责"。纸币的印制、发行机构是交子务、会子务。①

元朝有从中央到地方完整的纸币发行管理机构，制定了详尽的纸币管理条例，纸币管理规范化、制度化。元代由户部总管纸币事务。户部的提举万亿宝源库是管理银钱钞锭的中央出纳机构，掌管纸币发行及发行纸币的钞本即准备金。元初，户部兼领交钞公事。中统二年（1261），设立平准行用库，掌管贸易金银、平准钞法。据《元典章》的记载，诸路先后设置平准库至少有46处，设置行用库至少有48处。中统四年（1263），又设立印造宝钞库，主管纸币印造。至元年间，设交钞提举司，秩正五品，主管纸币的印制和发行。设昏钞库，置正九品监烧昏钞官。至元二十四年（1287），交钞提举司改为诸路宝钞都提举司，升至正四品，增副达鲁花赤、提控案牍各一员。并将昏钞库分立为烧钞东西二库，主管纸币的销毁。次年，将元宝库改为宝钞总库，主管纸钞的贮藏。此外，元政府先后在江南四省、陕西、四川、中兴等路，畏吾尔及其和林等处设立交钞提举司，管理当地的纸币事务。②为加强纸币管理，元政府制定了详细的法规。至元十九年（1282），中书省颁布《整治钞法条画》；至元二十四年（1287），尚书省颁布《至元宝钞通行条画》，其规定详细，"综合了自有纸币以来的管理经验，以一个专门文件的形式作为国家的法令规定下来，不但从制度、政策上看是空前的，从纸币管理的思想上来看，也达到了成熟的水平"。③

与宋元相比，大明宝钞的"宝钞"之名，以及宝钞提举司、行用库等机构名称沿袭故元，但发行管理体制与元大相径庭。洪武七年（1374），在京城设宝钞提举司（下设钞纸、印钞二局），负责造钞。次年，印造大明宝钞。十三年（1380），立倒钞法，令所在置行用库，但这

---

① 汪圣铎：《两宋货币史》，社会科学文献出版社2003年版，第769—770页。

② 元代纸币管理机构的介绍，参考［日］高桥弘臣《宋金元货币史研究——元朝货币政策之形成过程》，屈明月《元代钞法研究》（硕士学位论文，西南政法大学，2010年），张玉珍《从黑城出土文书看元代货币制度》（硕士学位论文，河北大学，2006年）。

③ 赵靖主编：《中国经济管理思想史教程》，北京大学出版社1993年版，第377页。

一机构并未正常设置和运行。撤销中书省后，由户部负责管理造钞事务。十六年（1383），置户部宝钞广源库、广惠库，"入则广源掌之，出则广惠掌之"。① 由这一过程可见，大明宝钞发行之初，并无系统的规划。此后，也没有设立从中央到地方的一套管理机构。而且自始至终缺少管理宝钞的系统法规和条例。粗陋的体制必然导致运行随意，弊病丛生。

（二）大明宝钞的滥发

宋金元时期，纸币发行一段时期后，因财政危机往往陷入过度发行和贬值的困境。但发行之初，多能严谨从事，顾及信用。大明宝钞则从发行伊始，就被当作单纯的财政工具，陷入滥发状态。

元代初行中统钞（全名为中统元宝交钞），十余年间，年造钞量最多11万锭（按：5贯为一锭），纸币可以用于缴纳多种税收，"钞法贵重，百物价平"。而且各路平准行用库储备了钞本银，稍有壅滞，则出金银回笼钞币。此后，中央政府不断挪用钞本银，纸币发行量则持续增长。至元十三年（1276），印钞数增至140万锭。此后发行量居高不下，于是纸币贬值，通胀加剧。为整顿钞法，至元二十四年（1287）发行至元通行宝钞。至正十年（1350）发行至正元宝交钞②，都没能改变过度发行的形势。

与元朝相比，大明宝钞的发行达到了疯狂的状态。元世祖在位期间行钞35年，年造钞量最多两百多万锭。在元末战乱期间滥发至正钞之前，纸币发行最高额为皇庆元年（1312）的2222336锭至元钞。大明宝钞初行，年造钞量即达数百万锭。据孙兵研究，"洪武朝持续造钞的时段，有洪武八年至十六年间、十八年、二十二年至二十四年间，及二十六年至三十一年间"。朱元璋从一开始对造钞就不加限制，洪武十八年（1385）造钞量竟达700万锭之巨，其他年份的造钞量保守估计也超过400万锭。宝钞的支出也漫无限制，"明初每年各项常规支钞合计最高可达180万锭左右。其中俸禄支钞62.7万锭，占到了34.8%的份额，居于首位；其次为盐户工本钞，以53.7万锭占到了29.8%的份额；月盐支钞

---

① 李洵：《明史食货志校注》，中华书局1982年版，第209—210页。
② 钞面文字为"中统元宝交钞"，只是加盖有"至正印造元宝交钞"戳记。

最高可达 26.7% 的份额；宗藩食禄支钞及钞本支钞位列其末，占有的份额不高"。此外，各类宝钞临时支出规模更为庞大，多用于军事支出和赈灾备荒。洪武二十二年（1389）正月，一次赏赐京卫及北平、燕山诸卫军士的宝钞达 1058 万余锭。洪武二十三年（1390），临时支钞高达 1520.3 万锭。在宝钞发行支出失控的同时，回收渠道不畅。当时，（税课局与河泊所的）数量有限的商税可收钞，有时允许某些地方的夏税秋粮折收宝钞。因此，政府每年回收宝钞数量有限，如洪武十四年（1381）收钞 22 万贯（折 4.4 万余锭）。洪武二十三年、二十四年、二十六年为回收之前巨量的赐钞，加大宝钞回收力度，每年收钞 400 余万锭，但还不及二十三年一年的赐钞数量。①

黄阿明统计了洪武年间宝钞临时支出的数字，具体如表 1—1：

表 1—1　　　　　洪武八年至三十一年宝钞临时支出总数②　　　　单位：万锭

年份	八	九	十	十一	十二	十三	十四	十五	十六	十七	十八	十九
支钞总数	约数百万	56.9	5.2	7.08	10.8	5.7	77.1	112.8	243.4	50.7	89.1	378.3

年份	二十	二十一	二十二	二十三	二十四	二十五	二十六	二十七	二十八	二十九	三十	三十一
支钞总数	3172	1206.9	1429.7	1525.8	17.0	208.9	20.2	12.3	41.1	94.8	35.9	>0

巨量宝钞糜集于官员和军队集中的城市与边境地区，急剧贬值。洪武二十七年（1394）禁钱时，两浙地区钞价低至一贯折钱 160 文（官价为千文）。③ 禁钱无法解决"收敛无法"之弊，所以永乐二年（1404）计口开征户口食盐钞。同时，永乐年间加大了灾歉地区税粮折钞的力度。④ 洪武三十五年（即建文四年，1402 年）课钞 461 万余锭，⑤ 此后逐年增

---

① 孙兵：《明洪武朝宝钞的印造与支出探微》，《江西社会科学》2003 年第 8 期。
② 黄阿明：《明代货币白银化与国家制度变革研究》，广陵书社 2016 年版，第 50 页。
③ 李洵：《明史食货志校注》，中华书局 1982 年版，第 212 页。
④ 参见蔡小平《明代洪武与永乐时期的荒政与钞法》，硕士学位论文，江西师范大学，2011 年。
⑤ 《明太宗实录》卷 15，洪武三十五年十二月戊寅。

长，永乐五年（1407）课钞1049.5万余锭。永乐九年（1411）起，年年课钞一千数百万锭。① 永乐二十一年（1423）最多，达到1927.5万余锭。②

虽然税钞回收渐增，俸禄军饷折钞比例也在增长。③ 加之永乐年间五征漠北和迁都北京等皆需天文数字的财政开支，宝钞支出规模仍然巨大。永乐十九年（1421），奉天殿等三殿发生火灾，诏求直言，翰林院侍讲邹缉上疏批评"蠹财妄费"，称："陛下肇建北京，焦劳圣虑，几二十年。工大费繁，调度甚广，冗官蚕食，耗费国储。工作之夫，动以百万，终岁供役，不得躬亲田亩以事力作。犹且征求无艺，至伐桑枣以供薪，剥桑皮以为楮。加之官吏横征，日甚一日。如前岁买办颜料，本非土产，动科千百。民相率敛钞，购之他所。大青一斤，价至万六千贯。及进纳，又多留难，往复展转，当须二万贯钞，而不足供一柱之用。"④ 可见永乐年间财政开支之浩大。因大明宝钞原料是桑皮纸，"剥桑皮以为楮"即讽刺滥发宝钞。

因此，宝钞购买力继续下滑。永乐五年（1407），大明宝钞的官方折价是银一两折钞80贯，米一石折钞30贯。而十年前户部拟定折价为米一石折钞五贯，换算为白银是一两折钞10贯。钞价十年又跌去百分之八十几。到洪熙元年（1425），各地米价每石从四五十贯到六七十贯不等，较永乐五年又跌去一半甚至一倍多。⑤

作为一种不可兑换的信用货币，大明宝钞一旦陷入滥发的局面，没有任何市场化的因素可以制约。但过度发行并非宝钞贬值的唯一原因，

---

① 《明太宗实录》卷123，永乐九年闰十二月乙酉。
② 《明太宗实录》卷266，永乐二十一年十二月丁丑。
③ 明代俸禄，米为本色，其中一部分折成其他货币或物品支付（折色）。洪武至永乐年间俸禄支钞比例屡变，永乐十九年（1421）最后定为五品以上米三钞七，六品以下米四钞六。各地驻军月粮也在永乐八、九年部分折钞，从米七钞三到米钞中半不等（《大明会典》卷39、41，载《续修四库全书》第789册，上海古籍出版社2002年影印本，第681、708页）。
④ （明）邹缉：《三殿灾请修时政疏》，载《御选明臣奏议》卷2，清武英殿聚珍版丛书本。
⑤ 《明太祖实录》卷255，洪武三十年十月癸未；《明宣宗实录》卷6，洪熙元年闰七月癸亥；（清）乾隆官修：《续文献通考》卷10《钱币四》，浙江古籍出版社1988年影印本，第2860页。

还有一个以往研究忽略的重要原因，即流通宝钞的整体质量日益败坏。

（三）缺少新旧钞倒换机制

古代的纸币，用纸和印刷受到当时的技术限制，容易磨损破裂。因此，建立一个运行良好的新旧纸币倒换机制，有利于维持流通纸币的质量和信用。自宋至明初，倒换机制没有改进，反而在退步。

宋代纸币有一定流通期限，分界流通，"逐界造新换旧"，但每界的时间并无定制，短则数年，多则十几年。民众持纸币以旧换新时，需交纳一定工本费。"纸币定期换界，可以阶段性地以新换旧，可以使流通的大部分纸币不破旧。在宋代当时的历史条件下，纸币用纸质量不可能太高，因此纸币在民间使用的时间不应太长，定期以新换旧是必要的。其次。纸币定期换界，有利于纸币发行的管理，官方可以通过换界，掌握纸币的实际流行数量……宋代官方往往利用纸币换界，提高纸币价值，减少纸币发行数量，这对纸币发行是有利的。再次，纸币换界有利于防伪，每次换界，都要重新制版，图文的不断变化给造伪者带来一定困难……每次换界都是一次清除伪币的活动"。[1]

宋朝的换界之法，被金国废弃。金国初仿宋制，大定二十九年（1189）改为永久通行，创立倒钞法，允许民众持昏烂旧钞到专门的兑换机构倒换新钞，只需付一定工本费。元承金制，纸币不换界，设立昏钞库和烧钞库负责昏烂钞的倒换和焚毁，工本费（工墨钱）为每贯三十文（有一段时间减为二十文）。为了确保倒换机制的正常运行，至元十九年（1282），元政府要求大都各库"每日于卯时开库，申后收计，不得停滞"昏钞倒换，并再次申明各库官、典吏不得"妄生刁蹬，添搭工墨"。[2] 次年，又以随路平准行用库"苟延月日开库，不行倒换"，要求各路"须要常川开库，倒换金银昏钞"，"不致停闭"。[3] 大德二年（1298），户部颁布昏钞倒换条例二十五条。具体规定昏钞倒换的标准和

---

[1] 汪圣铎：《两宋货币史》，社会科学文献出版社2003年版，第780页。

[2]《大元圣政国朝典章》卷20《户部》6《钞法·体察钞库停闭》，中国广播电视出版社1998年影印本，第774页。

[3]《大元圣政国朝典章》卷20《户部》6《钞法·常开平准库》，中国广播电视出版社1998年影印本，第775页。

程序。"定昏钞为二十五样",根据纸币磨损缺毁情形的具体差异,以及火烧烟熏、油污、鼠咬、雨水淋漏等情形,确定能否兑换料钞(新钞)及兑换比例。①

图1—1 中统元宝交钞一贯文省②

虽然建立了倒换昏烂钞的机构,制定了详细的规则,但昏钞仍是困扰元代纸币制度正常运行的一大问题。至元年间要求不得"妄生刁蹬,添搭工墨",批评诸路平准行用库"苟延月日开库,不行倒换",说明民众在倒换昏钞时遇到阻滞。而且,行用库都设在大的城镇,全国仅数十

---

① 《大元通制条格》卷14《仓库·倒换昏钞》,郭成伟点校,法律出版社2000年版,第173—178页。

② 中统钞图片来自袁水清《中国货币史之最》上,三秦出版社2012年版,第214页。

个而已，在当时的交通条件下，绝大部分民众不可能去倒换昏钞。于是，只要纸币勉强能用，多半流通下去，并且因昏烂的程度分出三六九等，不能等价流通，行使纸币时的挑拣也在所难免。对于挑拣拒绝破损纸币的现象，元政府试图禁止，"至元十五年六月，中书省会验：先为街市诸行买卖人等将元宝交钞，贯伯分明，微有破损，不肯接使，已经出榜晓谕，今后行使宝钞，虽边栏破碎，贯伯分明，即使接受，务要通行，毋致涩滞钞法。若有似前将贯伯分明，微有破软钞数不肯接受行使，告捉到官，严行治罪。及将堪中行用宝钞赴库倒换，库官人等亦不得回倒，如违，定将官典断罪"①。然而，虽"贯伯分明"但"边栏破碎"的宝钞由于破损较为严重，民众挑拣也是正常的举动。

　　元钞由桑皮纸制成，韧度较差，在流通过程中由于反复折叠摩擦，很容易破损。边栏破损、纸张文字磨损的纸钞，收存使用时稍不注意，就会撕裂破碎。这样的宝钞，折价流通是很正常的。后期的至正交钞用榆树皮制纸，质量很差，更易败坏，且颜色黑灰，印刷字体不清。② 曾在至正年间做过县官的叶子奇记载了钞质败坏造成的流通危机，"中统以费工本多，寻不印行，独至元钞法通行，用以权百货轻重，民甚便之。至正间……别立至正交钞，料既窳恶易败，难以倒换，遂涩滞不行"。③

　　大明宝钞的原料和外形皆仿照元钞，"以桑穰为料，其制方，高一尺，广六寸，质青色，外为（龙）文花栏。横题其额曰'大明通行宝钞'。其内上两傍，复为篆文八字，曰'大明宝钞，天下通行'。中图钱贯，十串为一贯。其下云：'中书省奏准印造大明宝钞与铜钱通行使用，伪造者斩，告捕者赏银二十五两（按：《实录》作"二百五十两"，宝钞实物亦然），仍给犯人财产。'若五百文则画钱文为五串，余如其制而递减之。其等凡六：曰一贯，曰五百文、四百文、三百文、二百文、一百

---

① 《大元通制条格》卷14《仓库·倒换昏钞》，郭成伟点校，法律出版社2000年版，第173页。
② 李逸友：《元代草原丝绸之路上的纸币——内蒙古额济纳齐黑城出土的元钞及票券》，《中国钱币》1991年第3期。
③ （明）叶子奇：《草木子·杂制篇》，转引自姚继荣《元明历史笔记论丛》，民族出版社2015年版，第158页。

文"。宝钞的尺寸以明工部的营造尺（一尺等于0.317公尺）为准，高一尺合31.7cm，宽六寸约合19cm。① 是世界货币史上尺寸最大的纸币之一。

洪武十三年（1380），"罢中书省，升六部，钞印改中书省为户部"，之前的宝钞照旧流通，"无分中书、户部一体行使"。②

图1—2　大明宝钞③

大明宝钞初行，也曾考虑建立倒换体制。洪武九年（1376），立倒钞法。

（洪武九年秋七月）甲子，立倒钞法。中书省奏：国家行钞日久，岂无昏烂，宜设收换以便行使。于是议令所在置行用库。每昏烂钞一贯，收工文五百，以下递减之。仍于钞面贯百文下用墨印昏钞二字封收入库，按季送部。若以贯伯分明而倒易者，同沮坏钞法

---

① 李洵：《明史食货志校注》，中华书局1982年版，第209—210页。
② 《明太祖实录》卷131，洪武十三年四月己亥。
③ 宝钞图片来自袁水清《中国货币史之最》上，三秦出版社2012年版，第217页。

论；混以伪钞者，究其罪。①

所谓"行用库"，洪武七年（1374）三月诏造大明宝钞时要求设立。"命置行用库，在京设大使一人，正八品；副使二人，从八品；典史一人，都监二人，隶户部。在外府、州，设大使各一人"②。同月，在京城"置行用四库于应天府、聚宝幕府、仪凤三门及会同桥"。③根据上述要求，行用库的设置从京城直达府、州，执行倒钞法。

然而，倒钞法仅在京城实施。洪武十三年（1380），户部在奏请改变钞印文字时，提及倒钞法的实施情况。

> 其行用库收换昏钞之法，本以便民。然民多缘法为奸诈，每以堪用之钞辄来易换者。自今钞虽破软而贯伯分明，非挑描剜补者，民间贸易及官收课程并听行使。果系贯伯昏烂，方许入库易换，工墨直则量收如旧。在京一季，在外半年，送部，部官同监察御史覆视，有伪妄欺弊者罪如律，仍追钞偿官。但在外行用库裁革已久，今宜复置。凡军民倒钞，令军分卫所民分坊厢轮日收换，乡民商旅则各以户帖路引为验，从之。④

洪武八年（1375）以来，京城的四处行用库正常运行，但"在外行用库裁革已久"，可见倒钞法似乎仅在京城实施。此次，户部建议复置"在外行用库"，虽得到批准，但并未落实。这一年的十一月，"罢在京行用库"，⑤为何要停罢在京城正常运行数年的倒钞法呢？《实录》洪武二十三年（1390）的一段回顾（"先是"云去）说明了理由。

> 先是，钞法既行岁久，有昏软者，因置例钞库（按：此为"倒

---

① 《明太祖实录》卷107，洪武九年七月甲子。
② 《明太祖实录》卷98，洪武八年三月辛酉。
③ 《明太祖实录》卷98，洪武八年三月己巳。
④ 《明太祖实录》卷131，洪武十三年四月己亥。
⑤ 《明太祖实录》卷134，洪武十三年十一月戊子。

钞库"之误，即行用库）听民换易，官收朱墨费三十之一。然细民利新钞，非昏软者亦揉烂以易新者。上闻，遂罢之。①

由前文可见，户部在四月已就这一问题提出了解决方案，并得到认可（"从之"）。然而，一向霸道不讲理的朱元璋出尔反尔，又在十一月下令停罢行用库，不许民众倒换昏钞。京城行用库停罢，拟复置的地方行用库自然无从谈起。

朱元璋的这一举动，毁掉了宋金元以来纸币制度运行的一个重要支柱。民间旧钞越积越多，日益磨损昏烂，旧钞难以行使，价格折抑，严重干扰了正常的货币流通秩序。政府"禁约屡申"，但民间依然排斥昏烂宝钞。洪武二十四年（1391），新钞与昏烂旧钞的购买力相差一倍，各处商税课程专收新钞，"由是，钞法益滞不行"。朱元璋的态度是回避问题，认为"虽或昏烂，然均为一贯，何则至于抑折不行，使民损资失望。今当申明其禁，但字贯可验真伪，即通行无阻"。②

图1—3　昏烂宝钞图片③

---

① 《明太祖实录》卷205，洪武二十三年十月己未。
② 《明太祖实录》卷211，洪武二十四年八月庚午。
③ 宝钞图片来自袁水清《中国货币史之最》上，三秦出版社2012年版，第217页。

所谓"字贯可验真伪"的宝钞是何模样呢？

这样的宝钞，如何能不"抑折"！洪武二十四年（1391）前后，也有恢复倒钞的建议。前一年，由于昏烂钞太多，"复出新钞于承天门外，听民易换，命行人主之。凡五阅月而复罢"。① 此次临时换钞只限于京城，前后仅五个月。次年，一度恢复京城的行用库，"命户部复开宝钞行用库，于东市置三库，设官以掌之。库给钞二万锭以为钞本，倒收旧钞则送于内府，工墨仍依旧。行之逾年而复罢"。②

此后，倒钞法再未恢复。永乐年间，复设两京行用库，并非倒钞，而是以供民众以金银换钞为名，实则近于强买。明仁宗即位，革之。③

宝钞在流通中不断磨损，却不能通过倒钞退出流通。长此以往，旧钞只能不断贬值。随着时间的推移，流通宝钞中的旧钞比例日益增长，昏烂宝钞阻滞难行，成为体制痼疾。大明宝钞流通47年后，情况已极为严重。永乐二十年（1422）九月，朱棣谕令户部都察院：

> 昔太祖时，钞法流通，故物贱钞贵，交易甚便。今市井交易惟用新钞，稍昏软辄不用，致物价腾踊。其榜谕之，如仍踵前毙，坐以大辟，家仍罚钞徙边。如有倚法强市人物，亦治罪不宥。④

"市井交易惟用新钞，稍昏软辄不用"之说或有夸张，但洪武后期以来"昏软"宝钞大幅折价才能使用的情况更为严重了。将民间择钞当作"致物价腾踊"的主要原因，回避了宝钞过度发行的问题，但流通宝钞的整体品质趋差确实是宝钞贬值的一个重要原因。这一次，明政府祭出"禁拣用新钞，犯者坐以大辟"的霸道政策，并不能解决问题。

---

① 《明太祖实录》卷205，洪武二十三年十月己未。
② 《明太祖实录》卷216，洪武二十五年二月庚辰。
③ （明）王圻：《续文献通考》卷18《钱币考》，第12页，齐鲁书社1997年影印本；《明仁宗实录》卷3，永乐二十二年十月壬寅。关于明代倒钞法，清修《续文献通考》有所关注，但未能厘清其中原委（卷10《钱币四》，第2859页）。
④ 《明太宗实录》卷251，永乐二十年九月己巳。

即使民间交易被迫收用昏烂钞，只会更大幅度地折价。为了缓解昏烂钞问题，当年又推出一项回收旧钞的政策，即允许纳烂钞中盐。结果富民权贵之家竞纳烂钞换取盐引，无人输米赴边。此项政策只实施了不到四年，宣德元年（1426）终止。① 从此以后，再无回收昏烂钞措施。政府屡有税钞不分新旧"不许拣退"的规定，实际无法执行，因为按照户部的旧例，各地解京的宝钞必须"四角完全，字画分明"，既无破损，也无磨损，才符合验收标准。如果抽验不合格，"分别坐罪"。对此，清修《续文献通考》作者的评论一语中的："不许拣退徒虚语耳，旧钞安得不壅滞耶。"②

宝钞巨幅贬值，严重影响了官吏和军人的实际收入。永乐年间，俸饷折钞比例从三成到七成不等，官定折价为每石准钞二贯五百文，即使考虑到俸饷钞质量好的因素，官价也不及永乐末年市价的十分之一。因此，想方设法挽救宝钞势在必行。

二　救钞政策的失败

自洪武末年开始，货币政策的一个中心任务是缓解大明宝钞的贬值压力。为此，政府从两方面着手：一是禁止使用金银、铜钱等与宝钞竞争的交易媒介，但宝钞贬值如故；二是从永乐年间开始，以加税的方式增加宝钞的回收。

永乐二年（1404），都御史陈瑛提出"户口食盐法"的建议，他认为"钞法不通，皆缘出钞太多，收敛无法，以致物重钞轻。今莫若暂行户口食盐法，以天下通计，人民不下一千万户，军官不下二百万家，若是大口月食盐二斤，纳钞二贯，小口一斤，纳钞一贯，约以一户五口，季可收五千余万锭。行之数月，钞必可重"。户部立即议准此法，减为"大口令月食盐一斤，纳钞一贯；小口月食盐半斤，纳钞五百文"。③ 根据此法，民众纳钞应得盐，但实际上盐课司未必有盐支给，

---

① 该政策从永乐二十年至宣德元年（1422—1426）而止（王圻：《续文献通考》卷10《钱币四》，齐鲁书社1997年影印本，第2861页）。
② （明）王圻：《续文献通考》卷10《钱币四》，齐鲁书社1997年影印本，第2862页。
③ 《明太宗实录》卷33，永乐二年秋七月庚寅。

而纳钞如故。所谓户口盐钞,逐渐蜕化为一种税收。① 其征收数量,也远未达到每季两千多万锭的设想。永乐年间,一年各种来源的课钞最多时也不到两千万锭。

虽然户口盐钞止不住宝钞贬值,但增加"收敛"成了户部救钞政策的不二法门。洪熙皇帝即位,以疏通钞法为要务,"谕户部尚书夏原吉曰:钞法不通,两日与卿等商略未决。朕思之,稼穑问农,丝枲问妇,此事须询之闾阎市井间,庶尽委曲。可揭榜通衢,令官吏军民中凡有所见,许诣阙自陈,或赴通政司投进言。当者从之,否者不罪"。② 可见宝钞贬值在当时是严重的财经问题,到了必须设法解决的程度。一个月后,皇帝因"钞法不通,民间交易率用金银布帛",再次命户部尚书夏原吉等与群臣会商解决之策。在皇帝的高压之下,户部提出了一个多收少放的方案:"钞多则轻,少则重。朝廷敛散适中,则自无弊。今民间钞不通,盖缘朝廷散出太多,宜为法敛之。请于市肆各色门摊内量度轻重,加其课钞,亦宜少出。民艰得钞,则自然重矣。"③

这一政策,看起来同时从供求两方面着手,应该可行,于是得到皇帝的认可。但他希望增税只是权宜之计,"所增门摊课程,俟钞法通即复旧额,毋为常例。其以金银布帛交易者亦暂行禁止"。④ 当年五月,洪熙帝去世。宣德帝继位后,立即施行新的救钞政策。

在供应方面,救钞新政要求减少供应,"自今官钞亦宜少出"。此前的永乐十九年(1421)四月,朱棣因奉天三殿火灾发布罪己诏,要求"各处钞造及买办纸剳暂行停止"。⑤ 此后,应该是大幅减少了造钞量,从永乐二十年至二十二年(1422—1424),文武官员俸钞未发,折支胡椒苏木。⑥ 永乐二十二年九月(仁宗八月即位)到宣德元年十月(1424—

---

① (明)王圻:《续文献通考》卷10《钱币四》,齐鲁书社1997年影印本,第2860页。
② 《明仁宗实录》卷8,永乐二十二年十二月辛亥。
③ 《明仁宗实录》卷10,洪熙元年正月庚寅。
④ 同上。
⑤ 《明太宗实录》卷236,永乐十九年四月乙巳。
⑥ 《明宣宗实录》卷9,洪熙元年九月癸丑。胡椒苏木,原来偶尔用于赏赐,这是首次用于俸钞折支。此后,宣德八年京师文武俸米折钞再次折给胡椒苏木(《明宣宗实录》卷114,宣德九年十一月丁丑)。

1426），两京文武官员俸钞仍不发放，只是"先计一年之数，令各于原籍仓库米钞兼支"。① 然而，洪熙元年（1425）将文武官吏俸给每石米折钞从2贯500文增至25贯，提高十倍，军士月粮折钞亦有增加。② 这一政策如果落实，宝钞支出又要大增，与户部控制供应的政策相悖。户部始终担心"支钞愈多，钞法愈滞"，于是经常拖延俸钞发放。宣德八年（1433）初，前年两京文武官俸钞尚未支完，又将前一年俸钞减为每石15贯并折成绢布发放，并奏准将全国官员俸米折钞价一概减至15贯，军人月粮折钞价亦减。③ 正统元年（1436），司钥库因存钞缺库收贮，建议"将官员折俸全支钞"，户部以"若此则支出钞多，钞法愈滞"驳回，并进一步减少宝钞支出，"将两京文武官员万全大宁都司北直隶卫所官军折俸每岁半支胡椒苏木"。④

减少供应的同时，宝钞的质量危机也更加严重。宣德帝认为民众挑拣是钞法不通的重要原因，于是采取因噎废食的对策，停造新钞。宣德三年（1428）六月，谕令"停造新钞，在库者亦勿支。拣旧钞堪用者备赏赉，不堪者烧毁。庶几钞法可通。于是造钞工匠皆令休息，郡县岁办桑穰悉停止"。⑤ 又命令南京户部停止造钞，"各处买办桑穰已起解者令送京收贮，未解者停止"，"已造完新钞悉收库，不许放支"。⑥ 按这个政策，新钞不造亦不放支，政府收纳旧钞时"不许选拣"，待入库后将"不堪者"拣出烧毁，其余支用。这样，政府收用昏烂钞，民众也不会挑拣。然而，这只是异想天开。所谓"堪用""不堪用"，并无法定标准，官吏收纳宝钞时，当然只会选择"堪用"。如果有谁收入"不堪用"的宝钞，一定会被怀疑偷换而受处分。

---

① 《明宣宗实录》卷22，宣德元年十月庚辰。
② 《明仁宗实录》卷6，洪熙元年正月丙戌。
③ 《明宣宗实录》卷100，宣德八年三月庚辰。
④ 《明英宗实录》卷19，正统元年闰六月戊寅。此后，山西行都司俸钞亦半支胡椒苏木。
⑤ 《明宣宗实录》卷44，宣德三年六月己酉。
⑥ 《明宣宗实录》卷44，宣德三年六月庚戌。

停止造钞的政策并不能挽救昏烂宝钞的流通价值，反而停止了宝钞的新陈代谢。此后，宝钞局的造钞职能逐渐废弃。① 流通的宝钞因自然损耗而减少，质量日益败坏。以京城为例，宣德二年（1427），户部出榜要求民间用钞"务要完全明白"，宝钞遂阻滞不行，可见流通宝钞大多残破。此举受到皇帝批评，因而户部在次年确定"不问残缺，惟字贯稍可辨"的流通标准。② 正统年间，标准进一步放宽为"但有一贯二字，虽不成张"，"不分软烂污迹，但有一贯字样"，皆可行使。③ 掩耳盗铃的规定不可能制止民间对残缺破烂宝钞的挑拣争执。④ 考虑到质量较好的税钞从外地流入两京，外地流通宝钞质量更差。在这种情况下，民众只是被迫用钞。一旦有其他选择，必然抛弃这些破纸。至于商家的大额交易和势富阶层的财富储藏，大都用金银。

　　在需求方面，明政府大规模征收税钞以满足支出需要，并以此迫使民众多用钞。征收城市商铺店面税（门摊课钞）当年，税钞由不到2000万锭增至3800多万锭，效果不彰。宣德三年（1428）三月，宣德帝因钞法不通再次质问户部："商贩之徒阻滞钞法，累累禁约。或通或塞，而敛散之方何者为宜？尔其审之。"⑤ 面对皇帝的批评，户部声称"钞法不通皆由客□积货不税，与市肆鬻卖者沮挠所致"。次年正月，提出加增"三十三府州县商贾聚集之处市镇店肆门摊税课"十倍的计划。皇帝认为太重，"令增五倍。俟钞法通，悉复旧"。六月，户部继续提出增加税钞的新计划，包括南北二京"凡官员军民有蔬果园，不分官给、私置，但种蔬果货卖者，量其地亩果株蔬地，每亩月纳旧钞三百贯，果每十株岁纳

---

① 此后，宣德年间不再造钞。景泰元年（1450），户部奏称"宝钞局造钞近已停止，每年止造草纸七十余万"（《明英宗实录》卷192，景泰元年五月乙巳）。据此，虽然不清楚正统前期是否恢复少量造钞，但正统后期不造钞是无疑的。

② 《明宣宗实录》卷24，宣德二年二月乙酉；卷39，宣德三年三月丙戌；卷44，宣德三年六月己酉。

③ 《明英宗实录》卷52，正统四年闰二月丁酉。在前述元代25样昏钞标准中，这些都是应停止流通可兑换新钞的昏钞。

④ 流通宝钞质量日益败坏，意味着民间交易用钞时发生越来越多的挑拣争执。如宣德六年（1431），"监察御史何敬家人市蔬，鬻蔬者以钞烂不鬻。敬杖之二十，竟死"（《明宣宗实录》卷78，宣德六年四月戊申）。

⑤ 《明宣宗实录》卷39，宣德三年三月丙戌。

钞一百贯"；南北二京"塌坊、库房、店舍停塌客□货物者，每间月纳钞五百贯"；"驴骡车受雇装载物货，或出或入，每辆纳钞二百贯"；在运河沿线大商埠设钞关，收取船钞，"船受雇装载，计其载料之多少、路之远近，自南京至淮安、淮安至徐州、徐州至济宁、济宁至临清、临清至通州，俱每一百料纳钞一百贯。其北京直抵南京、南京直抵北京者，每百料纳钞五百贯"。获准。①

罗掘之下，税钞暴增。是年税钞由前一年的4600余万锭骤增至近6000万锭，次年达到7400万锭的峰值。宣德六年（1431）、七年（1432）稍减，税钞降至5000多万锭。以疏通钞法为由向商业活动甚至果株蔬地新增税钞，完全是蛮横无理的闹剧。宣德十年（1435）元月，正统皇帝即位，将其作为扰民恶政，谕令"天下一应课程门摊等项俱照洪武年间旧额征收，不许指以钞法为由妄自增添"，② 当年税钞骤降至3400万锭。

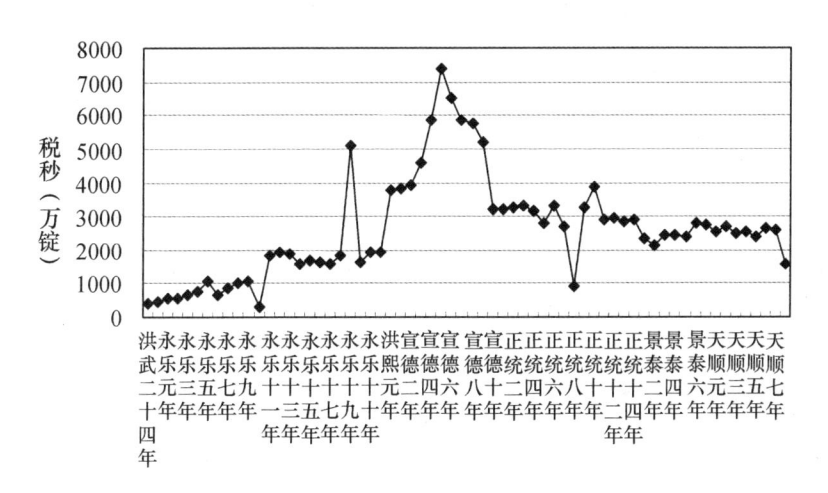

图1—4 洪武二十四年至天顺八年（1391—1464）税钞收入变化

资料来源：《明实录》历年财政收入统计数字。

新税主要是城镇商业税，导致宝钞向重要商业城市附近地区集中，实

---

① 《明宣宗实录》卷50，宣德四年正月乙丑；卷55，宣德四年六月壬寅；卷57，宣德四年八月壬辰。

② 《明英宗实录》卷1，宣德十年正月壬午。

际流通范围缩小。同时,"各处诸色课程钞,除云南四川贵州存留本处,其直隶府州、两广、福建俱解京师",导致这些地区的宝钞大量外流,"京师钞所从出,而天下所收者又归于京师,物重钞轻,阻滞不行"。①

　　新政策实施数年,似乎见到成效。从宣德六年(1431)至正统年间,屡有"钞法稍通""钞法颇通""钞法流通"的记载。② 但日益昏烂化的大明宝钞的购买力继续跌落,宣德四年(1429),各处课程折银者改折收钞,定为100贯准银1两。③ 至正统元年(1436),宝钞跌落到千余贯才能值银一两。南京户部尚书黄福痛陈"钞法之坏,莫甚于此"。他也看出原因所在,建议"量出官银,于南北二京各司府州人烟辏集处照彼时直倒换旧钞,年终解京。俟旧钞即少,然后量出新钞,换银解京"。④ 这是恢复宝钞生命力的可行之策,但无人理会。

　　由于税制的虹吸效应,钞法流通之地主要限于两京地区和重要商业城市,其他地区宝钞短缺愈加严重。正统四年(1439),户部承认"今诸处官吏俸给缺钞支用"。⑤ 又过了几年,俸饷钞不能足额发放以致无钞可支成了各地的普遍难题,如山东"沿海诸卫所官军俸粮该折钞者年久未支",陕西"官军俸钞累年未及关支",山西"各卫所军士折粮钞有二三年未支者",湖广"连年缺钞支给军士",四川"文武官吏旗军俸粮钞有经四五年不得关支者"。政府的解决方案并非增加宝钞供应,而是以布帛银钱等折算发给。⑥ 与此同时,正统年间放开银禁钱禁,除了昏烂的宝

---

① 《明宣宗实录》卷71,宣德五年十月乙巳。因此,户部奏准(除御史负责征收的钞关税收之外)各地税钞可优先用于本地折俸及买办物料之用,但执行程度恐怕打了很大折扣。到正统四年(1439),户部又称"近облик,在外诸司岁收钞贯悉送南北京内府库上纳,今诸处官吏俸给缺钞支用",于是重申了宣德五年的规定(《明英宗实录》卷54,正统四年四月乙丑)。

② 《明宣宗实录》卷77,宣德六年三月丁卯;卷88,宣德七年三月庚申。《明英宗实录》卷45,正统三年八月戊午;卷47,正统三年十月丁巳;卷52,正统四年闰二月丁酉;卷137,正统十一年正月辛巳。

③ 《大明会典》卷35,载《续修四库全书》第789册,上海古籍出版社2002年影印本,第628页。

④ 《明英宗实录》卷15,正统元年三月戊子。

⑤ 《明英宗实录》卷54,正统四年四月乙丑。

⑥ 《明英宗实录》卷130,正统十年六月庚申;卷132,正统十年八月乙未;卷133,正统十年九月甲申;卷151,正统十二年三月丁亥。

钞，民众和政府都有了更好的选择。虽然仍在征收税钞，部分俸饷仍以钞支给，甚至宝钞因短缺而涨价，①但大明宝钞主要在俸饷——税钞间循环流动，与经济生活的关系日渐疏离。政府则坐视宝钞退出流通，由于京库存钞减少，京官俸钞有时也发不出。②成化二年（1466），在从前的宝钞流通中心京城，"钞法久不行矣"。③从救钞始，以弃钞终。

第二节　财政改革推动下的币制转型

救钞政策的副作用是大明宝钞逐渐退出流通。由其他货币（交易媒介）填补金融空间，既是现实经济的需要，也是政策调整的应有之义。与此同时，货币政策还要面对财政货币化的迫切压力。明初财政的货币化水平低于宋元，亟须提高。从收入而论，实物比例畸高，储存损耗与运输成本太大；各种劳役扰民，也需逐渐改征货币。从支出而论，俸禄军饷赏赐等项由实物与宝钞组成，不再大肆发钞，必需有替代品；实物部分也有货币化的需要。

洪武年间，相继禁止以金银、物货、铜钱为交易媒介。宣德元年（1426），禁令有所放松。不再禁止民间"以布帛米麦交易"。④政策改变的效果立竿见影，现存宣德年间徽州契约的交易媒介，一变而为以实物为主。⑤对以金银交易的处罚也有所减轻，改为罚钞。⑥银禁仍在，如宣德四年（1429）"监察御史张聚坐家人以银交易黜为松江府推官"一案。⑦钱禁亦在，但宣德八年（1433）"命工部及浙江江西福

---

① 正统十一年（1446），钞价大涨，从1000贯值银1两涨到四五百贯值银1两，折成铜钱约1贯钞值两文钱。此后，即使钞法不通，也大体维持这一价格。这是昏烂旧钞的价格，难得的新钞100贯值银1两或10钱（《明英宗实录》卷137，正统十一年正月辛巳；卷142，正统十一年六月癸丑；卷166，正统十三年五月庚寅；卷216，景泰三年五月丙申；《明宪宗实录》卷27，成化二年三月辛亥）。
② 《明英宗实录》卷263，景泰七年二月甲辰；卷274，天顺元年正月壬辰。
③ 《明宪宗实录》卷27，成化二年三月辛亥。
④ 《明宣宗实录》卷15，宣德元年三月丁巳。
⑤ 参见万明《明代白银货币化的初步考察》，《中国经济史研究》2003年第2期。
⑥ 《明宣宗实录》卷19，宣德元年七月癸巳。
⑦ 《明宣宗实录》卷59，宣德四年十月辛亥。

建广东四布政司铸宣德通宝钱十万贯",① 似有准备恢复钱钞兼行之意。

明英宗即位当年（宣德十），货币政策完全改变。十二月，驰用钱之禁。② 在有铜钱可用的地区，民众当然愿意用钱而厌弃昏烂的宝钞。虽然正统十三年（1448）和景泰三年（1452）又两次宣布禁钱，③ 大概只为维持京城钞法流通，且流于形式。民间和外地官府都继续用铜钱，④ 私钱也日益泛滥。天顺四年（1460），承认"历代并洪武永乐宣德铜钱"皆为合法货币。⑤

铜钱扩大流通存在两大障碍：一是政府长期不铸钱，⑥ 民间主要流通旧钱和私铸钱，新增供应主要来自私铸。15世纪中叶，私钱已由运河流域南方的苏松等地蔓延到京城，钱质每况愈下，用钱时难免挑拣争执，以致"钱法不通"。成化十七年（1481），政府不得不降低铜钱流通标准，"但系囫囵钱即便使行"。⑦ 二是贱金属铸币运输成本太高的老问题，货币跨地区流通和财政资源的长途调拨难以用钱，需要体轻价高的"轻赍"。前代经验是纺织品（绢帛布）、纸币（宋金元至明初），有时也用贵金属。宣德年间，政府仍以钞、布为主要的轻赍支出。为此，税钞之外，还有

---

① 《明宣宗实录》卷106，宣德八年十月乙亥。

② 解禁的缘起是广西梧州知府李本奏称"今广西广东交易用铜钱即问违禁，民多不便"，请求恢复"宝钞与铜钱相兼行使"的旧例（《明英宗实录》卷12，宣德十年十二月戊午）。考虑到此前的铸钱之举，解禁有必然性。

③ 《明英宗实录》卷166，正统十三年五月庚寅；卷216，景泰三年五月壬寅。

④ 如广州府因米价腾涌将"永丰仓官粮一万石如时价粜与军民接济，每石收钱二百五十文"（《明英宗实录》卷186，正统十四年十二月乙巳）；"监察御史沈性奏：迩者河南被灾，命臣赍内帑银三千两，赴彼收籴种子，俵散贫民缺食者。银数不足，就以所官钱凑用"（《明英宗实录》卷242，景泰五年六月癸未）。

⑤ （明）王圻：《续文献通考》卷11《钱币五》，齐鲁书社1997年影印本，第2868页。

⑥ 从洪武二十七年（1394）禁钱到嘉靖六年（1527）恢复两京铸钱的134年，曾铸永乐通宝（主要用于赏赐朝贡使臣，年铸量仅3106贯），宣德通宝（额定十万贯，当时未流通）。迄弘治十六年（1503），孝宗命两京及各省开铸，照洪武旧额量为增减。但两年多时间"各处所铸才十之一二"。直到正德二年（1507），弘治通宝仍未铸完。两年后停铸。这一段（几乎是）铸币空白期，为南北朝以后仅见。

⑦ （明）王圻：《续文献通考》卷11《钱币五》，齐鲁书社1997年影印本，第2868—2869页。《明宪宗实录》卷40，成化三年三月己未。

专项收入，①地方灾歉时税粮亦可折收钞布。

正统年间财政货币政策最重要的变化是开启了财政白银化进程。②明英宗继位伊始，金融领域"去宝钞化"的现实与财政轻赍化要求之间的矛盾，到了必须解决的程度。焦点集中于军费，军士四到六成俸粮折钞且折数太低，严重影响军人生计；北方军队增加，屯田、开中执行不力，"边储不充"，因而户部面临越来越大的长途调拨资源供应边储的压力。因此，财政轻赍化变革暗流涌动，户部两次奏请"将直隶徽州府该运粮八万石折银三万二千两转发宣府大同，依时直籴买粮料，庶民力不困，边储可充"，获准。③又以大量布匹运边供给官军。④犒赏北方军队也由以前用宝钞绢布开始改为银与绢布。⑤

体制变革突破口是正统元年南方起运京城税粮折银的决策。英宗继位后，南京都察院右都副御史周铨、南京户部尚书黄福、江西巡抚赵新相继奏请将南方交通不便地区起运粮米"折收布绢白金赴京充俸"，既便民，亦可解决北京官员到南京支取俸米的麻烦和损失。正统元年（1436）八月，户部复申此议。由于得到大学士杨士奇的支持，十月奏准"浙江、江西、湖广、南直隶、两广、福建起运税粮每米麦一石折银二钱五分，煎销成锭，委官赍送赴京"，折作北京军官俸粮。只折银，而非此前建议

---

① 如"福建广东二布政司与直隶徽州府递年税粮，除存留备用外，余皆折布钞运赴南京"（《明宣宗实录》卷55，宣德四年六月癸未）。

② 《明史·食货志》称："英宗即位，收赋有米麦折银之令，遂减诸纳钞者，而以米银钱当钞，驰用银之禁"（李洵：《明史食货志校注》，中华书局1982年版，第214页）。从上下文看，再参酌《英宗实录》，应为"驰用钱之禁"，故清人修《续文献通考》时予以改正（《续文献通考》卷11《钱币五》，第2868页）。

③ 《明英宗实录》卷10，宣德十年十月壬寅。

④ 如运京库棉布5万匹至蓟州折给官军俸粮，运河南折粮布至陕西给赏军士，山西折粮布25万匹备宣府官军之用（《明英宗实录》卷9，宣德十年九月辛巳；卷14，正统元年二月戊戌；卷18，正统元年六月丙申）。正统以前的折粮布，都是灾荒或逋欠改折。上面两例很可能是专为轻赍改折。

⑤ 宣德年间赏军多用钞绢布，加赐白银仅数次，包括平汉王叛乱和"平胡"（瓦剌）功赏（《明宣宗实录》卷20，宣德元年八月己巳；卷30，二年八月丁卯；卷50，四年正月丁卯）。正统年间，对北方军队改以赏银绢布为主，大都为体恤官军的恩赏，包括普通士兵在内，如宣德十年因"备极辛苦"赏赤城巡哨官军"官银二两，军一两，红绿绵布二匹"；次年"赐潼关衞新调官军银五千两"（《明英宗实录》卷8，宣德十年八月庚子；卷20，正统元年七月辛丑）。此后赏银更加频繁，但正统年间犒赏南方军队仍以钞绢布为主。

的银两布帛兼折。① 因当年已征米起运，改将苏松常三府官仓储粮粜银解京。② 粮食——白银交易合法化，意味着解除银禁。折粮银之议获准时，虽称"一时权宜"，但户部将它变成常例，每年折粮银约百万两。③ 并借苏松常官仓储粮粜银之例，复命广西、云南、四川、浙江、广东、福建粜卖陈积仓粮，以"折作军官俸粮"名义粜银解京。此后，地方米价高昂或仓储粮过多，往往粜银。④ 在户部与地方官员的合力推动下，这些临时财政安排趋于常态化。每年需银数十万两的在京各卫军职俸粮折银形成惯例。⑤ 中央政府有了经常性大宗白银收入，进一步增加军费的白银支出提上议事日程。

需要注意的是，当时的政策是银与绢布并用，拨给大宗折粮银或绢布充实边储，并在正统四年（1439）各部会议上得到确认。因河南山西巡抚于谦提出山西一省无法供应三边军食，"请以法司赃罚并江南折粮银每岁区画六十万两，分送大同宣府。俟秋成易米上仓，或定价与米麦相兼支放"。诸部议决沿袭过去几年以银绢布充实边储政策，每岁"于浙江折粮银内拨十万两，京库拨绢五万疋、布十万疋，运赴宣府，籴粮收

---

① 《明英宗实录》卷23，正统元年十月戊寅。
② 《明英宗实录》卷29，正统二年四月辛未；卷35，正统二年十月壬午。
③ 《实录》屡见"江南折粮银""浙江等处折粮银""江西折粮银""福建并苏松等府折粮银"等名目。成化《杭州府志》卷19《税粮》载"正统十二年夏税则例"，内开"折银麦"3158斗余，"每石折征金花银二钱五分"，由粮长粜粮卖银"煎销足色金花"。亦可佐证。《明会典》载"弘治十五年（1502）起运数目"，有"京库折银米（粮、麦）"的地区包括浙江、江西、湖广、福建、广东以及南直隶的苏松常和徽州四府，每石米麦折银也是正统元年规定的2钱5分。总计每年米麦4121500石，折银1030375两《明会典》卷26《会计二·起运》，商务印书馆万有文库本第7册，第717—738页。其中缺少广西，因弘治年间广西京库折银米三万石悉存留本处（《明孝宗实录》卷8，成化二十三年十二月癸巳）。这应是《明史·食货志》记载数字的来源（李洵：《明史食货志校注》，中华书局1982年版，第60页）。
④ 《明英宗实录》卷41，正统三年四月甲寅；卷51，四年二月辛亥；卷63，五年正月辛酉；卷75，六年正月丙辰；卷79，六年五月丁酉；卷83，六年九月癸卯；卷95，七年八月乙未；卷102，八年三月戊辰；卷104，八年五月甲戌；卷105，八年六月戊戌；卷152，十二年四月壬子；卷175，十四年二月乙巳。
⑤ 据景泰七年（1456）的一个数字，"在京各卫武职官员带俸等项，数多有一卫二千余名者，有一卫千五百余名者，通计不下三万余员，每岁共支食米三十六万余石，折俸银四十八万八千余两"（《明英宗实录》卷267，景泰七年六月乙亥）。正统年间，纵或较少，也应在30万两以上。

支"。① 两年后会议陕西边务，提出一个充实边储的方案，也是"各布政司粮多之处，折征银布运赴陕西收贮，俟年丰籴粮，庶几粮饷有备"。② 这一办法还推广到南方"路远艰难"、运粮不便的卫所，如贵州、松潘等地，指定输粮地区每岁"将应拨粮米折收银布运去给军"。③ 此外，频繁犒赏军队（主要是北方军队），人数常以千计以至万计，正统九年（1444）赏赐"在京操练官军"共22万余人，一次用银达30余万两。④

因北方边患日亟，以轻赍充实边储的规模逐渐扩大。以宣府镇为例，景泰初"每年运去籴粮银不下十数万两，送纳折粮绵布不下百万余匹"。比之前规定数字大增。缺粮的辽东军队也指定江南折粮银补充，从每年4万两加到10万两。⑤

与白银相比，绢布存在先天弱点，如易朽坏，截割后价值大减，形制和质量难以标准化，运输成本远高于白银。到成化年间，折粮布质量问题相当严重，即使京城内库应收折粮布，"官司解纳多纰薄不中用，其解户又多过期亦或因而逃回"。甘肃边军曾因所发折粮布"多粗短不中用"而闹事。⑥ 财政轻赍化从白银与纺织品并重变为白银一家独大是必然趋势，弘治年间已有折粮布再折银的事例。⑦《实录》《明会典》和《万历会计录》等文献有大量历年调拨折粮银充实九边储备的记载。⑧ 包括紧急接济某边镇或一次大规模充实各镇边储，类似年例的供给先见于宣府和辽

---

① 《明英宗实录》卷55，正统四年五月丁巳。
② 《明英宗实录》卷86，正统六年闰十一月乙亥。此前已决定次年山东夏粮折布10万匹、河南折布10万匹，加上苏州等府当年秋粮折银5万两运赴陕西（《明英宗实录》卷84，正统六年十月癸未）。
③ 《明英宗实录》卷45，正统三年八月乙丑；卷84，正统六年十月辛巳；卷93，正统七年六月庚戌。
④ 《明英宗实录》卷119，正统九年闰七月庚子。
⑤ 《明英宗实录》卷208，景泰二年九月庚戌。
⑥ 《明宪宗实录》卷175，成化十四年二月乙未；卷179，成化十四年六月癸丑。
⑦ 如河南起运延绥税粮旧例折布，因"道远费多，布恶粮亏"，奏准"每匹征银三钱"（《明孝宗实录》卷155，弘治十二年十月丙辰）。
⑧ 《实录》内记载最多，《大明会典》卷28《会计四》《万历会计录》卷17至29对北京各边镇的"京运"亦有较多记录，可以相互补充，但也有个别相互抵牾之处。

东。最晚到成化年间，已形成中央政府每年以数十万两白银济边的常例。[①]

在 15 世纪，明代财政政策的调整主要是为了获得更多的白银收入，以应付（军事开支为主的）白银支出的增长。成化、弘治年间，财政收折银又有重大进展：一是开中旧制松动，盐课折银进程开启。《实录》内屡见开卖引盐救荒济边或充实中央政府的白银储备，或允许边方纳银中盐。[②] 政府关注重点是正项盐课以外的"余盐"，余盐折银向着经常化规范化的方向发展。[③] 二是北方起运税粮开始大规模折银，先是山东河南等地起运京储税粮折银收纳，"至京籴纳"，至京师米价腾贵。[④] 后来，起运大同税粮亦可输银。[⑤] 成化二十三年（1487），北方各省起运诸边税粮全面折银。[⑥] 过了两年，山东河南起运北直隶各粮仓税粮半数折银。[⑦] 至于各地因军需、灾荒、逋欠等原因临时将部分税粮折银，也更加频繁了。

除了税粮和盐课折收、售卖白银为大宗收入外，正统以降，形形色色的杂项和劳役收入折银也不断增加。正统年间仅柴薪银（官员随从皂隶免役银）、马草折银和赃罚银数种。成弘时又有马价银、度牒银之类，各地杂役力役折银的记载亦渐增。此外，以往征收钞、钱的税项也开始折银。这些局部细微的变化逐渐汇集成一股潮流，为 16 世纪财政白银化

[①] 参见黄阿明《明代货币白银化与国家制度变革研究》，广陵书社 2016 年版，第 199—211 页。

[②] 清人修《明史》和《续文献通考》时，认为弘治五年（1492）户部尚书叶淇更变开中之制，两淮等盐引招商纳银，解太仓银库。但《明实录》内并无相关证据，开中亦未废弃。此说不实（参见孙晋浩《"叶淇改制"辨疑》，《晋阳学刊》1997 年第 6 期）。

[③] 部分盐场如长芦、直沽和两浙余盐"每数至千引，则易价解部"（《明宪宗实录》卷 188，成化十五年三月庚午）。盐运司售卖或势要纳银关支余盐也屡见不鲜。弘治二年（1489），户部议准两淮等候支引的商人可直接购买"灶丁余盐"，以补正课之不足（《明孝宗实录》卷 25，弘治二年四月乙未）。到正德元年（1506），针对日益盛行的"折纳余盐银两事例"，户部欲严格管理（《明武宗实录》卷 18，正德元年十月壬申）。余盐折银更加规范，到嘉靖年间，最终确定了正盐开边报中、余盐纳银解部的定例（《明世宗实录》卷 175，嘉靖十四年五月甲子）。

[④] 《明宪宗实录》卷 109，成化八年十月乙巳。

[⑤] 《明史》卷 185《李敏传》，中华书局 1997 年版，第 4894 页。其事发生在成化十三到十五年（1477—1479）李敏巡抚大同期间。

[⑥] 《明史》卷 185《李敏传》，中华书局 1997 年版，第 4894 页。其时李敏升任户部尚书，倡议此事，"帝兼之。自是北方二税皆折银，由敏始也"。此事后来又有些反复，弘治元年（1488）时改变山东、河南、北直隶起运大同夏秋税粮俱折银的"近例"，要求一分折银，二分仍征本色（《明孝宗实录》卷 14，弘治元年五月己卯）。

[⑦] 《明孝宗实录》卷 23，弘治二年二月庚子。

的全面展开铺平了道路。①

在中央政府的白银收入中，南方折粮银和各银矿银课解入内承运库。正统七年（1442），增设太仓银库，收入其他项目的改折银两。内承运库储银一则"备军官折俸及兵荒支给"，二则用于皇室宫廷开支，而"太仓所积专以供给军储"。② 地方官库储银亦颇可观，陕西、河南布政司能一次支出 20 万两和 17 万两官银。③

支出与收入的结构变化是相应的。政府用银重点为军费，包括在京各卫武职折俸银、赏银、户部充实边储银两、北方各省起运诸边折粮银和部分马草折银。边储银与折粮银主要用来籴买军粮，有时亦折给军人。弘治二年（1489）正式确定各边军士月粮的三分之一折银。④ 政府用银另一大项是皇室宫廷开支，成化弘治年间，赏赐、宴赉、斋醮等费用剧增，内承运库银不敷，屡次从户部太仓库取银。⑤ 此外，赈济用银、官员俸禄临时折发银两也常见。

15 世纪末，中央政府每年的白银收支规模已超过 200 万两。据"弘治二年户部奏上数目"，年收入 243 万两，支出 200 余万两。⑥ 到弘治十

---

① 力役杂役折银问题参见唐文基《明代赋役制度史》第 2 章第 7 节，中国社会科学出版社 1991 年版。马草银始于正统七年（1442）南直隶各府起运京场马草折银解部，后来扩大到山东和北直隶（参见《明会典》卷 26）。马价银入太仆寺收储，参见刘利平《赋役折银与明代中后期太仆寺的财政收入》，《故宫博物院院刊》2010 年第 3 期；度牒银始于成化二十年（1484）批准度僧道六万人，"人纳银十二两"（《明宪宗实录》卷 258，成化二十年十一月庚寅）；成化年间，各种原来收钞的商业税相继改为钱钞兼收。弘治元年（1488），令 8 处钞关、淮安等 7 处税课司以及天下户口盐钞俱折收银两（参见《明会典》卷 35）。

② 《明孝宗实录》卷 173，弘治十四年四月庚子；卷 192，弘治十五年十月辛酉。

③ 《明宪宗实录》卷 255，成化二十年八月辛巳；《明孝宗实录》卷 25，弘治二年四月癸丑。

④ 《明孝宗实录》卷 40，弘治三年七月辛未。

⑤ 成化十七年（1481），以"赏赐用度寖广"为由"取太仓银 30 万两入内承运库"（《明宪宗实录》卷 221，成化十七年十一月戊子）。弘治八年至十四年（1495—1501），先后五次取太仓银 195 万两入内库（《明孝宗实录》卷 99，弘治八年四月丁丑；卷 162，弘治十三年五月丁卯；卷 164，弘治十三年七月丁巳；卷 173，弘治十四年四月庚子；卷 192，弘治十五年十月辛酉）。

⑥ （明）王鏊：《守溪笔记》，"财用之数"，载（明）沈节甫编《纪录汇编》卷 124，商务印书馆 1938 年影印本，第 36—37 页。明刻本中的"以上正统二年户部奏上数目"，应为"弘治二年"之误。因为每年入数中的钞关船料折银、"马草折征"和"盐课折征"，以每年出数中的"宣府、大同、辽东、陕西年例共四十万两"，不可能存在于正统二年。从明代财政收支折银的进程来看，王鏊原文应为弘治二年。

五年（1502），户部总结近年财政收支，"京储求岁入三百七十万之数，边饷须四百万两之银"。① 规模又有较大增长。

财政收入白银化进程的开启，促成了宋代以来白银货币化进程从量变到质变的飞跃。此前，有些地区民间亦有用银，但主要限于商家的大额交易支付，长途携带货币，以及财富贮藏。作为贵金属货币，白银不适合日常交易。而且以称量货币银两形式存在的白银，使用时要较成色、称重量，在不同成色、重量的银块之间进行折算，经常还要切割，极不方便。税粮折银，迫使普通民众用银两，如广西秋粮折银输京，"边民粜米易银，不无艰窘"。② 白银由此进入日常经济，开始成为普遍流通的货币。万明统计了明代洪武至成化年间徽州地区土地买卖交易契约427件中使用通货情况，从中可见货币财政政策与货币流通之间的因果关系。

表1—2　　　　　　　　明代徽州地区土地交易契约使用通货③

年代	契约数	契约内容分类				使用通货分类				备注
		卖田	卖地	卖山	其他	宝钞	银	谷物	绢布	
洪武二年—三十一年（1369—1398）	49	12	17	20	1	37	6	5		洪武二年、三年2例使用的是元钞；二十三年1例钞布兼支；二九、三十、三十一年有3例以钞议，折谷物支付，入谷物类

---

① 《明孝宗实录》卷192，弘治十五年十月辛酉。此数字有临时开支因素，但总体上是增长趋势。正德元年（1506）户部奏报收支情形，常例收入应为149万两，支出100万两。但实际规模远逾"常数"，"一岁之用已至五百余万两矣"（《明武宗实录》卷13，正德元年五月甲辰）。

② 《明英宗实录》卷118，正统九年七月丁巳。

③ 万明：《明代白银货币化的初步考察》，《中国经济史研究》2003年第2期。

续表

年代	契约数	契约内容分类				使用通货分类				备注
		卖田	卖地	卖山	其他	宝钞	银	谷物	绢布	
建文元年—四年（1399—1402）	22	17	3	3		7	11	4		建文元年1例，以银议，以谷支付，入谷物类；二年1例钞布兼支，入钞类；三年有7例以银议，注明谷数，以银成交。洪武三十五年2例入建文四年
永乐元年—二十二年（1403—1424）	103	29	35	37	2	84	1	14	3	谷布类均在永乐四年前和十五年后；五年1例以布议，注明宝钞数，以钞成交，入钞类；七年1例以元中统钞交易，未入通货分类；八年1例田地山场均有，入田类。另有一分界合同，规定有违罚以籼稻米，入谷类
洪熙元年（1425）	6	3	3			4		1	1	

续表

年代	契约数	契约内容分类				使用通货分类				备注
		卖田	卖地	卖山	其他	宝钞	银	谷物	绢布	
宣德元年—十年（1426—1435）	40	23	12	4	1	9	1	9	21	谷布兼支，入谷类；宣德三年1例以谷议，准以段布支付，入布类；1例以布议，准以谷物等支付，入谷类；五年2例以谷议，以布支付，入布类；八年1例以银钞议，以银钞支付，入银类，1例以谷议，以布支付，入布类；十年1例以布议，以谷与首饰花银支付，入谷类
正统元年—十四年（1436—1449）	54	19	14	17	3		35	7	12	正统元年1例以谷议，注明宝钞数，以谷物成交，入谷类；二年1例布银兼收，入银类；三年以后仅有2例以谷成交
景泰元年—七年（1450—1456）	30	13	7	7	3		27	1	2	景泰元年1例以布议，计银数，入布类；景泰六年1例以谷议，注明银数，入谷类

续表

年代	契约数	契约内容分类				使用通货分类				备注
		卖田	卖地	卖山	其他	宝钞	银	谷物	绢布	
天顺元年—八年（1457—1464）	33	12	8	13			31	2		天顺五年1例以谷议，计银数，入谷类
成化元年—二十三年（1465—1487）	90	8	37	42	3		90			
总计119年	427	136	136	143	13	140	203	43	39	

由于徽州地区不用铜钱，表内通货只有宝钞、银和实物（谷物和绢布）。徽州契约显示的宣德正统时期当地货币流通演变，呈现跳跃式变化，与货币政策的调整符合若节。洪武至洪熙年间皆以钞为主。永乐年间厉行银禁，使用白银的交易几乎绝迹。宣德元年对以实物交易解禁，谷物绢布随即成为主要交易媒介，宝钞使用减少。正统初年税粮折银，白银一跃而为当地主要货币，宝钞随即消失。到成化年间，白银成为当地唯一的通货。

既然明政府停止造钞，也不铸钱，财政白银化进程一旦开启，就形成自我强化的趋势。因为中央政府需要更多白银用于货币支出，以替代实物和宝钞；[1] 白银购买力增加，俸饷赏赐折银或以银支给受到官吏士兵的欢迎；为减少实物运输的高昂费用，地方政府和民众也愿意折纳货币。财政白银支出不断增加，促使政府进一步将其他税项变成白银收入，如成化十六年（1480），户部以"太仓见贮银不及三十万两，尽此未足以供边储一年之用"为由，奏准将部分两淮盐引售卖银两，部分钞关船钞折银，浙江江西解纳官绢（除嘉兴衢州二府外）此后一概折银，解部折俸

---

[1] 景泰年间（1450—1457），继续增加俸禄用银的比例。以往，"在京文职官员该支三分四分俸粮，俱于南京仓粮内支给"，元年改为"按季折与银两"，三年、六年、七年京城文武官员折俸钞也都折银支给（《明英宗实录》卷190，景泰元年三月庚申；卷216，景泰三年五月丙申；卷263，景泰七年二月甲辰；卷274，天顺元年正月壬辰）。

支用。① 民众被迫加入这一自我强化的循环，白银也越来越深地嵌入社会经济的各个环节。

正统元年（1436）是中国货币史上的一个分水岭。前一年十二月，驰用钱之禁。当年，允许南方数省起运税粮折银和库储粮籴银，事实上解除了银禁。此后，政府和民众逐渐放弃日益昏烂化的大明宝钞。到15世纪下半叶，银两和铜钱成为两种主要的流通货币，两者之间既无官定比价，又无使用金额的限制，形成一种贵金属称量货币（银两）和贱金属铸币（铜钱）并用的货币制度。中国货币史进入一个新时代。

---

① 《明宪宗实录》卷199，成化十六年正月庚戌。

第二章

明代铜钱危机中的
银、钱流通格局

15世纪下半叶,中国货币制度进入"银钱并用"(或称银钱平行本位,银钱两本位、银铜复本位)时代。[①] 金融史的传统观点认为,其基本特点是"大数用银、小数用钱"。[②] 银两是政府收支、大宗贸易、远程贸易的价值尺度,官私贮藏、大额支付、远程贸易和对外贸易都用银两;

---

① 本位制度是西方近代货币制度的基础,本位(Standard of Value)指衡量价值的尺度。规范的本位制度形成于18世纪的西欧,涉及本位币和辅币的规定。在商品货币时代,本位货币是面额价值与币材价值完全相等的金属铸币,是一国币制中的基本货币,无限法偿,每次支付的数量无论多大,都不能拒收。采取自由铸币政策,任何人都可以持一定的币材向铸币厂换取相应的铸币,不收费或收费甚微。辅币与本位币保持固定比价,其面额价值高于币材价值,含一定余利。由政府限制铸造,有限法偿,每次支付超过一定数量可不予接受(参见杨端六《货币浅说》,商务印书馆1931年版)。"在严格上讲来,古代的货币没有制度可言,既没有主币和辅币的关系,也没有什么本位制度……古代的各种货币都是主币。如果要谈本位,那么,战国、秦、汉勉强可以予是金钱平行本位,六朝、隋唐是钱帛平行本位,宋、金、元至明初是一种钱钞流通制度,明中叶到清末是银钱平行本位。所谓平行本位,就是说各种货币都可以作盲目的波动。有些朝代,也曾规定比价,但维持不住"(彭信威《中国货币史》序言第8页)。将银钱并用冠以本位之名,如银钱两本位、银钱平行本位、银铜复本位、银钱的跛行本位,只是货币史研究中的习惯,不是严密的用法。银两和铜钱并无主辅币之别,皆可无限制使用。同一单位的银子没有统一的重量和成色,法律上对此亦无明确的规定。所以,也有研究者反对这一称呼,如叶世昌和潘连贵(《中国古近代金融史》,复旦大学出版社2001年版)。

② 此观点大体为各种货币金融史著作遵信。仅有个别学者,如王业键在承认传统观点的同时,强调"银与钱有一个共同的流通范围;在这个范围中,两种货币都可同样有效地充当交易媒介。换句话说,它们之间可以彼此替代。超出这个范围之外,在某种程度上一种货币仍可替代他种货币,然而却不能像后者那样有效地完成交易的任务"(《中国近代货币与银行的演进(1644—1937)》,台湾"中央研究院"经济研究所现代经济探讨丛书第二种,1981年版,第10页)。但王著仅从理论上阐述,缺少实证。

铜钱用于小额支付，有时充当零售交易的价值尺度。① 这一传统观点与明清货币史的实际情况之间存在着很大差距。在实际的货币流通中，银钱并用币制没有主辅币之分，两种货币皆可无限制使用。两者的流通范围亦无清晰绝对的界限，"大数"与"小数"之间，存在一个弹性较大的可相互替代的区域。与贱金属铸币铜钱相比，白银以落后的称量货币形式（银两）流通，"虽然适用于高额、跨地区结算，但本质上不适合在日常性低额交易中使用"。② 使用银两时，需称重量（各地、各行业的重量标准纷歧）、鉴定成色，往往还要将不同重量、不同成色的银块折算成某一标准成色。在世界货币史上，银两是使用难度最大的一种货币。如果优质铜钱供应充足，普通民众一定宁愿用铜钱而不愿用银两。然而，大量明代货币史料显示了看似反常的货币流通状态，即银两占据了货币流通的绝对主导地位，还渗透进日常的零星交易支付，而铜钱在很多地区没有流通。这是银钱并用币制第一阶段的特点，是铜钱危机和财政白银化共同造成的结果。

第一节　铜钱危机的形成和延续

金元以来，中国货币史进入第二次铜钱铸造和流通的危机时期。为了推行不兑换纸币，金元政府停铸铜钱，甚至限禁铜钱的流通。明初，由铸钱而钱钞兼行，进而禁钱专用钞。从洪武二十六年（1393）八月禁钱到宣德十年（1435）十二月驰用钱之禁，前后共42年。之后，直到嘉靖六年（1527）才恢复持续正常铸钱。这是秦汉以降在和平统一时期最长的铸币空白期。铜钱的新增供应基本靠私铸钱，很多地区不用钱。在恢复正常鼓铸之后，明政府也不重视铸钱，仅在张居正主政时期有过短暂的扩大铸钱的努力。明末，又将铸钱视为敛财之法，广设炉座，大肆滥铸劣质钱，严重破坏了货币流通。从铜钱危机的角度分析明代的货币

---

① "制钱"一词始于明朝，指本朝官局铸造的铜钱。
② ［日］高桥弘臣：《宋金元货币史研究——元朝货币政策之形成过程》，林松涛译，上海古籍出版社2010年版，第112页。

流通，是理解银钱并用币制第一阶段特点的要害所在。

一 明初至正德时期的铜钱铸造和流通管理

明初，一度恢复铸钱。早在吴国公时期，朱元璋开始铸钱。元至正二十一年（1361），在应天府设宝源局，开铸"大中通宝"铜钱。"与历代钱兼行，以四百文为一贯，四十文为一两，四文为一钱"。至正二十四年（1364）在江西设货泉局，铸造大小五等钱式的铜钱。洪武元年（1368），颁行"洪武通宝"，包括当十、当五、当三、当二、当一五等，从一两降至一钱。"当"与实符，这与历史上的大钱是不同的。各行省设宝泉局，与宝源局并铸。洪武四年（1371），不再铸各等大钱，专铸一钱的小平钱。洪武八年（1375），发行大明宝钞，与铜钱并行。因货币政策转向，遂罢宝源、宝泉局。两年后，恢复铸钱，"铸小钱与钞兼行，百文以下止用钱"。洪武二十年（1387），又令各布政司停止铸钱。两年后复铸，更定钱式："生铜一斤，铸小钱百六十，折二钱半之，'当三'至'当十'，准是为差。"这一时期，宝钞与历代钱兼行。由于民间重钱轻钞，洪武二十六年（1393），复罢宝泉局，只准京师宝源局铸钱。是年8月，禁铜钱流通。①

图2—1 洪武通宝（当十）②

---

① 李洵：《明史食货志校注》，中华书局1982年版，第208—212页。
② 第二章与第三章的明清制钱图片来自袁水清《中国货币史之最》上，三秦出版社2012年版，第118—122页。

洪武年间铸钱，时铸时停，钱制屡变。洪武通宝的铸造量并不多，洪武八年（1375）以前有铸数记载的四个年份（元年、五年、七年、八年）总共铸造711101620文。洪武二十六年（1393）的则例规定，北平、广西、陕西、广东、四川、山东、山西、河南、浙江、江西各布政司326.5个炉座一年可铸钱总计189414800文。① 当时，币材的供应并不充足。政府制定废铜官收的政策，禁民间私相买卖。《大明律·钱法》规定："军民之家，除镜子、军器，及寺观庵院钟、磬、铙、钹外，其余应有废铜，并听赴官中卖，每斤给铜钱一百五十文。若私相买卖，及收匿在家，不赴官中卖者，各笞四十。"② 当时，"中书省及在外各行省皆置局以鼓铸铜钱，有司责民出铜，民间皆毁器物以输官鼓铸，甚劳"。但币材仍然不足，于是有官员建议强收废铜。洪武二十年（1387），"工部右侍郎秦逵言，宝源局铸钱乏铜，请令郡县收民间废铜以资鼓铸。上曰，铸钱本以便民，今欲取民废铜以铸钱，朕恐天下废铜有限，斯令一出，有司急于奉承，小民迫于诛责，必至毁器物以输官，其为民害甚矣！姑停之"。③

洪武二十六年禁钱后，永乐六年（1408）开铸永乐通宝铜钱。"至九年又差官于浙江、江西、广东、福建四布政司铸永乐通宝钱"。永乐十九年（1421），迁都北京，又在北京设立宝源局铸钱。当时厉行钱禁，每年铸造少量永乐通宝仅为赏赐入贡的外国使臣。④ 仁宗即位，铸造铜钱、买

---

① 《大明会典》卷194《铸钱》，《续修四库全书》第792册，第337页。
② 《大明会典》卷164《钱法》，《续修四库全书》第792册，第13页。
③ 《明太祖实录》卷181，洪武二十年四月丁酉。
④ （明）王圻：《续文献通考》卷11《钱币五》，齐鲁书社1997年影印本，第2868页。但据实录记载，永乐十年（1412）七月"铸永乐通宝钱"（《明太宗实录》卷130，永乐十年七月甲午）。永乐十三年（1415），"古里柯枝、喃渤利甘、巴里满剌加、麻林忽鲁谟斯、苏门答剌诸番国使臣辞归，悉赐钞币及永乐通宝钱有差"（卷169，永乐十三年十月癸未）。也正是从这一年开始，实录年末有铸钱数量的记录。当年铸钱2881贯，十四年（1416）铸钱2850贯，十五年（1417）铸钱3201贯，十六年至二十一年（1418—1423）每年铸钱3106贯（《明太宗实录》卷171，永乐十三年十二月癸巳；卷183，永乐十四年十二月丁亥；卷195，永乐十五年十二月辛亥；卷207，永乐十六年十二月乙丑；卷219，永乐十七年十二月己亥；卷232，永乐十八年十二月癸亥；卷244，永乐十九年十二月戊午；卷254，永乐二十年十二月壬午；卷266，永乐二十一年十二月丁丑）。

办生铜被当作靡费扰民之政而停废。① 宣德八年到九年（1433—1434），在钱禁未开之际开铸宣德通宝，② 似为恢复流通作准备，但宣德十年明英宗的即位诏书规定"各处买办诸色纻丝纱罗段匹及一应物件，并续造段匹、抄造纸答、铸造铜钱、烧造饶器、煽炼铜铁、采办梨木板及各处烧造器皿买办物料等件悉皆停罢"。又将铸钱作为一项弊政革除。③ 显然，三杨等辅政大臣将铸造铜钱列入扰民靡费之政。因此，当年十二月虽解除钱禁，但政府一直不铸钱。明孝宗即位（1487）之初，"有请行钱法者"被驳回，上谕称："诸司职掌，虽有各处铸钱例，然久已不行。今若令天下一体开局鼓铸，未免冒滥纷扰，不可。"④

秦汉以来，虽有钱法混乱的时期，但政府从来都将铸钱视为重要的财经政策。明政府将铸钱定位于"冒滥纷扰"的劣政，是货币史上的一种全新观点。弘治十六年（1503）二月，明政府终于决定恢复铸钱，命两京及各省开铸弘治通宝，每文重一钱二分，照洪武十六年旧额量为增减，"北京照（洪武）初年北平旧数，南京地广，宜增一倍，山东、山西、河南、浙江、江西、广西、陕西、广东、四川俱照旧数，湖广视浙江，福建视广东，云贵视四川，每岁陆续铸造"。然而，各省皆以各种困难消极对待，或未开铸，或少量铸造应付差事。过了两年，明孝宗命户部查实已铸和未铸数目，"户部言各处所铸才十之一二"。于是复令工部"仍再看详，并查费过工料之数"。当年五月明孝宗去世后，继续补铸未铸完的弘治通宝。到正德二年（1507），仍未铸完。两年后户部以各省灾伤为由，"令各处暂停铸钱"。⑤ 此后，正德年间不再铸钱。

弘治复铸的失败，主要原因在于当时的主流观念视铸钱为"冒滥纷

---

① 《明仁宗实录》卷1，永乐二十二年八月丁巳。
② 宣德八年（1433）九月，"命工部及浙江、江西、福建、广东四布政司铸宣德通宝钱十万贯"（《明宣宗实录》卷106，宣德八年九月乙亥）。
③ 《明英宗实录》卷1，宣德十年正月壬午。
④ 《明孝宗实录》卷197，弘治十六年三月戊子。
⑤ （明）王圻：《续文献通考》卷11《钱币五》，齐鲁书社1997年影印本，第2869—2870页。

扰"。给事中张文详细阐述了这一观点：

> 铸钱之费，每钱一万贯费银十两。今举天下凡铸钱该银若干万，其所自出，当先计虑，而户部议处无一语及之，工部唯称听支官钱。窃观其势，终未免取之于民。今民力已竭而重无艺之征，不亦难乎！近年两京有抽分、竹木、舡料等银，在外行盐地方则有余盐□税等银。有引之处则有堂食钱，问刑衙门则有赃罚、招纸及罪囚折赎米谷等钱。今后铸造乞于前项钱粮内支给，庶民不告劳而事可集……又户部言山狭、贵州俱系兵荒之处，合量减铸。臣闻去年天下水旱灾伤共二百七十余处，每一岁之入不支一岁之用。河南真定等处连年灾伤，赋役繁重，云贵湖广连年用兵，西北各边声息不绝，两广黎獠肆行无忌，江西贼寇纵横四出，则兵荒灾难岂止山狭贵州而已哉！莫如一切量为减铸，待岁丰民妥，别议所宣。臣窃又谓：今日铸钱之由，本缘钱币缺少。异时官铸盗铸相乘，恐又患其太多。往年专用旧钱，民犹私铸。今盛行鼓铸，今使人乘机作伪锥，朝戮一人，暮籍一家，不能禁也。且鼓铸之处，官匠多营私侵盗，作奸犯科，流以为盗，势所必至。陛下初政，有请行钱法者，谕之曰：诸司职掌，虽有各处铸钱例，然久已不行。今若令天下一体开局鼓铸，未免冒滥纷扰，不可。大哉皇言，臣民仰诵。近日之举，朝臣非不明知其不可，曾无一人言者，皆谓陛下锐意欲行，不敢异同耳。臣则以为陛下应机决事，易如转。凡利害既已较然，宸断将不俟终日。陛下诚能躬行节俭，以先天下无三冗之费，有九年之积，则钱虽不铸自可足用。不然，则所入不足供其所出，所得不足偿其所费，虽复多铸，亦何益哉。①

张文的反对理由，包括铸钱成本一定加重民众负担，引发更多私铸和官匠盗铸，官铸盗铸相乘导致供应过剩。这是典型的理学观念支配下的小政府观念，认为多一事不如少一事，政府应该无为无治，节俭治国。

---

① 《明孝宗实录》卷197，弘治十六年三月戊子。

"朝臣非不明知其不可，曾无一人言者，皆谓陛下锐意欲行，不敢异同耳"，说明对铸钱的疑虑是大臣们普遍的态度。

由于政府长期不铸钱，正统年间铜钱恢复流通之后，明政府允许本朝制钱和前代旧钱合法流通，禁止私铸钱流通，并且屡颁行钱法令，如：明英宗天顺四年（1460），"令民间除假钱锡钱外，凡历代并洪武、永乐、宣德铜钱及折二、当三，依数准使，不许挑拣"。明宪宗成化十七年（1481），"令京城内外军民人等买卖交易止许行使历代及洪武、永乐、宣德旧钱，每钱八文折钱一分，八十文折银一钱。不许将私造新钱搀和，阻坏钱法"。①

然而，明制钱铸造量很少，以唐宋钱为主的历代旧钱历经几个世纪的销熔、磨损、出口和窖藏损耗，所存有限。铜钱是铸币，名义价值与实际价值存在差异。优质铜钱供不应求，必然推动名义价值上涨，加之铸钱技术简单，导致质量低劣的私铸钱大量投入市场。景泰七年（1456），中兵马司指挥胡朝鉴奏称"在京买卖，惟用永乐钱。苏松等处多伪造来京货卖，其钱俱杂锡铁。在京军匠人等，亦私铸造"。② 此时，距铜钱解禁仅20年。由于永乐通宝共铸造不到几万贯，除去赏赐外国使臣，所剩更少，所以"在京买卖"使用的永乐钱几乎都是私铸钱。又过了4年，因私钱太多，京城民众拒用明制钱，旧钱根据质量好坏巧立名色，"挑拣使用"。天顺四年（1460）政府颁布的行钱法令禁止挑拣（非私铸的）铜钱。由于钱分等级，铜钱的价值尺度和流通媒介职能遭到破坏，而且市面上私钱太多，难以区分私铸或合法，禁令一出，坏钱或磨损的铜钱与完整好钱同价，这就迫使民众转而增加用银而少用拒用铜钱，京城"大凡买卖并柴米行使，诸色铺面兑换，俱要白银交易"。③

为解决"钱法不通"的问题，明政府重施宣德年间救钞的故技，以

---

① （明）王圻：《续文献通考》卷11《钱币五》，齐鲁书社1997年影印本，第2868—2869页。

② 同上书，第2868页。

③ 《皇明条法事类纂》，载杨一凡主编《中国珍稀法律典籍集成·乙编》第5册，科学出版社1994年版，第720页。

税收征钱的方式促进铜钱的需求和流通。成化元年（1465），以"通钱法"为名，决定原来纳钞的商税课程改为钱钞各半缴纳，"每钞一贯折钱四文，无拘新旧、年代远近，悉验收，以便民用"。① 成化六年（1470），令各钞关的船料钞每贯折钱2文。十年（1474），复令户口食盐钞兼收钱钞，每贯折钱2文。②

收的另一面是放，即增加政府的铜钱开支。成化二年（1466），给事中丘弘奏称："比者京师钱法不行，贸易不便。宜申令两京文武官员俸钞、军官俸银俱各与钱，中半兼支。一贯为钱四文，银一钱钱八十文，非历代旧钱不收，非破缺新铸必用。"因"钱法行之未久，不必更张"，此议似未实施。③ 但户部因"钱法不通"，"请令天下诸司凡徵收支给之类钱钞兼用"。这一要求遭到"沮格"，次年，由户部奏准，"命天下文武官军折色俸粮钱钞兼支"。④ 至成化十一年（1475），又"定拟铜钱折俸例"，将例应折钞的"在京文武官吏人等上半年俸粮"改为折钱，先补发积欠的成化七年俸钞，折价为"钱二百文折钞一贯"（按：原文如此。明显与当时的钞价不符，应为二文之误）。⑤

由于政府不铸钱，疏通钱法的政策不可能解决"钱法不通"的问题。对铜钱需求的增加反而更刺激了私铸。⑥ 15世纪70年代，京师市面上的新钱，"多苏、松、常、镇、杭州、临清人铸造，四方商贩收买，奸弊日甚"。因伪钱盛行，成化十六年（1480），京师钱价已由过去80文换一两银子贬值到140文换一两银子，"钱贱米贵，而又拣选太甚。小民所得佣值，不能养赡"。政府严令"除破碎伪造外，其余不拘年代，但系囫囵钱即使行，不许刁难挑拣"。⑦

15世纪下半叶，重要的私钱流通区多是大运河流域的商业城市及附

---

① 《明宪宗实录》卷19，成化元年七月丁丑。
② （明）王圻：《续文献通考》卷11《钱币五》，齐鲁书社1997年影印本，第2868页。
③ 《明宪宗实录》卷33，成化二年八月辛丑。
④ 《明宪宗实录》卷41，成化三年四月己未。
⑤ 《明宪宗实录》卷145，成化十一年九月戊申。
⑥ 张瑞威：《劣币与良币——论明宪宗一朝的货币政策》，载《全球化下明史研究之新视野论文集》第2册，台北东吴大学历史学系，2007年。
⑦ （明）王圻：《续文献通考》卷11《钱币五》，齐鲁书社1997年影印本，第2868页。

近地区。① 进入 16 世纪，私钱向更多地区蔓延，银进钱退的局面随之加剧。以下两例颇能说明这一变化：在杭州湾北岸的海盐县澉浦镇，"自国初至弘治以来皆行好钱"，正德十二年（1517），类似于京城流行的"板儿"之类低恶之钱迅速取代了好钱。② 在闽中莆田，宝钞废弃后一直习用宋钱，"府县征收此物，民间零碎使用极为便益。乡村之民，有垂老不识厘秤者（按：厘秤即称银两的戥子）"。正德初，闽南漳州"私铸新钱盛出"，流入莆田，替代好钱。官府严行限禁，莆田民间遂不再用铜钱。③

二 嘉靖至万历年间的铜钱铸造与流通管理

明嘉靖六年（1527）十二月，嘉靖皇帝突然宣布要开铸嘉靖通宝。这时，距停铸弘治通宝又过了 18 年。事情的原因是京师"钱法大坏"，皇帝认为"钱法之坏，由于私铸者多，官不为禁。朕又闻京师市中所用，俱出私铸。前代旧钱及我朝通宝俱阻革不行"。于是，要求户部"速议区处禁约事宜以闻"。户部认为"私铸固所当禁，而制钱铸积未多，民用有乏，易致腾贵。宜仿永乐、宣德故事，差官铸造"。嘉靖帝命"户部仍会同工部，查累朝未铸铜钱，俱为补铸，与嘉靖通宝兼用"。④ 嘉靖通宝每文重一钱三分，700 文准银一两，由二火黄铜与水锡⑤配铸而成。中国古代的"铜钱"，都是铜的合金铸币，过去是青铜钱（铜锡合金，偶尔加铅），从嘉靖通宝开始，改用黄铜（铜锌合金）铸钱，是一大变化。⑥

---

① 当时政府官员报告及破获的私铸案件显示，私铸的渊薮多在苏州、松江、常州、镇江、临清等地，在河南许州等地也有发现。这些地方的私钱通过大运河运至北京，掺杂行用，因此引起中央政府的密切关注。

② （明）董穀：《碧里杂存》上卷《板儿》，转引自彭信威《中国货币史》，上海人民出版社 1958 年版，第 482 页。

③ （明）朱淛：《天马山房遗稿》卷 4《莆田钱法志》，转引自武新立《明清稀见史籍叙录》，金陵书画社 1983 年版，第 217—218 页。

④ 《明世宗实录》卷 83，嘉靖六年十二月申辰。

⑤ 《天工开物》称水锡为倭铅（锌）的别名。周卫荣认为水锡是锡的一个别称（只见于明代），不是锌（明人称锌为倭铅、窝铅，清人多称白铅）。参见周卫荣《"水锡"考辨》，《文物春秋》1992 年第 3 期。

⑥ 戴志强、周卫荣：《中国古代黄铜铸钱历史的再验证》，《中国钱币》1993 年第 4 期。

此次，只是局部恢复鼓铸。所谓局部，基本是两京铸钱，南北两个工部宝源局岁铸嘉靖通宝的规定数额仅有四万余贯（4149.12万文），仍不能足数完成。至于外地，曾命工部差官在直隶河南闽广铸钱，解运京城司钥库备皇帝赏赐之用，执行情况不得而知。嘉靖二十年（1541），两京宝源局因"得不偿失"而停铸。十二年后，嘉靖帝心血来潮，要求补铸洪武至正德九朝通宝4500万贯，嘉庆通宝5000万贯，按当时成本核算，需工料银32820770两，而户、工两部储银合计才2236000两。① 补铸政策未实施，嘉靖通宝恢复铸造，亏损多，产量很低。② 至隆庆二年（1568）五月，南京户部宝源局因"铸钱所费不赀"而停铸。

嘉靖年间复铸制钱之后，因铸钱少且主要限于两京铸钱，不能缓解私铸钱流行的困境。

由于私铸泛滥的问题越来越严重，如果严禁私钱流通，民间只能拒收铜钱，钱法将无法运行。所以，政府不得不承认钱分等级的现实。嘉靖三年（1524），"令户部给榜，谕京城内外买卖人等，今后只用好钱，每银一钱七十文，低钱每银一钱一百四十文"。③ 所谓"低钱"，指轮廓大小比好钱差的中等旧钱，不包括私铸铅铁杂钱。④ 但既然允许"低钱"以低价流通，等于默许了质量稍好的私钱可以合法流通。开铸嘉靖通宝后，曾试图严禁私钱，但无法做到，且税课衙门专收好钱，送往政府仓库内囤积，京师市面上缺少优质铜钱，私钱更甚。嘉靖十五年（1536）时，流行的轻薄小钱字画不清，"三百文才值银一钱"。十几年后，依然如此。此后，屡经整顿，成效不彰。而且，民众担心所积之铜钱随时可能被政府禁用，铜钱流通反而受阻。隆庆四年（1570）时，大学士高拱批评嘉靖以来的对铜钱流通的管理，认为"钱法不通，由指点多端，事

---

① 《明世宗实录》卷405，嘉靖三十二年十二月乙亥。

② 北京宝源局到嘉靖四十三年（1564）十一月停铸。每年约用工料银15200两，可铸钱6840贯，为规定铸额（每年18830贯）的36%（《万历会计录》卷41，书目文献出版社1988年影印本，第1037—1038页）。此外，嘉靖三十四年（1555），命云南每年铸钱31000余贯，解送京城太仓库，十年后停止（（明）王圻：《续文献通考》卷11，齐鲁书社1997年影印本，第2871页）。

③ （明）王圻：《续文献通考》卷18，齐鲁书社1997年影印本，第18页。

④ 《明世宗实录》卷83，嘉靖六年十二月申辰。

体不一所致。盖钱有定用，乃可通行。今旦议夕更，迄无成说。小民恐今日得钱而明日不用，是以愈变更愈纷乱，愈禁约愈惊疑，臣惟钱法之行，当从民便。试观当年未能议钱法而钱行，近年议之而反不行，其理可知也。愿特降圣谕：行钱但从民便，不许更为多言乱民耳目。则人心自定，钱法自通"。隆庆帝接受"钱法委宜听从民便，不必立法纷扰"的意见，"自是钱法复稍稍通矣"。①

减少私铸钱流通的唯一方法是增加优质制钱的供应。尽管铸钱"利不酬本"，通过铸钱开拓"理财之道"的呼声渐起。赋税改革迅速拉升了对白银的需求，海外白银尚未大规模流入，白银日益短缺。与此同时，财政愈趋困难。隆庆年间，先后有蓟辽总督谭纶、山西巡抚靳学颜、直隶巡按御史李家相等上理财疏，建议重钱轻银，广开鼓铸，以增加货币供应，充实财政。② 这一想法在当时颇有市场，滨口福寿认为张居正的货币政策实源于谭纶。③ 受此推动，隆庆四年（1570）开铸隆庆通宝，仅限于两京。到张居正主政时期，铸钱足国便民之论付诸实践。

万历四年（1576），改革的锋芒指向货币政策。是年，诏令两京及各省一体开铸万历通宝。为解决币材与流通的痼疾，规定废铜官收，增加制钱在俸禄工食发放及赋税收纳中的比例。张居正冀望官民双赢，"世间银少铜多，公私之费，皆取足于银，故常患不足。今化铜为宝，则民用益饶；民用益饶，则上供易办，故足民亦所以足国也"。④ 他雷厉风行的施政逻辑在钱法上碰了壁。各省奉行不力，时过两年，无一省上报铸钱数量。原因仍在成本、币材与流通之难。当时沿嘉靖旧例，铸金背、火漆、镟边三种万历通宝，要求秉持高质量原则，"费多利少，私铸自息"。京城主要发行品质最优的金背（按：用四火黄铜），掺杂少量火漆（按：用二火黄铜），各省铸镟边钱，金背定价800文一两，镟边、火漆定价千

---

① （明）王圻：《续文献通考》卷11《钱币五》，齐鲁书社1997年影印本，第2872页。
② 《明穆宗实录》卷35，隆庆三年七月辛卯；卷42，隆庆四年二月丙寅；卷43，隆庆四年三月戊子。
③ ［日］滨口福寿：《隆庆万历期钱法新展开》，《东洋史研究》第3卷，1972年。
④ 《新刻张太岳先生诗文集》卷29，第22—23页，载《四库全书存目丛书》集部，影印万历四十年唐国达刻本，齐鲁书社1997年版。

文一两。据福建、江西、湖广三省巡抚在开铸之初的乐观估算,仅能保本或微利。因工价已定,必须控制币材价格。产铜大省唯有云南、四川,当地民间不用钱。在其他省份,"吏责民输铜,销器毁成,不尽给其值。责铜急而铜价腾跃,非产铜之地尤甚。则是未得钱之利而已被铜之害也"。赋税是疏通钱法的重要渠道,中央政府允许"存留钱粮春夏纸赎各不拘银钱兼纳",但在不行钱之地,官府以官价推广制钱,收税时往往不收钱,民众当然不愿接受。① 万历十年(1582),浙江当局将积存难用的制钱强行用为(杭州、宁波驻军)兵饷,"饷既减,又杂钱,而市中钱不行",激起杭州兵变。②

货币改革进退失据。万历八年(1580),因钱不能行,云南首先获准停铸。两年后,张居正去世,万历帝借皇子出生的机会宣布"恩例",其中一部分是对张居正政策的纠偏,包括货币政策,"铸钱本以利民。近因铸造不精,私钱淆杂,及不系产铜去处买运艰难,领发行使阻滞不便。诏书到日,各该开局铸钱地方暂行停止。如地方钱法通行,官民相安,愿仍前鼓铸者,听从其便"。③ 此后,大体回归两京铸钱的旧制,地方钱局仅湖广在维持。④ 浙江兵变是货币改革急刹车的直接诱因,但叫停的做法失之仓促。由于币材供应问题,在全国范围内长期大规模地发行制钱难以持续。但只要坚持高质量铸钱,收税时增加制钱比例,就能适当提高制钱的名义价值来填补成本缺口,被市场认可,又不会引发大规模私铸。

铸钱成本由三部分组成:币材价、工料费和火耗(币材耗损)。由于铜钱是手工范铸,加之贱金属货币价值低,铸造费用居高不下。彭信威根据万历年间山西巡抚高文荐提供数据,计算出铸造费(包含了火耗)

---

① (明)王圻:《续文献通考》卷11《钱币五》,齐鲁书社1997年影印本,第2873—2874页。

② 董份:《御史大夫左司马崐翁张公定浙变记》,载黄宗羲《明文海》卷380,中华书局1987年影印本,第4805页。

③ 《明神宗实录》卷128,万历十年九月辛酉。

④ (明)王圻:《续文献通考》卷18,齐鲁书社1997年影印本,第21页。

占总成本的17.9%。① 据王德泰对清乾隆二十二年（1757）宝泉局铸钱成本收益的估算，工料费（炉匠工钱加炉头料银）占总成本超过16.8%。② 如果加上火耗（铜铅每百斤准销折耗9斤），还要更高。因此，政府支发铜钱时，必须较（铜钱内含的币材）价值溢价，才能弥补成本。由于手工铸钱技术简单，如果溢价太高，会引发大量私铸。因此，最好的办法是政府能够垄断币材供应，以远低于市价的价格获得币材。这样，既能获取铸利，又能避免铜钱的发行价比所含币材的市场价高出太多。如果币材供应不足或价格较高，就要"不爱铜，不惜工"，务求铜质精美、精工铸造，且费多利少，令私铸无利可图。

图2—2 万历通宝

明政府铸钱的最大问题在于币材供应不足以及币材价格高，因此常常陷入"利不酬本""得不偿费"的困境。但这并非打不开的死结。明代的优质铜钱市价一向很高，而且有逐渐上涨的趋势。这固然是铜价上涨所致，也与优质铜钱供不应求有关。成化年间的官定钱价是8文折银1分，即800文值银1两。到嘉靖年间，好钱的官价是700文值银1两。隆庆元年定制钱和前代旧钱的官价是800文值银1两。万历初年，金背定价800文一两，镟边、火漆定价千文一两，洪武等朝旧制钱和前代制钱定价1200文值银1两。但优质制钱的市价高于官价，特别是金背钱，

---

① 彭信威：《中国货币史》，上海人民出版社1958年版，第444页。
② 王德泰：《清代前期钱币制度形态研究》，中国社会科学出版社2013年版，第188页。

溢价很高，原因在于其用料足、铸造精工。万历十三年（1585），万历金背市价"每银一分五文"，即500文值银1两；嘉靖金背市价"银一分四文"，即400文值银1两。万历二十七年（1599），户部定付给商价时搭支三分之一的金背制钱（按：万历五年的规定是银八钱二），"五十文作银一钱"，即500文折银1两，远高于币材价和成本。除了给付商价，"官吏俸粮搭钱俱照时价给散"，铸钱是有利可图的。因此，当年"以国用不足，命宝源局多铸济用"。次年，户部要求南北宝源局"加工添炉，渐次增铸"。由于供应增加，金背钱市价下跌。到万历三十九年（1611），京城的市价是"每银一钱易钱六十六文，即660文值银1两，还是明显高于成本"。①

因此，明政府完全可以维持一个较小的全国性铸钱的体制，并逐渐推广制钱流通。然而，听从民便是当时的主流意见，政府担心滋扰民众，缺少推广铸钱的积极性。当时有人感慨："国家百典，上稽三代，下陋汉唐宋，乃独铸钱一事，自洪永迄今，阻格不甚行，而欲其富之垺古人乎？……一或龃龉，辄曰钱法难行。"② 曾任大学士的王家屏指出，"宜从民便"的观念如此流行，以至于钱法难以推广。③ 万历三十三年（1605），贵州巡抚毕三才主动请求"依式鼓铸缺钱，以济民用"。户部回复称"立法者，贵宜民不贵强民，贵因俗不贵宜俗。今举黔地从来未有之物，一旦责之以必行，恐于民俗不无少梗"，又担心铸钱后很可能重蹈其他地区盗铸太多使"货物腾贵，商旅不通"的前车之鉴。④ 其中逻辑与上文所引弘治年间张文观点一致，以听从民便（因俗）为最好的政策，对政府铸造管理货币的能力持悲观的态度。因此，已有的两京铸钱规模也不能维持。万历二十年以前，南京工部宝源局只有60座铸炉，此后需求旺盛，

---

① （明）王圻：《续文献通考》卷11《钱币五》，齐鲁书社1997年影印本，第2873—2874页。

② （明）郭子章：《钱法》，载（明）陈子龙《明经世文编》卷420，中华书局1962年影印本，第1941页。

③ （明）王家屏：《答李近台抚台论铸钱》，载《明经世文编》卷393，中华书局1962年影印本，第1784页。

④ 《明神宗实录》卷410，万历三十三年七月丙申。户部勉强同意贵州在"民情土俗"允许的前提下铸钱，但后来并未见贵州铸钱的记载。

十年间增至600余座。"官钱充斥,不见私钱。虽稍稍互杂,民犹惴恐"。万历三十五年(1607),因办铜不易等原因,南京工部奏请停炉减铸。户部决定减少南京宝源局铸炉120座,余下的铸炉轮番鼓铸,或一月一铸,或一季再铸。官铸钱大减,且外郡州县官钱价高,"户工搭放,尽出外易",于是私铸趁虚而入,留都城内私钱日益泛滥,"都城内外充斥,行使为常"。① 四年后,留都官员决定增加鼓铸,并颁布私钱禁约。由于事出突然,加之私铸奸徒的煽动,私钱价格大跌,一些不明真相的民众聚集闹事。政府承诺"不遽革私钱,听民择便",才告平息。②

在流通铜钱的地区,优质铜钱匮乏导致铜钱的名义价格显著高于实际价值(币材价加上一定的铸造费用)。在这种情况下,官铸不足,私铸必然填补供应缺口。对此,政府在大多数时候默认现状,只是偶尔依法打击私铸。从这些案例中,可见当时私铸已经产业化,如崇祯末年袁继咸署理武昌府,发现"私钱盛行汉武间,低薄不堪,官民苦之"。于是"缉知省宗擅私铸者凡三十六家,一日躬抵其第,尽挖出铸器,枷号匠头示惩,许各宗自新"。③ 武昌府为湖广省治所,数十家私铸毫无顾忌,一方面可见私铸之严重,另一方面也说明民间对铜钱需求之切。

在南方的福建,私铸钱一度成为旺盛的出口产业。据黑田明伸研究,"嘉靖年间,精钱、劣钱两方面都从漳州府流入日本",其中的精钱还成为日本的基准货币。这些漳州府生产的私铸钱多是伪造宋钱,不但流入日本,也出口到爪哇一带。直到1566年,明朝军队击溃倭寇,控制了漳州地区,当地的私钱出口产业随之覆亡。④

三 明末滥铸与"钱法"的崩溃

在中国历史上,乱世军兴之际,政府多以铸钱牟利。从王莽到清咸

---

① (明)胡我琨:《钱通》卷2引万历年王万祚疏,台北商务印书馆1983年影印本。
② 参见黄阿明《万历三十九年留都铸钱事件与两京应对》,《中国钱币》2012年第2期。
③ (明)袁继咸:《六柳堂遗集》卷上《日录》,转引自黄阿明《万历三十九年留都铸钱事件与两京应对》,《中国钱币》2012年第2期。
④ [日]黑田明伸:《货币制度的世界史——解读"非对称性"》,何兵译,中国人民大学出版社2007年版,第120—122页。

丰，主流做法是铸各种大钱，从当五当十到当百当千，名义价值远远高于实际价值，是以少抵多的金融掠夺。为防私铸，大钱多以钱质精工著称。大钱的流通，对民间原有的小铜钱破坏有限。明末，当局首先采用的正是这一古法。天启初，两京开铸当十大钱，后来外地如宣府、密云亦有铸造。因两京民众怨声载道，天启五年（1625）停铸，次年决定收回大钱改铸小制钱。此后，货币政策走上另一条更危险也更具破坏性的道路，政府大规模铸造质量低劣的制钱，铜钱危机急剧恶化。

当时，论理财者多以"藉钱息济军兴"为药方。天启元年（1621），"以辽饷匮乏"，命各省开铸，规定每年上交铸息共82万两。从此，鼓励各省铸钱为既定方针，铸钱的范围空前扩大。除两京外，陕西、山西、宣府、密云、河南、山东、苏州、浙江、福建、湖广、云南①、四川等地相继开铸，可谓"开局遍省直"。②但或乏铜材，或难于流通，相继报罢，地方铸局仅剩湖广、陕西、四川、云南、密云、宣府等处。至崇祯年间，内外交困，罗掘无计，于是"各镇有兵马处皆开铸以资军饷"。③搜刮废铜、旧钱，大肆铸造劣钱，以旧定的银钱比价折成军饷发放或强制向民间采购物资，等于是公然的抢掠。官钱滥恶，私钱浑水摸鱼，严重破坏了正常的金融秩序。

顾炎武指出明末滥铸对货币流通的危害，"自天启、崇祯，广置钱局，括古钱以充废铜，于是市人皆摈古钱不用。而新铸之钱，弥多弥恶，旋铸旋销"，称之为隋代销古钱之后的又一大变。④当时，凡是开局铸钱之地，钱质皆急剧下滑。据松江府人士叶世昌回忆，"崇祯之际，通用新钱，无一佳者"，"钱色日恶而价亦日贱"，钱价从千文兑银九钱跌至六

---

① 天启六年（1626），云南当局在省城设局铸钱，"滇之有钱，自今始矣"（《条答钱法疏》，载《滇志》卷23，云南教育出版社1991年版，第794—796页）。制钱在云南的推广比较顺利，崇祯十一年（1638），徐霞客游历云南，在寻甸、大理、保山以及偏远的腾冲都有用钱的记录。参见（明）徐弘祖著，朱惠荣校注《徐霞客游记校注》，云南人民出版社1985年版，第710—1099页。

② （明）王圻：《续文献通考》卷11，齐鲁书社1997年影印本，第2877—2879页。

③ 《户部尚书侯恂条陈鼓铸事宜》，载孙承泽《春明梦余录》卷38，北京古籍出版社1992年版，第667—668页。

④ 顾炎武著，陈垣校：《日知录校注》，安徽大学出版社2007年版，第617—618页。

钱，最后跌至三钱。① 钱币学史料直观地记录了这一变化，明制钱的品质（包括大小、重量、铜质）在天启年间开始下降，至崇祯通宝，大都轻薄不堪。②

第二节 白银时代的银两制度

明代嘉靖至万历年间，始于正统年间的财政白银化的进程宣告完成。嘉靖时，很多地区尝试将各种赋税徭役归并折银，称为"一条鞭（编）"。万历初年，张居正主政，将这一做法推广到全国。《明史·食货志》总结一条鞭法的特点：

> 一条鞭法者，总括一州县之赋役，量地计丁，丁粮皆输于官。一岁之役，官位签募。国差，则计其工食之费，量为增减；银差，则计其交纳之费，加以增耗。凡额办、派办、京库岁需与存留、供亿诸费，以及土方贡物，悉并为一条，皆计亩征银，折办于官。立法颇为简便。嘉靖间，数行数止，至万历九年乃尽行之。③

各种赋税"计亩征银"，标志着中国赋税史上的赋税货币化进程完成，白银成为财政收入和支出的标准。财政白银收支的规模继续扩大，据《万历会计录》卷一的按语，万历六年（1578）时"今每年所入本折各色，通计一千四百六十一万有奇，钱钞不与焉，所出除入内府者六百万，余数莫可稽，他如俸禄、月粮、料草、商价、边饷等项，岁逾九百三十一万有奇，是一岁之入，不足供一岁之出"。④ 此前，正德元年

---

① （清）叶世昌：《阅世编》，来新夏点校，上海古籍出版社1981年版，第170—171页。
② 比较遗留至今的明代制钱，万历通宝平均重4.5克左右，天启通宝有不少已轻到3克多，崇祯通宝几乎都在4克以下，大部分不及3克（由《中国钱币大辞典元明编》一书"明代铜钱"部分统计而来，中华书局2012年版）。
③ 李洵：《明史食货志校注》，中华书局1982年版，第80—81页。
④ 万明、徐英凯：《明代〈万历会计录〉整理与研究》，中国社会科学出版社2015年版，第111页。

(1506），户部奏报收支情形："一岁之用已至五百余万两矣。"① 72 年间，国家财政的白银开支增加两倍。

赋役征银通行全国，宋元以来白银货币地位扩张的进程达到顶峰。作为财政收支工具，银两流通的广度和深度几近无远弗届，中国经济史正式进入白银时代，社会经济对白银的需求迅猛增长。白银供应能否跟上，决定着以白银为基础的货币金融体系稳固和持续的前景。

受矿藏条件的限制，中国在历史上从来不是产银大国。李隆生综合各家研究，估算"唐、宋、元三朝的白银产量约在 37775 万两左右，明朝平均年产量为 30 万两，所以整个明朝（1368—1644）共出产了 8310 万两白银，因此到了明末中国共生产了约 46000 万两白银"。② 由此可见，明代本土生产的增量白银并不多。除去八九百年以来的损耗、埋藏和外流，以存量为主的白银要供在一百四十余年间（1436—1578）满足财政金融迅速白银化和人口迅速增长叠加所带来的需求压力，意味着以器物和囤积形式存在的白银逐渐进入货币流通，而且白银的货币流通速度越来越快。嘉靖年间，财政白银化加速，国内的白银已有供应不足的迹象。一些官员开始抱怨银贵（即白银购买力上升、以银计算的物价下跌的通货紧缩现象）。③ 隆庆四年（1570），山西巡抚靳学颜上疏请求铸钱，认为"夫钱与银异质而同用，今用银而废钱，钱益废则银益独行，银独行则豪右之藏益深，而银益贵。银贵则货益贱，而折色之办益难。而豪右者又乘其贱而收之，时其贵而出之，银之积在豪右者愈厚，而行于天下者愈少。再踰数年，臣不知其又何如矣"。④

---

① 《明武宗实录》卷 13，正德元年五月甲辰。
② 李隆生：《明末白银存量的估计》，《中国钱币》2005 年第 1 期。
③ 因为物价数据少，对明代物价的研究也少，而且从零散数据中得到的结论也未必精确。全汉升认为由于财政和货币白银化，"明代白银的购买力，约为宋、元时代的两倍左右"（《宋明间白银购买力的变动及其原因》，全汉升《中国经济史研究》，稻乡出版社 1991 年版，第 571—600 页）。他主要是比较宋元和明代的白银购买力，并未探讨明代白银购买力的变动。从该文搜罗的（以银计的）金价、江南米价和江南绢价数据看，从嘉靖到万历初，经历了一个通货紧缩的时期。
④ 《明穆宗实录》卷 42，隆庆四年二月丙寅。

海外白银的内流，扭转了中国的白银供应格局。西属美洲和日本在16世纪中叶发现大银矿。① 此后，巨量海外白银通过外贸流入中国。②

表2—1　　　　　　　　明季流入中国的白银③　　　　单位：百万两

来源	日本		西属美洲		流向中国总计
	产量/输出额	流向中国	产量	流向中国	
庄国土		175 +		87 +	280
Von Glahn		99		94	213
Yamamura & Kamiki		224		35（经菲律宾）	259
Brading & Cross			645	193（作者以产量30%推估）	
Atwell Reid	254	180（作者以70%推估）			
Kobata	266				

究竟有多少海外白银流入中国，各家说法不一。"取各家平均，则明季由日本流入中国的白银为17000万两，西属美洲流向中国的白银为12500万两，合计29500万两。所以，整个明季由海外流入的白银可能近30000万两，集中在明中叶（1530）以后流入，其中日本银占了五成多。"④

巨量白银流入，使白银时代得以稳固。经过半个世纪，白银供应有

---

① 16世纪40年代，西属美洲发现大银矿。银产量的大增是在1554年发明的提炼白银的汞齐化法（amalgamation）推广之后。

② 海外白银流入中国是学术热点，论著颇多，参见梁方仲《明代国际贸易与银的输出入》（《梁方仲文集》，中山大学出版社2004年版），全汉升《明季中国与菲律宾的贸易》（《中国经济史论丛》，新亚书院1972年版），贡德·弗兰克《白银资本》（中央编译出版社2000年版），庄国土《16—18世纪白银流入中国数量估算》（《中国钱币》1995年第3期），李隆生《明末白银存量的估计》（《中国钱币》2005年第1期）。

③ 李隆生：《明末白银存量的估计》，《中国钱币》2005年第1期。

④ 李隆生：《明末白银存量的估计》。李文的"两"，在统计明代国内银产量时，用当时的官方数据，"两"为库平两，重约37.3克。日本和美洲的白银由公吨和比索折算而来，如50公吨折成133万两，则一两等于37.59克多，比库平两略大。一比索（Peso）等于0.8两，这个算法似有问题，因为一个Peso为8个里亚尔（Real），重约417英厘，换算为27.02克，相当于库平7钱2分多。

过剩之势，通货膨胀加剧。生于万历十五年（1587）的吴江人陆文衡回忆："余幼时米价不过五六钱，万历戊申（1608）大水，才一两三钱，即有抢米之变，嗣后无在一两内者。"①

白银时代的到来，改变了中国的货币制度。然而，明政府并不铸造银币，白银以称量货币——银两的形态流通。由于没有重量和成色统一的铸币，在记账和表示价格时，必须建立某种由特定重量标准和成色标准结合而成的虚银两本位。使用重量和成色不一的银块时，也需折合成某种虚银两。虽然政府的银两收支有一定的虚银两标准，民间则流行因地域、行业、用途而异的各种标准。

在银两制度（按：银两的铸造和流通，并无统一的官方标准，并无通常意义上的"制度"。但银两在使用流通过程中，形成了一些约定俗成的模糊的规则。因此，就广义而言，勉强可以称为"银两制度"）的形成和演变过程中，最通用的成色标准是所谓"纹银"。李若愚统计了徽州地区正统年间用银两支付的契约，发现"银的名目繁多，有：银、白银、好银、花银、梅花银、首饰花银、八成花银（按：契约原文是八成色银）等"，认为这"充分说明银的流通已很广泛，但又无统一的'定制'"。②其实，这正是银两制度形成初期的特点。到景泰年间，又有柳银、柳笑银、狮头银、白脸银、青笑银、青趺银、纹银等名目。天顺、成化年间，大多用白银，少数用银、纹银。从正德年间开始，纹银占了压倒优势，少数用银、白银、细丝银，元代就有的"花银"一词几乎消失。③与此同时，"纹银"成了全国性的名词，直到清代，一直是高成色银两的代称。从称呼繁杂到相对统一，正是银两制度形成的过程。"纹银"的流行，是银两制度走向成熟的一个标志。

那么，纹银到底指什么成色呢？古人形容高成色银两，称花、白、丝、纹，是形容因银锭纯度和范铸工艺而产生的外观特征。高纯度银液倒入铁范后，"在正常条件下，银液凝固时自然收缩而形成丝纹"。铸成

---

① （清）陆文衡：《啬庵随笔》卷3，光绪二十三年石印本。
② 李若愚：《从明代的契约到明代的币制》，《中国经济史研究》1988年第4期。
③ 明代徽州契约使用货币的情况，参见安徽省博物馆编《明清徽州社会经济资料丛编》，中国社会科学出版社1988年版。

的银锭因纯度不同，颜色亦有差异。此外，由于银液中氧气的逸出，会形成蜂窝，蜂窝内经常形成滴珠，而银锭的纯度对蜂窝的外观有一定影响。①

中国钱币博物馆周卫荣课题组的模拟实验表明，用纯银浇铸银锭，"银锭表面白亮、能形成细密且均匀分布的丝纹。可出现蜂窝，还可见蜂窝内的滴珠"。用含铜2%的银液浇铸银锭，"铸出的银锭色泽不如纯银铸出的银锭雪白发亮，而是相对略显金属的冷灰色，有均匀的丝纹，底部有蜂窝"。用含铜5%的银液浇铸银锭，"铸出的银锭色泽稍呈灰白色，略发暗；表面仍有丝纹，纹路层次感稍差，底部蜂窝明显"。用含铜8%的银液浇铸银锭，"铸出的银锭色泽灰白发暗，银锭正面仍有断续的丝纹，且有'褶皱'现象，侧面和底面分布有不规则的孔洞和凹坑"。用含铜15%的银液浇铸银锭，"铸出的银锭正面呈灰色，且完全'褶皱'，底部可显孔洞，但多为不规则的几何形状"。用含铜20%的银液浇铸银锭，"铸出的银锭呈灰白色，正面无丝纹，有类似平面树枝状结构分布的现象，底部有蜂窝孔洞，但局部区域有红色物质……可能是析出的氧化亚铜"。用含铜25%的银液浇铸银锭，"铸出的银锭正面完全呈'褶皱'状，底部平整有小孔，有红色区域，为银在铜中形成的，以铜为本体的固溶体析出相"。②

结合不同成色银锭的外观特征，可以看出"纹银"概念形成和流行的意义。

早在宋元时期，已有对不同成色银锭外观的描述和鉴定方法。元代《居家必用事类全集》"戊集"有"宝货辨疑"一节，注明系故宋掌公帑者所著，其中有"银"条目介绍银色："真花细渗分数高，纸被心低四角凹。好弱幽微说不尽，论中不错半分毫。"又载"金漆花银，一百分足；浓调花银，九十九分九厘；茶花银，九十九分八厘；大胡花银，九十九分七厘；薄花银，九十九分六厘，薄花细渗；纸灰花银，九十九分四厘；

---

① 周卫荣、杨君、黄维：《中国古代银锭科学研究》，科学出版社2017年版，第170页。

② 同上书，第143—147页。

细渗银，九十九分三厘；麓渗银，九十九分一厘；断渗银，九十八分五厘；无渗银，九十七分五厘"①。这里，"花"和"渗"皆指银锭表面的纹路。然而，区分标准细致到千分之一、二的成色差异，在实践中显然是难以应用的。这从侧面说明当时银两应用不广。

明洪武年间成书的文物鉴定专书《格古要论·金铁论》对银色的辨析更实用，"银出信处等州山中，足色者成锭面有金花，次者绿花，又次者黑花，故谓之花银。蜂窝中有倒滴而光泽，火烧色不改者，又次之。松纹假金花，以密陀僧为之。若面有黑斑而不光泽者，必有黑铅在内，有八成色，谓之狗蚤班。九成色者，火烧后死白边带灰色，谓之吹松纹。雪白者，有九六成色"②。此时，已关注到蜂窝、倒滴（即滴珠）等细节和不同成色银锭的颜色差异。除了"花"以外，又用"松纹"描述银锭表面的纹路。银锭成色辨析的进步，与元末明初银两应用增加的现实是一致的。

正统以降，随着财政折银的推进，银两的应用日益广泛深入，迫切需要更系统准确的鉴定方法和描述高成色银两的准确而相对统一的概念。这是一个民间自生的"自发秩序"（按：此处借鉴哈耶克的自发秩序说）建立的过程。在15世纪下半叶，徽州契约内流行"白银"。由上述实验可见，白或略带灰的白色，是高成色银锭的一个特征。然而，这一概念比较模糊，且低成色银锭也可能灰中带白。因而，进入16世纪，高成色银锭最突出而且随成色变化会产生明显差异的表征——"纹"最终胜出，"纹银"成为高成色银锭的代称。低于九二成色（含银量低于92%），则无纹；高于九二成色的银锭，成色越高，纹路越细密清晰连续。

万历年间，张应俞著《杜骗新书》，其中详细介绍了以丝纹和颜色分辨银色的方法，以及各种假银的制造方法及特点。其内容如下：

夫元宝者，坑淘出而原宝，今之官解钱粮，亦倾煎如坑淘出原色，而成元宝也，俗云员宝是也。松纹与细丝一样，其皆足色也。摇丝，色未甚足，银泻入鏪，以手摇动而成丝也，曰摇丝。水丝又名曰干丝。

---

① 《北京图书馆古籍珍本丛刊》61，书目文献出版社1988年版，第211页。
② （明）王佐：《新增格古要论》，中华书局1985年版，第132页。

第二章 明代铜钱危机中的银、钱流通格局 / 73

自七程八程九程九五止，通名曰水丝。画系即水丝泻出而无系，以铁锥画丝于其上，曰画丝。吹系即九程水丝，银一入镨，口含吹筒即吹之以成丝也，曰吹丝。吸系以湿纸盖其镨上，中取一孔，以银从孔泻下，吸以成其丝也，曰吸丝。今人以铁薄盖于镨上，亦中取一孔，银从孔泻下，亦吸以成丝也。盖吸丝自七程起，九五止。九五者亦看得足色也。茶花以纹银九钱，入铅一钱，入炉中锅内不用一毫之硝，明倾取出，以镨把淡底填于镨脚，然后泻银于镨内，铅方不露，而自成其粗丝也，曰茶花。鼎银即汞银也，又曰水银。以纹银五钱，以汞五钱半，入铁鼎中。倾其色通红于内，取出候冷，拿出其银。只有一两，拆汞五分，可打之而成镨，或造之以成饼，以银薄贴于外，以墨微洒之，以掩其太白。更能造酒器及诸项首饰，能拔银丝，亦犹细丝者，只是色略青些。更有赤脚汞银，文银三钱，铜系二钱，汞五钱半，如同前倾煎，取出不能打造，亦如同水丝一般。若辨汞银，其色脚嫩，上面银薄，贴色不同。赤脚者，然色赤而带嫩，终不如水丝色老。此上古所传，造此换人，亦发家数千。子孙继迹不肖，而家即萧条，害众成家，终不悠久。吊铜，以铜嵌四傍，而后以银泻下，藏其铜于中，曰吊铜。辨之，难看其丝，终不如细丝之明。其丝粗而带滞碍，即可疑而凿之，方露其铜。铁碎镨，以铁碎先放入于镨内，然后以银泻诸镨适均，入其银内，包藏铁于其中。至低者亦有九程，九五者有丝。或以铜碎如前名曰包铕银。至低者亦有九程。九五有丝，九程无丝。钞子铜，用铜乙两，入银三分，入炉中，以白信石如硝抽入，泻入镨中，取出铗四傍者，三四分重片，中心者又入炉中倾，再铗，如此者数次。然后，用银口，以禹碗禹极细，用酸砒草捣汁，入硼砂三分，以罐子同煮，后放前银末三分，入砒草汁内。以前铜入罐中，以筋炒之，取出，以白水洗去其砒草汁，其色甚白。有人问曰，铜中只用银三分，后又以银末三分，何能使银相交于外。其人对曰，世间宝物，惟金银为至宝。若先不以银三分入铜倾煎，则后用银末亦为煎，必不能入。先以银三分入内，则后用此银末煮之，自然相应也。故造假银，煮曰神仙，然辨此铜当认银色，乃死鱼白，无青白之色。再看其脚，有两样或用胭脂点或用石硃点，须在点脚及死鱼白处辨之。则真赝了然。漂白鏪用银倾煎细系一样，只是鏪甚热而壁乃薄，而后以炉。去其下面者，只留上面，其薄者。中以白铜倾一鏪无壁，以前上面安于其上，下面用银薄合其下，用銲銲之，后用淬槌，槌其脚，为风锅无二。虽以凿凿开。必不能辨。如辨此则当时烧銲之际，以火烧去其青青自然之色。如死鱼之白。故曰漂白。以此辨之灼然明白矣。煎饼银法。每铅一钱，销铜一分。若九程银一两，可用铅一两，八程可用铅二两，七程可用铅三两。灰堤中用炭装炉慢扇其火。煎至铅花若过。后必急扇其火。待油珠大如豆者，即以盖盖之，煞出只九五色如待金花灿烂，煞出即结果布于上，曰布心饼。又曰焦心饼。下面蟹眼回珠，二面皆白，即松纹足色。九程饼亦出炉白，上乃鸡爪面，下面脚亦白。八程饼出炉略黑，必用天砂擦之方白。上面蚕班之痕，剪开略白。七程饼出炉墨黑，亦用砂擦及用盐梅洗之方白。其剪口带赤。六程比七程犹不同些。五程即梅白饼。盐烧饼，二钱五分银出一两。取出以盐硇烂水调上一重，在其饼上入火烧之。取出以锤打去一重铜泥。又用盐烧之。再锤打。如此者数次则外面铜去，而自然白，曰盐烧。白铜倾者即白盐烧。三铗饼底是足色饼用鎚鎚如纸薄。中用白铜熔一饼于中，上面用银入炉中倾出细系。入铝二三钱取出泻入炭锅成一饼样亦用陶陶甚薄。盖于其上，然后用焊焊成一饼，铗去其四旁者。中间的饼对面剪铗尽可瞒人辨之：其饼厚。上下皆真银。中间色自异样。知者以银。昃面于杉木中擦之即见三样色。车壳即灌铅，以松纹细系鏪。昃（即侧）面以落锥落一孔。然后以割子入其内割之。尽取其囊中者。留其银壳后用铅灌其内填满。再用银打一尖子尖之，又以铁錾子錾之，如风锅一般。然辨此银，要看其两昃面之痕处即见明白。倒茅饼先以上号白信石，用熔成罐，不洧水者，以盐泥固济，入信石于内。打二炷香升灯盏上轻清者，听用。以银七钱铜三钱五分，熔将起炉时，以前信石七分入银内，将盖盖之，取出天砂擦之。其面上亦鸡爪面，如九程银一般。辨之九程出炉自白，不待砂擦。然此饼铗口带黄。九埕饼铗口自白。以此辨之朗然。更有铁线饼、江山白、华光桥、神仙饼、糁铜饼、倒插铅，其余奇巧，假银数十样，非言语笔舌所能形容。知者引中触类，观此思过半矣。有等游惰好闲、不务生理。受磨丧心，用此假银，苟计衣食，以度时光。此犹穷徒故不足责。然今贪黩之辈，家颇殷足，尚换此银，用以毒众，自图富厚，以遗子孙。不知丧心悖理，岂有善报，子孙其能昌乎。凡四民交易，只可用七程以至细丝，更低者不可用也。如昧心欺人。不惟阴谴之罪难偿，而阳报之网亦不漏矣。①

从张应俞的介绍中可见，在白银普遍流通的时代，"假银天下处处有之"，各种造假方法层出不穷。

纹银指高成色银两，但无具体的规定。政府所收银锭，要求是足色纹银，否则就是"银色低潮"。农民所交之税银，若成色不足，必须补色（增加重量），最后官府交由指定的炉房熔铸成足色大锭。崇祯三年（1630），户部的一份奏疏要求两淮盐课银必须达到足色标准，说明了这一规定：

从来两淮盐课银色每多不足。入火烧凿，间有耗折。盖盐商纳银，每人动至千百，运司率从宽政。非若小民纳粮之银，必锱铢以较也。但发于各镇，即为军士命脉。倘有低潮耗折，辄至喧□，实为不便。臣部业已行文申饬。惟得仰徼天语，责成收银之官，务收足色纹银，不得仍前低□。如违，即将监收员役及商匠人等一体究罪。②

"足色纹银"的成色到底有多少？从出土的官锭银色可见一斑。

彭山江口镇岷江河道曾出土一批明代银锭，据称是张献忠沉船银锭。中国钱币博物馆技术人员用手持式合金分析仪对这批银锭，以及当地文物部门收缴的其他江口出土的明代银锭进行了分析。

2012年，中国钱币博物馆的技术人员对馆藏历代银锭进行了成分检测，其中唐至明代的检测数据如下：

---

① （明）张应俞：《杜骗新书》，上海古籍出版社1990年版，第190—200页。
② （明）毕自严：《度支奏议》第6册《山东司卷三》，《题催两淮盐讲并禁银色低潮疏》，上海古籍出版社2008年版。

表2—2　明代银锭分析[1]

名称及编号	年代	铭文	质量/克	测试部位	成分 Ag	Pb	Au	Cu	Fe
银锭	明代	沅陵县征完解司载充兵饷银伍十两崇祯十年八月,饷四十两,银匠姜国大	1825	翅外侧	94.2				4.0
银锭	明代	京山县十五年,饷四十两	1400	正面	89.8	3.2	2.6	2.2	2.1
银锭	明代	黄冈县		翅外侧	88.2	1.8		4.3	5.2
银锭	明代	湘潭县运粮官军行月银伍十两	1775	正面光洁处	95.7			1.9	
银锭	明代	大西眉州		底部	96.9	0.8		1.0	
银锭	明代	庐陵县		翅外侧	90.8			3.9	4.8
银锭	明代	元年粮银·银匠孙荣		正面边缘	97.9				1.1
银锭	明代	银四十二两		底部光洁处	96.1			2.0	1.4
小银版(六个)				正面	95.1			1.5	1.8
				背面	95.3	1.4		1.3	0.8
				背面	96.6	1.0		1.1	0.6
压扁大锭				背面	96.8		1.3	0.6	1.3
				背面	95.5		2.6		
雪花银①				正面	91.9	3.1		3.0	1.4

[1] 周卫荣、杨君、黄维:《中国古代银锭科学研究》,科学出版社2017年版,第64页。

续表

名称及编号	年代	铭文	质量/克	测试部位	成分 Ag	成分 Pb	成分 Au	成分 Cu	成分 Fe
雪花银②				正面	85.2	7.9		2.1	4.4
银锭(566)		生用		外侧	97.7			0.9	0.9
				翅外侧	96.6		2.1	0.6	
无纹大银锭				翅外侧	94.0		1.5	2.2	2.1
银锭				翅外侧	91.0		1.5	3.4	3.8
单边宝翅银锭(有丝纹)				正面	89.4			7.3	2.8
小碎银					97.2	0.3	1.0	1.6	

注：这批银锭表面锈蚀层较厚（锈蚀层使测得的银含量偏低），上表列出的是接近金属本体的成分数据，银锭的实际成色应更高，至少在95%以上。

表 2-3　中国钱币博物馆馆藏银锭成分分析（一）[①]

馆藏编号	名称	年代	铭文	质量/g	测试部位	成分/wt% Ag	Pb	Au	Cu	Fe
5744-36	银锭（船形）	唐代		1795	底部光洁处	97.6		1.6	0.4	
					翘肉侧	97.5		1.7	0.2	
5967-384	银锭（船形）	唐代		1952	束腰外侧光洁处	96.0		1.5	0.8	1.5
					中间断裂截面	97.7		0.8	0.5	
24488-964	真花银锭	宋代	益都张一郎真花银	1886.4	正面光洁处	98.7	0.3	0.8	0.2	
					底部光洁处	96.8	0.4	0.8	0.6	1.4
5760-377	束腰二十五两银锭	宋代	霸北街西·谢铺记·徐念四郎·重贰拾伍两	947	正面光洁处	98.9		0.8	0.3	
					背面蜂窝	95.8		0.8	1.5	1.8
16385-5751	银锭	宋代	嘉定马木纲银	1956	正面	98.6		0.9	0.2	
					背面光洁处	94.3		0.9	0.5	4.2
16380-5746	束腰银锭	宋代		934	正面	98.3	0.4	1.3	0.1	
					背面	98.0		1.3	0.3	
5763-380	真花银锭	宋代	振华链银	971.5	正面	98.6		0.9	0.5	
					背面蜂窝（有土）	94.2	0.4	0.9	0.5	4.2

① 周卫荣、杨君、黄维：《中国古代银锭科学研究》，科学出版社2017年版，第58—59页。

续表

馆藏编号	名称	年代	铭文	质量/g	测试部位	成分/wt%					
						Ag	Pb	Au	Cu	Fe
16386-5752	伍十两银锭	金代	解盐司·明昌二年	1987	正面(有锈蚀)	94.5			1.1	3.3
21238-6214	承安宝货一两半	金代		59.7	背面①	97.7		0.8	1.3	
					背面②	96.7			1.8	
21237-6213	承安宝货一两	金代		42.12	正面	98.3	0.5	0.8	0.4	
					背面	96.7	0.7	0.7	0.4	1.5
					正面	97.2		0.8	0.2	1.7
					背面蜂窝(有土)	95.0	0.5		0.4	3.3
5770-387	银锭	元代		177	正面①	93.3	1.5	0.8	4.1	
					正面②	93.5	1.5	0.9	4.1	
					底部	96.5		0.9	1.9	
5774-391	银锭	元代		185.06	正面	94.4	0.6	1.1	2.6	1.3
					底部蜂窝	92.7	1.1	1.1	4.2	0.9
5799-416	银锭	明代		354.3	正面(有锈蚀)	93.5	0.4		5.6	
					背面	98.4			1.0	
5806-423	银锭	明代		451.98	正面	89.1	1.3		9.3	
					侧面	91.0	0.9		7.9	

续表

馆藏编号	名称	年代	铭文	质量/g	测试部位	成分/wt%					
						Ag	Pb	Au	Cu	Fe
550	伍十两银锭	明代	平遥县·刘忠义	1860	腰部	95.5			2.2	1.6
					翅外侧	97.2			1.4	0.8
5793-410	银锭	明代		106.5	正面	94.9			2.2	2.5
					翅内侧	96.5			2.0	
5795-412	银锭	明代		113.8	底部蜂窝	92.5	0.5		5.5	
					正面	97.0		0.8	2.4	4.1
5797-410	银锭	明代		113.9	底部蜂窝（有土等杂质）	80.1	1.1	0.5	1.7	13.9
									3.1	

由表2—3可见，明代银锭成色似乎比唐宋略低一点，但绝大部分银锭的成色在九五（含银量95%）以上，与张应俞所说"九五亦看得足色也"相符。前述实验也说明，如果成色低于九五，银锭表面的丝纹会出现断裂，且有"褶皱"。"松纹与细系一样，其皆足色也"。要满足"细丝"的标准，即银锭表面有均匀分布且层次感很好的丝纹，根据前述实验的结果，含银量应达到98%左右。这应该就是官方规定的足色纹银标准。当然，由于各地银匠技术有高有低，有些官锭的成色可能稍低一些，如两淮盐课的银锭。但若低至九五，其丝纹就明显不合足色的标准，很容易被揭穿。《初刻拍案惊奇》卷15说卫朝奉开当铺行奸使诈，"别人将东西去解时，他却把那九六七的银子充作纹银"。[1]可见，九六、九七成色的银子还不能算是真正的纹银，只能勉强充数。明人沈守正《四书说丛》的《格心章》形容仁、义、正时，以银色为例，"如一色纹银，略无毫忽铜铅夹杂的一般"。[2]"一色纹银"也即"足色纹银"，不应夹杂铜铅。虽然因当时技术所限，无法炼出纯银，但现存唐宋银锭的高成色说明，以当时的技术，很容易达到98%以上的纯度。

随着白银时代的到来，银锭的形制也发生了变化。"明代中后期，完成了中国古代银锭从宋元时期平板束腰（不起翘或稍起翘）的主流铤形向明清时期立体起翘的'元宝'锭形的演变。具体说来：明朝前期，银锭形制基本继承元代稍起翘的平板束腰器形，以洪武、永乐、宣德等时期最具代表性；此时期，全国铤形基本一致。明朝后期，大致在嘉靖朝及其以后，白银货币由束腰平板稍起翘的银锭形制演变为束腰起翘的银锭形制，并且，明朝后期开始出现了锭形的地域差异，其中，江西、湖南、福建、广东等数省相连地区，除了弧头束腰起翘的锭形外，还存在接近平头的束腰起翘锭形，这种锭形与后来清代'方宝'形制有渊源关系；四川地区出现了大弧头小束腰、锭底呈长椭圆状的锭形。这些变化应该与白银完全货币化，获得本位货币地位，直接进入流通领域有关。"[3]

---

[1] （明）凌濛初：《初刻拍案惊奇》，山东文艺出版社2016年版，第136页。

[2] （明）沈守正：《四书说丛》卷14《格心章》，明刻本。

[3] 周卫荣、杨君、黄维：《中国古代银锭科学研究》，科学出版社2017年版，第27—28页。

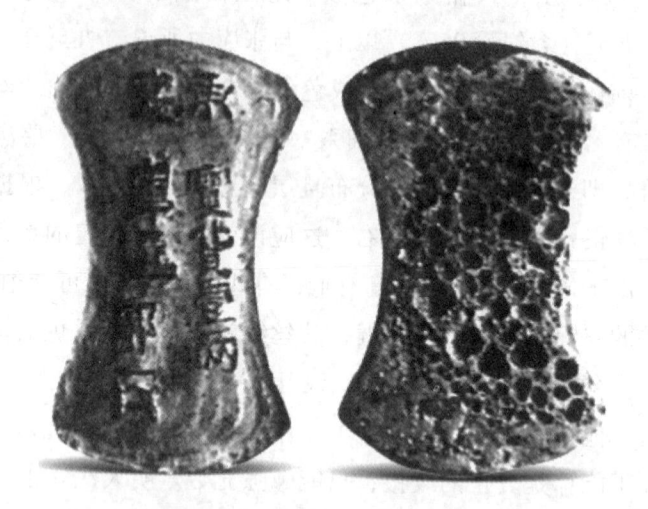

图 2—3　金代承安宝货银铤一两

图 2—4　明代五百两银锭①

---

①　银铤和银锭图片来自袁水清《中国货币史之最》上，三秦出版社 2012 年版，第 142、146 页。

然而，银两是贵金属货币，一枚由银炉铸造的有戳记的银锭重量从五十两到二三两不等，大都在五两以上，币值太高，不适合日常交易和支付。在日常交易支付过程中，绝大部分银锭会被切割成大小不一的银块，以散碎银子的形态流通。由于银炉铸造的银锭没有统一的成色标准，不同成色、不同重量的银块混合流通时，必须秤重量、辨成色，再统一按照某种标准成色进行折算，在每个环节都要计较甚至争执，非常麻烦！

《初刻拍案惊奇》卷15"卫朝奉狠心盘贵产 陈秀才巧计赚原房"形容卫朝奉盘剥典当人的一段话，生动地说明了用银的繁难。

> 那卫朝奉平素是极刻剥之人。初到南京时，只是一个小小的解铺，他即有百般的昧心取利之法，假如别人将东西去解时，他却把那九六七银子充作纹银，又将小小的等子称出，还要欠几分兑头。后来赎时，却把大大的天平兑将进去，又要你找足兑头，又要你补勾成色，少一丝他则不发货。①

经济史的传统观点认为，明代财政白银化和中国经济进入白银时代是一次历史进步。理论上，随着经济的发展，贵金属货币获得更重要的地位。但世界各地的货币历史演变又各有其特色，应该具体问题具体分析，不宜简单地一概而论。如果仅以形式上进步与否为标准，明代从纸币回到金属货币时代岂不是一次退步？显然，不能做这样的判断。明代，白银是以称量货币银两的形态进入流通，始终受到这一落后形态的困扰。在研究明清货币金融史时，应始终关注这一点。针对贵金属称量货币和贱金属铸币并用的状况，布罗代尔说："在货币方面中国处于比较原始阶段，开化程度不如印度。但中国的货币体系自有其连贯性和一种明显的一致性。中国的货币与众不同。"② 这一评价，是比较公允的。

---

① （明）凌濛初：《初刻拍案惊奇》，山东文艺出版社2016年版，第136页。
② ［法］费尔南·布罗代尔：《15至18世纪的物质文明、经济和资本主义》第1卷，顾良、施康强译，三联书店1992年版，第541页。

第三节　行钱之地与行银之地

15世纪下半叶，中国的货币制度进入银钱并用时代的第一阶段。在这一阶段，财政白银化进程推动银两成为全国各地广泛流通的货币，只有专门流通海贝的云南某些地区例外。由于铜钱供应的危机，铜钱的流通限于"行钱之地"，全国近半地区不流通铜钱。在"不行钱之地"，民众缺少日常交易支付的合适货币，因而白银过度流通，侵入小额交易领域，也即小数用银。①

铜钱危机的一个表现是优质铜钱供应不足，私铸泛滥；另一个表现是很多地区不用铜钱，全国分为"行钱之地"与"不行钱之地"，"不行钱之地"多为"行银之地"（按："行银之地"出自明代著名文学家康海，指不用钱专用银之地）。可以说，银钱并用币制在当时只是存在于"行钱之地"。在"不行钱之地"（"行银之地"），是一种银两和实物交易媒介并用的货币流通状态。

早在宋金时期，不铸铜钱、不行铜钱的地区相继出现且不断扩大，在元代的钱禁中得到强化。明初，大部分布政司设局铸钱，但时铸时罢，以停铸禁钱告终。因此，铜钱解禁并未改变众多地区不行钱的状态，由官方文献可见一斑。成化十七年（1481）颁布行钱法令时，最后一句是"仍行南北直隶及河南、山东等布政司府行钱地方，通为禁约"。也就是说，当时既有行钱之地，也有不行钱之地。从南直隶、河南、山东到北直隶的行钱之地，基本上是大运河经济区。此外，推动"驰用钱之禁"

---

① 本书所谓"小数用银"，指金额在一钱以下（即分厘用银）。隆庆元年（1567），因京城内外钱法不通，曾下令"（京城）各铺行人等买卖货物，值银一钱以上者，银钱兼使；一钱以下者，只许用钱"（《万历会计录》卷41，书目文献出版社1988年版，第1308页）。一两银子重37克多，若金额低于一钱，剪凿称量，极不方便。至于鉴定成色，"实生涯之本领，过眼须要留心"，《三台万用正宗》之类商书载有鉴定方法，相当复杂。从外国人的角度，更能看出使用小额银两的费事。1712年，在崇明岛传教的耶稣会士彭加德有一封信提及当地的货币流通，银钱并用，"银锭是用以支付大笔款项的。但零星使用时就很麻烦：必须把它放在火上加热，再用锤子敲扁，这样才能将其分割成小块支付所需的银两。为此，与购买相比，支付所需的时间总要长得多，也麻烦得多"（《耶稣会士中国书简集》第2卷，大象出版社2001年版，第79页）。

的广西、广东，南方的私铸钱中心福建南部，也是行钱之地。

有"行钱之地"之说，当然有"不行钱之地"。弘治十六年（1503）决定开铸弘治通宝时，户部要求"旧未行钱地方务要设法举行"。工科给事中张文上疏反对，历数"旧未行钱之地"："云南专用海贝，四川、贵州用茴香花银及盐布，江西、湖广用米谷银布，山西、陕西间用皮毛，自来钱法不通，骤欲变之，难矣。"在他看来，这些地区习惯于白银和实物货币等市场化的流通媒介，政府施加干预，推行铸币，是扰民之举，应听众民便，"若其习俗难变，姑听顺之"。①

以上两条史料中的"行钱之地"和"旧未行钱地方"囊括了除浙江以外的明朝两京十三省的全部。至于浙江，杭州和杭州湾北岸是行钱之地。杭州在成化年间也是运河沿线的一个私钱铸造中心，杭州湾北岸的海盐县澉浦镇也一直用钱。②

万历初期货币改革期间，由于强令各省设局铸钱，很多从前的"不行钱之地"开始有制钱流通。改革半途而废，制钱的扩张也告终止。在四川，"市民习用茴银，（制钱流通）渐复废格"，只有川东还能用钱。③在江西，"惟宁都、石城、广昌二三山邑行之。其省会及诸郡邑，行之数年，辄复告罢"。④ 在浙江，大部分地区不行钱的状况延续到17世纪末。⑤在山西，明代碑刻显示的民间货币流通常见小数用银，几乎不见铜钱。⑥

在湖广，货币改革的成果保存下来。湖广从前只有郧阳府和襄阳府

---

① 《明孝宗实录》卷197，弘治十六年三月戊子。
② （明）王圻：《续文献通考》卷11《钱币五》，齐鲁书社1997年影印本，第2868页。（明）董谷：《碧里杂存》上卷《板儿》，转引自彭信威《中国货币史》，上海人民出版社1958年版，第482页。
③ （清）张晋生：《四川通志》卷15下《钱法》，清文渊阁四库全书本。
④ （明）游日升：《臆见汇考》卷4。转引自武新立《明清稀见史籍叙录》，金陵书画社1983年版，第197页。
⑤ 据生于康熙晚期的浙江人朱叔权回忆："臣生长浙江，如宁波、温州、台州等府无论大小交易，往皆但知用银而不知用钱，即厘数之间，亦皆用银。"（《广东粮驿道按察使朱叔权奏陈平抑钱价事宜折》，乾隆六年二月十五日，中国第一历史档案馆藏，档号：1231—23）
⑥ 现存11件正德至崇祯年间的碑刻（晋中太谷，晋南洪洞，晋东北代县，晋西南万荣，晋东南高平、平顺、泽州），有庙宇、戏台的修建捐资、典礼费用详细记录，至分厘之细亦用银两，仅崇祯十六年（1643）高平有一例用钱（"酒钱三百文"），可能受到相邻的河南影响（冯俊杰：《山西戏曲碑刻辑考》，中华书局2002年版）。

为"行钱地方"（用旧钱）。因邻近西南产铜区，币材易得（荆州是南方重要的铜交易市场），万历年间开荆州、武昌、衡阳三局，持续铸钱，制钱得以流通。① 崇祯十年（1637），徐霞客游历湖南，从衡阳、道县至祁阳，皆银钱兼用。②

在从前的"行钱之地"，制钱的行用区域有所扩大。在北方，京城所铸制钱流通于"北至卢龙，南至德州"方圆两千余里，河南兼用制钱和旧钱，山东仍以宋钱为主。③ 在长江下游地区，制钱的辐射力扩大，万历通宝取代了江南江北流通的开元通宝，"于地方甚便"。④

需要注意的是，被划入"行钱之地"的各省，也未必到处流通铜钱。据顾炎武《天下郡国利病书·福建六》所引《漳浦志》（已佚）记载，嘉靖至万历时，在福建八府一州中，福州府、兴化府、汀州府、邵武府和福宁州"皆不用钱"，铜钱只在漳州府、泉州府、延平府和建宁府流通，但漳州的龙岩、漳平也不用钱，各地所用宋代年号钱多为民间盗铸，用钱习惯各自不同。⑤

在"钱法不通"之地，民间交易媒介是白银与实物并用。⑥ 白银不得不用于零细交易，方法是降低通用银两的成色。生长于西安府的康海比较了"行钱之地"与"不行钱之地"的用银习惯："两直隶、山东、河南、江淮等处俱行用细丝银（按：足色银），盖此数处钱法通行，不得不行用细丝"，而"诸边之民，习于布帛银谷之交"。因无钱可用，故使用银两时，除缴税用足色外，"其余用使，常五六成耳"。此为不得已之事，"行钱之地，每分得钱六七文，可干六七事；行银之地，每分不过干一事二事而止。故低银当常通于不行钱之地者，其势使然也"。⑦ 这一规律具

---

① （明）王圻：《续文献通考》卷18，齐鲁书社1997年影印本，第21页。
② （明）徐霞客：《楚游日记》，载（明）徐弘祖著，朱惠荣校注《徐霞客游记校注》，云南人民出版社1985年版，第199—295页。
③ （明）谢肇淛：《五杂俎》卷12，上海书店出版社2001年版，第248页。
④ （明）胡我琨：《钱通》卷2，台北商务印书馆1983年版，第35页。
⑤ （清）顾炎武：《天下郡国利病书·福建六》，上海涵芬楼影印本。
⑥ 云南是一个特殊货币区，主要以海贝交易，乃至以贝币纳税上供。
⑦ （明）康海：《对山文集》卷8《铸钱议》；卷9《为乡人论银禁书》，明万历十年潘允哲刻本，国家图书馆出版社2014年影印本。

有普遍性，张文奏疏中称"四川贵州用茴香花银及盐布"，茴香花银或称"茴银"，也流行于西北，据弘治四年（1491）大同右佥都御史称："（大同）街市买卖行使银两，多系茴香花银，止有六七成色……因循已久……，非但大同一城如此，外卫城市皆然。"① 不行钱之地长期沿袭用低银的风俗，② 万历年间刊刻的日用类书《三台万用正宗》特别强调："不行钱处，用银决低；用钱之方，使银不便。"③

在"不行钱之地"（也即康海所称"行银之地"），民众使用低银，往往是分厘用银，麻烦多多。在四川，"蜀之茴香花银相沿已久，低假混杂，不可别识。穷乡细民，每为所愚。其以布米鸡豚入市者，率空手持伪镪而归，多致嗟怨"。在这些地区，"钱法之行使，便于官民，而不便于奸民墨吏"。对于普通民众而言，"钱行，则五尺莫欺，虽积年驵侩，安所得志乎"。④ 小数用银，只是一种不合理不得已的低效率高交易成本的选择。

总体而言，到17世纪早期，始于正统年间的金融变革基本完成，白银成为财政收支的货币工具和民间货币流通的主导力量。两京之间的运河流域、河南、两广⑤、福建部分地区和湖广等地银钱并用；其

---

① 《皇明条法事类纂》卷42，刑部类，《伪造假银及知情行使之人各枷号一个月满日发落例》，载杨一凡《中国珍稀法律典籍集成·乙编》第5册，科学出版社1994年版，第708—709页。

② 万历十八年（1590），四川巡抚饶景晖奏称"蜀之茴香花银相沿已久，低假混杂，不可识别"（张晋生：《四川通志》卷15下《钱法》清文渊阁四库全书本）。康海所云西安用低银的习俗难变，直到明末清初，"市易并低银"（谈迁：《北游录》记闻上《西安低银》，中华书局1997年版，第316页）。

③ 《新刻天下四民便览三台万用正宗》卷21，第16页。载《中国日用类书集成》第4卷，东京汲古书院2000年版。

④ （清）张晋生：《四川通志》卷15下《钱法》。

⑤ 广东用唐宋钱，尤以粤西南用钱最广。据屈大均记述，明末清初，雷州府、高州府用唐宋钱，廉州府专用开元钱（《广东新语》卷15，中华书局1985年版，第407—408页）。流通的铜钱质量较好，晚明时高州府吴川县民众还以钱纳税，"石米岁输千钱"（陈舜系：《乱离见闻录》，载《明史资料丛刊》第3辑，江苏人民出版社1983年版，第232页）。广西铜钱流通状况，由徐霞客《粤西游日记》可见。崇祯十年（1637），他从桂林、柳州向南，行至与交趾接壤的胡润寨（今靖西县境内），皆为行钱之地，每到城市辄以银换钱，以备旅途之用。在向武州（今天等县境内）获赠一笔旅资，皆为宋钱，与交趾流通宋钱的风气相通（《徐霞客游记校注》，云南人民出版社1985年版，第296—646页）。

他地区大小数皆用银，① 偏远之地掺用实物货币。值得注意的是，流通中的铜钱质量又有恶化的趋势。南京宝源局追求铸利，钱质下降，万历三十年（1602）后，官钱壅滞，私铸大兴。② 尚存的地方钱局也不乐观，湖广的荆州、武昌、衡阳三局"所铸各限一式"，不能互通。③ 在旧钱流通地区，海外白银内流，铜价上涨，私铸钱的品质每况愈下，"钱分等级，不是适当的价值尺度，这更促进了白银的使用"。④

福建行钱之地的铜钱流通乱象是一个典型案例：

> 我朝钱法，遇改元即随年号各铸造通用，但民间使用则随其俗。如闽中福兴、汀、邵、福宁皆不用钱，漳、泉、延、建间用之。泉、漳所用之钱与延、建异，泉又与漳异。或以七八文，或以五六文而各准银一分。漳郡如龙岩、漳平亦不用钱，其同俗者龙溪诸县，而诸县所用，又有美恶不齐。诏安极精，漳浦次之，龙溪则极恶亦用之。又非时制钱，乃宋诸年号民间盗铸传用者，而又数年一变。以吾一邑言之：嘉靖三年、四年用元丰钱，七年、八年废元丰钱而用元祐钱，九年、十年废元祐钱而用圣元钱，十三、十四年废圣元钱而用崇宁之当三、熙宁之折二钱，万历三年废崇宁钱专用熙宁钱，五年废熙宁钱而用万历制钱，方一年尔，万历钱又置不用，用者以抵铜而已。万历钱原估一文值银一厘，今三文准银一厘。方其用之也，民间惟藏钱，凡田宅蔬菜之属皆用钱交易，契券亦以钱书，乡村自少至老有不识银，一村之中求一银秤无有也。及其废而之他也，即官府厉禁不能挽之回。每一更变，则藏钱者辄废弃为铜云。今民

---

① 日常交易一次用1克或不到1克银两，在今天看来，实在难以想象。在当时的"不行钱之地"为平常事，如王世懋《二酉委谭摘录》载一事例：万历十五年（1587），江西新建县"一民乡居窘甚，家止存一木桶，出货之，得银三分……乃以二分银买米，一分银买信（石）"（转引自《梁方仲读书札记》，中华书局2008年版，第132页）。

② 黄阿明：《万历三十九年留都铸钱事件与两京应对》，《苏州科技学院学报》2011年第5期。

③ （明）王圻：《续文献通考》卷18，齐鲁书社1997年影印本，第21页。

④ 彭信威：《中国货币史》，上海人民出版社1958年版，第453页。

间皆用银，虽穷乡亦有银秤。①

漳浦是16世纪福建私钱生产和出口中心——漳州的属县，流通精钱（质量好的私钱，但不如诏安用钱之精），其实是私铸的各种宋代年号钱（只在万历五年币制改革时短暂用过万历通宝），"乡村自少至老有不识银，一村之中求一银秤无有也"。用钱虽然方便，但流通的铜钱品种屡变，使民众利益受损，"每一更变，则藏钱者辄废弃为铜"。16世纪晚期，从马尼拉进口的"佛朗银钱"（手工铸造的西班牙银币）涌入闽南，以日本为重要出口市场的私钱制造业没落，漳浦遂废钱，专用银，由"行钱之地"变成"不行钱之地"（"行银之地"），"虽穷乡亦有银秤"。② 漳浦的事例说明，在铜钱与银两的竞争中，私铸钱这一市场化供应方式是不可靠且不稳定的。

明末滥铸，在行钱之地推动银两的流通向小额交易扩散，白银的地位更加重要了。在有用钱传统的松江府，叶梦珠记录了崇祯元年（1628）至康熙二十七年（1688）的各种物价，大都用银表示，少数铜钱物价同时换算成银两价格（"折银"或"准银"）。一些价格极低的商品，如盐每斤六七厘，葛布每尺七八厘，合铜钱十数文，也以银计价。③ 在钱质败坏的环境中，民间用钱交易支付，用银记价记账，是"小数用银"的另一种表现形式。分析曾羽王《乙酉笔记》和姚廷遴《历年记》所载明末清初上海县物价及家庭收支记录，日常零星开支仍以铜钱居多，但物价多以银两计或者银、钱价格并存。原因仍在钱质芜杂，"钱看大小作价"。④ 当小数用银增加时，一些从前用细丝的地区也转用低银，如苏州

---

① （清）顾炎武：《天下郡国利病书·福建六》引《漳浦志》，上海涵芬楼影印本。
② 《天下郡国利病书》所引《漳浦志》记载漳浦县废钱专用银的转折点，发生时间应为16世纪80年代。黑田明伸从东亚地区海上贸易与货币流动的角度分析了这一问题（《货币制度的世界史》，中国人民大学出版社2007年版，第117—125页）。
③ （清）叶世昌：《阅世编》，上海古籍出版社1981年版，第153—172页。
④ 《乙酉笔记》和《历年记》收录于上海人民出版社编：《清代日记汇抄》，上海人民出版社1982年版。

府流行银色先降至八成,后低至四五成。① 松江府亦"行银滥恶,通用不过六、七成"。②

明末清初,钱法败坏,银荒日甚。振兴鼓铸、重钱轻银又一次成为流行的舆论,直接影响了清前期的货币政策。③ 但解决铜钱危机绝非易事,"即使良工更铸,而海内之广,一时欲遍,欲一市价而裕民财,其必用开皇之法乎"。④

---

① (清)叶绍袁:《启桢记闻录》卷8,转引自《梁方仲读书札记》,中华书局2008年版,第193—195页。
② (清)叶世昌:《阅世编》,上海古籍出版社1981年版,第192页。
③ 这一问题参见郑永昌《明末清初的银贵钱贱现象与相关政治经济思想》,"国立"台湾师范大学历史研究所1994年版。
④ (清)顾炎武著,陈垣校注:《日知录校注》,安徽大学出版社2007年版,第648页。

第 三 章

清前期货币政策的调整

由明入清,货币政策发生了重大变化。顺治到康熙年间,确立了积极有为的货币政策。坚持不懈地铸钱,想方设法开发币材来源,扩大铸钱规模。由于西南地区铜铅矿藏的开发,乾隆至道光年间,出现了北宋之后又一次铜钱铸造的高峰。

第一节 积极有为的铸币政策

早在入关之前,努尔哈赤和皇太极政权先后铸造天命通宝和天聪通宝。入关之后,清政府立即将铸钱作为重要的财政政策。顺治二年(1645),开铸顺治通宝。除了京局(户部宝泉局与工部宝源局)以外,各地随着占领地区的扩张相继设局铸钱,以济军需。至顺治十年(1653),大体确立了京局、地方铸局分别管理,地方主要以布政使辖区为单位设局鼓铸的惯例。[①]这一体制,继承了明代旧制,不同于汉至唐

---

① 清代的地方钱局,顺治年间既多且杂,后多裁撤。除云南外,逐渐形成一省一局的惯例,基本上命名为"宝×局",如宝广局(广东)、宝桂局(广西)、宝福局(福建)、宝川局(四川)、宝黔局(贵州)、宝南局(湖南)、宝武局(湖北)、宝昌局(江西)、宝浙局(浙江)、宝苏局(江苏)、宝直局(直隶)、宝河局(河南,雍正九年停)、宝济局(山东,乾隆三年停)、宝晋局(山西)、宝陕局(陕西)、宝巩局(甘肃,雍正七年停),光绪年间又设宝奉局(奉天)和宝吉局(吉林)。咸丰年间,因开铸大钱、铁钱,一些省份又多设钱局,不久告停。云南的钱局较多,先后设有省局、临川局、东川新旧二局、大理局、顺宁局、临安局、曲靖局、楚雄局等。此外,台湾曾设宝台局,雍正年间裁撤。在新疆,清政府于乾隆四十年(1775)于北疆伊犁设宝伊局,铸造与内地同式的制钱,在北疆流通,至同治五年(1866)停铸。

宋在重要交通枢纽地区或铜矿附近开设铸币厂的传统。在当时的币材供应和交通条件下，大部分地区很难以较低的价格获得充足币材，而贱金属铜钱的铸造费用又太高，如果忍受亏损，则奏销无着，官员会受到处分；如果溢价摊派给军民，又易引发事端。

顺治朝广开铸局，继承了明末的货币政策，主要目的是"源源生息，以裕军需"。顺治四年（1647），湖南巡抚高光斗请求设局铸钱的理由具有代表性。当时，经历战乱破坏的湖南"萧条不堪"，民无余财，不堪征发，他"辗转思维，足国裕民，舍鼓铸别无长策已"，"鼓铸一节，在往时犹可缓，而在今日则必不可缓也"，认为在战乱未息之际，铸钱是筹措军费的良策，"有一镇之兵，便有一镇之局，各就其所铸，以佐粮饷之不时，既免挹彼注此之劳，又无偏枯底滞之病"。①

据顺治十一年（1654）户部尚书车克题的汇报，铸钱所获利润颇为可观。

> 宝泉局：
>
> 顺治元年伍月开铸，至贰年伍月止，用库贮铜铅铜器共叁百贰拾叁万叁千拾斤拾两，旧钱壹百陆拾壹万柒千柒百捌拾玖文。自贰年伍月以后，用部买及各关州县买解铜斤，共贰千壹百拾叁万壹千肆百叁拾叁斤零，各价不等，共价银壹百伍拾叁万捌千柒拾柒两叁

（接上页）清代制钱的流通范围东至东北，南达台湾，北至蒙古归化城土默特地区，西北达北疆，西南至打箭炉而止。这也是本书清代部分的研究范围。此外，乾隆时期，中央政府将货币主权进一步扩展到南疆和西藏，建立了两个特殊货币区。乾隆二十四年（1759），清政府统一新疆。次年，在叶尔羌设局铸造重2钱的乾隆通宝，以纯净红铜制成。因其色泽红润，俗称"红钱"。后来，又先后在南疆设立阿克苏局、乌什局、喀什噶尔局、库车局等钱局。红钱的一大特色是不改年号，直到光绪年间仍是铸造乾隆通宝。红钱只在新疆南路流通，北疆则流通制钱，红钱区与制钱区以托克逊为界（王永生：《新疆历史货币》，中华书局2007年版，第83—90页）。藏族地区过去没有铸造货币，内地铜钱只流通到打箭炉为止，从打箭炉到拉里沿途流通碎银，卫藏地区使用尼泊尔银币。乾隆五十八年（1793），开铸"乾隆宝藏"银币。后来又相继铸造"嘉庆宝藏"和"道光宝藏"，币分一钱和五分两种（肖怀远：《西藏地方货币史》，民族出版社1987年版，第16—24页）。

① 《高光斗题亟请湖南开炉鼓铸事本》，顺治四年六月十二日，载于中国第一历史档案馆编《顺治年间制钱的鼓铸》，《清代档案史料丛编》第7辑，中华书局1981年版，第164—165页。

钱零，铸出本息，俱解天财库并后库，支放八旗月饷及官员公费。元年起至柒年终止，获息壹百壹万贰千陆百柒拾壹两玖钱零。捌年捌月内臣部奏销讫。捌年拾月内减炉伍拾陆座，止留壹百座，至本年终止，获息捌万玖千贰百捌拾陆两捌钱零。玖年肆月内，前任钱法侍郎臣赵继鼎奏销讫。玖年分获息捌万叁千陆百陆拾柒两捌钱零，拾年贰月内前任钱法侍郎臣赵继鼎奏销讫。

江南钱局：

顺治叁年陆月开铸，用库贮红铜废钱等项并铸本银壹万肆千壹百玖拾壹两柒钱，铸出制钱搭放兵饷并官员俸薪。叁年起至柒年终止，获息玖拾叁万捌百柒两陆钱零。捌年捌月内臣部奏销讫。捌年分获息柒万贰千壹百叁两壹钱零。拾年伍月内，钱法侍郎臣王弘祚补奏讫。玖年分减炉伍百座，止留壹百座，获息贰万叁千玖百捌拾贰两叁钱零。拾年伍月内钱法侍郎臣王弘祚奏销讫。顺治捌年拾月内停炉。

临清钱局：

顺治贰年伍月开铸，用旧遗铜铅共拾伍万伍千叁百柒拾捌斤为铸本，贰年起至柒年终止，获息伍万伍千柒百伍两捌钱零。捌年捌月内臣部奏销讫。捌年拾月停炉，止获息壹万叁千捌百叁拾贰两伍钱零。玖年肆月内前任钱法侍郎臣赵继鼎奏销讫。据员外郎高来凤呈称，节年息银除搭放兵饷外，陆续动支买办铜铅，共存伍拾肆千玖百玖拾叁斤零，存贮制钱叁百贰拾玖万陆千捌百玖拾捌文，银叁千玖百陆拾两，见存在局，以充铸本。

密镇钱局：

顺治贰年伍月开铸，用旧遗铜铅及部拨银两共铸本陆千柒百伍拾贰两叁钱零，铸出制钱搭放兵饷。贰年铸起至柒年拾壹月移铸蓟州止，获息壹万玖千肆百玖拾柒两陆钱零。捌年捌月内臣部奏销讫。柒年拾贰月起至捌年拾月停炉止，获息贰千肆拾贰两陆钱零，玖年肆月内前任钱法侍郎臣赵继鼎奏销讫。据饷司杨亲岱呈称，前项本银见存在局，以充铸本。

蓟镇钱局：

顺治柒年拾贰月开铸，借动饷银贰万叁千肆拾伍两叁钱零为铸本，铸出制钱搭放兵饷。柒年拾贰月起至捌年拾月停炉止，获息壹千玖百玖拾壹两肆钱零。玖年肆月内，前任钱法侍郎臣赵继鼎奏销讫。据饷司杨宗岱呈称，前银俱办买铜厅，见存在局，以充铸本。

阳和钱局：

顺治柒年贰月开铸部拨铸本银贰万两铸出制钱搭放兵饷柒年贰月起至本年终止，获息伍千陆百壹拾贰两捌钱零。捌年捌月内臣部奏销讫。捌年拾月停炉，止获息捌千捌拾叁两捌钱零。玖年肆月内前任钱法侍郎臣赵继鼎奏销讫。据饷司刘国钦呈称，前项本银见存在局，以充铸本。

宣府钱局：

顺治元年拾壹月开铸，用旧遗红钢旧钱及部拨银两共铸本壹万玖千柒百贰拾贰两壹钱零，铸出制钱搭放兵饷。元年起至柒年终止，获息柒万贰千壹百两叁钱零。捌年捌月内臣部奏销讫。捌年拾月停炉，止获息陆千玖百肆拾伍两柒钱零。玖年肆月内，前任钱法侍郎臣赵继鼎奏销讫。据饷司郭熙呈称，前项本银见存在局，以充铸本。

郧襄钱局：

顺治伍年拾月开铸，郧抚赵兆麟自行设处铸本，铸出制钱搭放兵饷。伍年拾月起至陆年拾壹月止，获息壹万壹千肆百伍拾叁两。捌年捌月内臣部奏销讫。柒年贰月内，郧抚赵兆麟题请停止鼓铸，部覆于江南饷银内拨给贰万两为铸本。柒年拾壹月起，至捌年拾壹月停炉止，获息玖千玖百陆拾贰两玖钱。拾年伍月内，钱法侍郎臣王弘祚奏销讫。准原任川湖总督罗绣锦咨开，部拨铸本并钱息俱给散兵饷讫。

荆州钱局：

顺治伍年肆月开铸，动荆关税银壹万两为铸本，铸出制钱搭放兵饷。伍年起至柒年陆月止，获息壹万柒百肆拾两陆钱零。捌年捌月内臣部奏销讫。柒年拾贰月起至捌年柒月内止，该关仍归工部，获息陆千捌拾两陆钱零。玖年肆月内，前任钱法侍郎臣赵继鼎奏销讫。臣部咨明，原任川湖总督罗绣锦，将铸本钱息留充该省兵饷。

旧停炉座

延绥钱局：

顺治叁年陆月开铸，搜括废铜并动兵饷办买，铸出制钱搭放兵饷。叁年陆月起至肆年肆月止，获息贰千陆百肆拾捌两零。捌年捌月内臣部奏销讫。肆年肆月以后，乏铜未铸。至伍年闰肆月巡抚王正志题准停铸，据饷司姬琨册开前项本息，俱放兵饷讫。

大同钱局：

顺治元年拾月开铸，搜刮铜斤及部拨银共叁万肆千贰百肆拾肆两零以充铸本，铸出制钱搭放兵饷，元年起至伍年陆月止，获息拾壹万捌千叁百贰拾陆两玖钱零。捌年捌月内臣部奏销讫。据饷司萧炎呈报，柒月以后铸本文卷俱被姜逆焚劫。

甘肃钱局：

顺治肆年陆月开铸，部拨银壹万两以充铸本，铸出制钱搭放兵饷。肆年陆月起至本年玖月止，获息壹千陆百肆拾壹两壹钱零。捌年捌月内臣部奏销讫。准甘肃巡抚周文烨咨称，动过银陆千两收买旧钱，鼓铸本息俱放兵饷讫。鼓铸乏铜，久经停止，剩银肆千两内支给征川兵饷壹千两，余银回叛被劫。[①]

以上顺治元年至九年（1644—1652），共获息银2550023.1两。其中，宝泉局获息银1185626.5两，江南钱局获息银1026893两，占各钱局总利润的86.7%。这一统计并不完整，未包括工部宝源局和某些未办奏销的地方钱局。由于制钱用途主要是"搭放兵饷"，这些利润是以银两计算的成本与按照官定银钱比价折发兵饷之间的差额。

铸钱的币材来源包括库储铜铅铜器、库储红铜废钱、旧遗钢铅、旧遗铜铅、旧遗红铜旧钱，还动用部拨银购买币材。但币材供应不足和成本高的问题逐渐凸显。顺治八年（1651）以前，上述钱局除了宝泉和江

---

① 《车克题查明停减炉座铸本钱息事本》，顺治十一年正月二十六日，载《清代档案史料丛编》第七辑，第186—189页。

南以外，相继停炉。甘肃和延绥钱局停铸的原因是"乏铜""鼓铸乏铜"，这应是停铸钱局的普遍原因。即使继续鼓铸的江南钱局，到顺治十一年（1654）时，因"铜料收买艰难，旋买旋铸，不能预备以至停工歇炉"，以致"一岁之间，半歇半铸"。①

为保证宝泉局和宝源局的正常运行，中央政府强制命令地方分摊京局的币材供应，京局制钱产量和质量因而能得到保证。地方铸钱无此来源，只能降低钱质。顺治十年（1653）的一道上谕承认"钱法难行，皆因铸造不精所致"。要求各地铸局"酌减炉座，务精工如式"。但效果不彰。四年以后，因"各开炉太多，铸造不精，以至奸民乘机盗铸。钱愈多而愈贱，私钱公行，官钱壅滞，官民两受其病"。于是宣布"鼓铸归一"，地方铸局全停，只留京局。②顺治十七年（1660），复开各省镇鼓铸并增设云南省局。

为了推广制钱，清政府一改明代相对放任的政策，对铜钱的发行和流通实施强硬的管理。其一，改变历来允许前代旧钱流通的传统，在顺治三年（1646）宣布禁旧钱，"有愿送部者，每勃给值八分，以资鼓铸"，仅暂许崇祯钱流通。八年（1651），复申前禁。此外，对私铸的查禁也比明朝严厉。其二，提高制钱在财政体制中的地位，顺治十二年（1655）"定制钱配给俸饷之例"，顺治十四年（1657）"定直省钱粮兼收银钱之例"。③

---

① 《戴明说题严查江宁鼓铸息少事本》，顺治十三年三月十七日，载《清代档案史料丛编》第七辑，第 200 页。

② （清）乾隆官修：《清朝文献通考》卷 13《钱币一》，浙江古籍出版社 2000 年影印本，第 4968—4969 页。综合《钱币一》的记载，顺治十四年（1656）以前钱局开停情形大致如下：顺治二年（1645），开铸顺治通宝，京局（户部宝泉局与工部宝源局）以外，命山西、陕西两省，北边四镇（蓟、宣府、大同、延绥）以及临清设局鼓铸。随着清军南下，新占领的地区亦相继设局，以济军需。三年（1646），湖广省城及荆州府各开鼓铸局。四年（1647），又令盛京、河南、湖广常德府各开鼓铸局。五年（1648），开江南江宁府鼓铸，盛京及延绥镇铸局因缺铜停铸。六年（1649），浙江、福建、山东省各设一局。七年（1650），湖广襄阳、郧阳二府增设铸局。在迅速扩张之下，各地铸局既无稳定的币材来源，又缺少中央政府的严格管理，制钱质量参差不齐，"民易盗铸为奸"。顺治八年（1651），命各布政司只保留省城铸局，其余州府和各镇铸局一概停止。两年后复开密云、蓟、宣府、阳和与临清铸局。

③ 《清朝文献通考》卷 13《钱币一》，浙江古籍出版社 2000 年影印本，第 4966、4968 页。

在银钱并用的货币流通环境中，银钱比价波动是常态。但清政府试图去稳定制钱币值，规定每十文准银一分，即千文一两的银钱比价，"永著为令"。①虽然这是不可能实现的任务，但此后政府确实以此衡量钱价，如钱价大幅低于官价，则为"钱贱"；反之，则为"钱贵"。并出台相应政策进行干预。为此屡次调整制钱重量，顺治通宝初重为一钱二分，顺治八年（1652）增重为一钱二分五厘，次年铸厘字钱（钱背有纪值的"一厘"二字）。顺治十四年（1657）因官钱壅滞贬值而叫停地方铸局，又增重至一钱四分。

顺治年间形成了积极有为甚至带有一定干预主义色彩的货币政策，为清前期的"钱法"奠定了基调。这一政策导向的贯彻，有赖于获得低价且充足的币材供应。否则，巧妇难为无米之炊，很可能重蹈张居正货币改革失败的覆辙。康熙在位期间，开拓币材来源为"钱法"运行的重中之重。

康熙元年（1662），因"铸局既多，钱价过贱"，户部再次议准停止地方铸局（只留江宁一局）。六年（1667），首辅索尼病故，康熙名义上亲政。掌握实权的鳌拜决定恢复京局与地方铸局同时运行的局面，"复开各省镇鼓铸"，并增置湖南、江苏、甘肃省局。次年，又令此前未设钱局的四川、广东、广西、贵州省各开鼓铸局。

这一政策尚未完全推行时，鳌拜势力在康熙八年（1669）被诛灭。康熙真正亲政后，政策转向稳健，九至十年（1670—1671），陆续裁撤几乎所有省、镇的铸局。从康熙九年（1670）给事中姚文然《请停鼓铸事宜疏》中可见这次整顿实属必然。

> 臣查近日钱之所以有息者，以所收之铜，定为每斤六分五厘之价，而所放之钱，定为每千文作银一两之值，故算之有息者耳。今各省开铸太多，则与昔大不同矣。何也？开铸之初，废钱壅积，尽化而为铜，又铸少则铜少，铜不踊贵，故部颁一定之价，每斤六分五厘而足也。今各省开铸，则各处采铜，铜之价有

---

① 《清朝文献通考》卷13《钱币一》，浙江古籍出版社2000年影印本，第4967页。

乃贵至一钱至一钱三四分矣。各关解铜部者，皆以铜少而贵，逾期久不到矣。倘此后铜价日贵，而部中仍以一定之价销算之，如广东铸出新钱七十二万一千文，值银七百二十一两，遵照部例销算，止应开销铸本银五百九十三两，尚获息银一百二十八两。若照地方时值工本计算，实用过铸本银一千四十三两，除照部例销算外，局官实包赔铸本银四百五十两。此等暂时犹属官吏包赔，久之不强派于商，必强派于民矣，是核其实乃加派也。而名之曰生息，岂可乎？钱之时值，如米盐之时值，因地之宜，从民之便，不可以法令强定也。今京城钱值，约略每千文不过值银八钱。若各省开局，铸钱愈多，则钱值愈贱。乃给旗下之穷丁、边腹之戍卒、驿递之马料役食，仍以一两之定值放之，而加以远道搬运之脚费，见在如兴廷各营，以有具呈泣控，情愿减饷，不愿领钱者矣。是核其实乃裁减也，而名之曰生息，岂可乎？故论其名则铜虽日贵，钱虽日贱，而部中核算，铜有一定之价，钱有一定之值，则每年有一定之息，各省鼓铸应停者不必急议停也。若核其实，则铸局日增，铜以日少而贵，钱以日多而贱，不急酌议停止，非为无息，有耗铸本矣。

显然，在户部按定价、定值、定息销算的官僚主义压力下，面对各种成本上涨、铜源愈紧的形势，虽然京局可以摊派币材成本给地方，但各省铸局已难以为继。广东钱局仅仅铸钱720余串（每串一千文），如果按照部例销算，亏损达43%！而当时钱价下跌，制钱官价高于市价。特别在京城，两局产量最高，钱价更低，每千文仅值银8钱。对于按官价领取（折为制钱的）兵饷的旗丁和军人而言，等于减饷。此前，"各省督抚或以铜贵为艰，或云新旧铸钱已足支放，疏请停铸"。因此，允许不愿开炉的地方铸局停铸，是不得不然的政策。

此后，终康熙之世，铸币主要集中于京局，地方最多有两三处铸局，而且时开时停。① 究其原因，主要是地方铸局铜源不济，主要靠收买旧铜和回收私钱维持鼓铸，为维持成本，制钱质量往往不能如式，如湖北湖南局钱"轻小"，在康熙二十六年（1687）时已谕旨"严加申饬"，又过了十年，仍无好转，户部只好议定禁止其流通。② 台湾府宝台局所铸制钱，每串不及6斤，低于6斤4两的法定重量。③

铜钱流通的管理政策也有所放松，天平又向"听从民便"的方向倾斜了一些。旧钱之禁实施多年，民间仍沿旧习。康熙二十四年（1685），福建巡抚奏称"所辖州县多用前代旧钱，应为禁遏"。户部循例，"议准一切旧钱悉行销毁"。大学士徐乾学提出反对意见，认为"自古皆古今钱相兼行使，以从民便"。既然制钱尚不足用，理应"听从民兼用古钱"。于是罢旧钱之禁。④ 对于民间流通的私钱，从康熙三十六年（1697）起，采取禁止加收买的政策，"照铜价每斤给银一钱，收买改铸"。后因私钱铜少铅多，减价至每斤6分5厘，由民间自选销毁交官。这一政策实施不到两年，"宝泉局中收贮小钱已足挼铸四年有余"。后因成本高而停止。⑤

政策虽有微调，但积极有为的本色不改。康熙年间，"钱法"运行的重点在于开发币材，特别是铜的来源。从顺治年间沿袭下来的各税关及芦政差办铜的方式，管理混乱，且给价太低（铜每百斤给银6.5两，而市价从10两逐渐升至14两左右）。各关差官为弥补亏空，"任意征收"，重困商民。康熙二十五年（1686），增至每百斤铜价银10两。至三十八年（1699），改为招商承办。商人支领银两办铜，虽不敷市价，但可预支巨

---

① 综合《清朝文献通考》卷14《钱币二》的记载，康熙十年以后地方铸局开停情形大致如下：浙江直到十三年停铸，三十五年至三十八年复开；临清局直到十四年停铸；云南从二十一年开铸，省城之外，尚有大理府、禄丰县、蒙自县和临安府铸局，二十八年全停；福建先后有漳州局（十九年至二十一年）、省局（二十四年到三十四年），台湾府铸局（二十八年到三十一年）；湖北钱局自二十六年重开，后又开湖南局，至三十九年全停；广东二十五年复开省城鼓铸局，增置肇庆府局（次年停），省局三十一年停，三十四年复开，三十七年停。

② 《清朝文献通考》卷14《钱币二》，浙江古籍出版社2000年影印本，第4975页。

③ 连横：《台湾通史》卷9《度支志》，第207页。转引自郑永昌《清代乾隆朝钱贵时期之私钱问题及其对策（1736—1775）》，博士学位论文，台湾师范大学，2005年，第55页。

④ 《清朝文献通考》卷14《钱币二》，浙江古籍出版社2000年影印本，第4974页。

⑤ 同上书，第4976页。

额银两，更能获得对日贸易特权，借此补亏赢利。这一时期，正值日本铜矿产量高峰期，加之1683年后取消海禁，洋铜（日本铜）遂大量出口到中国，成为京局鼓铸用铜的主要来源。自1680年代起，中国船每年自日本输出铜的数量从不到200万斤，稳定保持在300万斤以上，1697年达到700万斤的历史最高值。但商人办解铜仍然亏欠甚巨，达数百万斤之多。于是政府在康熙五十四年（1715）决定从下一年改为八省（江苏、安徽、浙江、江西、福建、湖北、湖南、广东）督抚委员办铜，每年定额4435200斤，并大幅提高价格。六十年（1721），复归并江苏浙江二省办解。①

扩大币材来源的另一个渠道是开发国内矿藏。"铅"（按：官书所称之铅，系白铅，即锌。黑铅为铅）是另一种重要币材。康熙二十四年（1685），定铜六铅四配铸制钱（云南铜八铅二）。白铅来源主要是贵州和湖南的锌矿，每年京局用铜443万余斤，同时需白铅近300万斤，招商承办。此外，云南铜矿的开发也得到政府的支持。三藩之乱平定后，云南"开矿藏"，"广鼓铸"，但铸钱太多以致钱价大跌。兵士饷银半数以官价给钱，亏折太多。到康熙二十八年（1689）被迫停铸。铜矿开采则继续发展，到康熙末年，年产量可达八九十万斤。②

图3—1 顺治通宝（宝源局）

---

① 本段内容主要参考刘序枫《清康熙—乾隆年间洋铜的进口与流通问题》，载汤熙勇主编《中国海洋发展史论文集》第7辑，台湾"中央研究院"中山人文社会科学研究所专书（45），1999年，第93—144页。

② 严中平：《清代云南铜政考》，中华书局1958年版，第14页。

图3—2 康熙通宝（宝泉局）

顺治康熙年间积极有为的铸币政策，初步扭转了铜钱危机的局面。明代两百七十六年间铸造的制钱大概不过一千万贯，而《清实录》所载顺治元年至十四年铸钱量就达到2360万串之巨。① 虽然顺治十四年（1657）以前政府追求产量，地方钱局生产的制钱大多轻薄，但可供民间零星交易之用，总胜于使用碎银。②

顺治十四年（1657）以前的铸钱政策，主要依靠（半强制收买的）低价币材和制钱的不足式来降低铸钱成本，与发放制钱的官定折算价格（千文一两）之间形成的差额，即为铸息。这其实是延续了明末的政策，待到战事平息，政局平定，便不能再实行了。

---

① 彭信威先生认为这只是两个京局的铸数，但从顺治八年到十四年都在两百万串以上，远远超过乾隆年间京局一百三十多万串的产量，再加上各省镇铸局的产量，岂不与乾隆时铸钱量相当。当时既无洋铜又无滇铜，币材从何而来？（彭信威：《中国货币史》，上海人民出版社1958年版，第573—575页）事实上，《清朝文献通考》的作者已有说明，顺治时京局铸数"自数万串递加至数十万串不等"，十五年因制钱改重而大减，最后两年又恢复到宝泉局28万余串（《实录》从顺治十五到十八年记载的数字，应该只是宝泉局的产量）、宝源局18万余串的年产量（《清朝文献通考》卷14《钱币二》，第4980页）。因此，顺治十四年之前的数字，是全国的铸钱量。且十四年宣布各省镇停铸，只留京局铸钱，次年骤降至十四万余串，顺治十七、十八年恢复到二十八九万串。所以，此前的数字应为全国铸钱数。

② 以甘肃为例，雍正初年时，沿边地区仍流通顺治小制钱，"一种有陕字者，系顺治初年陕省钱局所铸；又一种有户字者，一种有工字者，原系部铸。但以上三种制钱皆薄小而轻，以至各种小钱易于掺入"（《甘肃巡抚石大焯奏请暂开鼓铸以清钱法折》，雍正四年九月二十日，载第一历史档案馆编《雍正汉文朱批奏折汇编》第8册，江苏古籍出版社1991年版，第131—132页）。

康熙年间，以京局为主的铸钱政策，标榜"不爱工，不惜铜"，保证了优质铜钱的供应。康熙五十年以前，"大抵宝泉局每年为二十八九万余串或二十三万余串不等，宝源局每年为十七万余串或十二万余串不等"。"康熙五十年以后，两局卯数铜斤递经增定至康熙六十年间，两局各三十六卯……每年共为钱六十七万三千九百二十串云。"① 笼统计算，康熙在位的前四十九年，每年京局铸钱平均约40万串；之后的十一年，京局平均每年铸钱约60万串。② 前后总计，康熙年间京局铸钱在2500万至2600万串。

40万到60万串是什么概念呢？相当于乾隆二十年（1755）全国铸钱量（354.9462万串）的六分之一到九分之一。累计起来，即使考虑磨损销毁因素，到18世纪早期，也有将近2000万串优质康熙通宝在市场上流通，价值白银超过2000万两。京局的制钱主要以俸饷工价等方式发行出来，京师因而成了全国钱价洼地。在市场规律的驱动下，优质的康熙通宝大制钱不断向外地流动。非但在日常交易中可以代替低成色碎银，也能驱逐旧有的劣质铜钱。如雍正初年，甘肃大部分地区流通的铜钱多为康熙通宝大制钱，轻薄的顺治钱和私钱主要在边区流通，"价值半于大制钱"。③

康熙年间铸钱主要集中于京局，地方钱局产量少、停铸多。在全国范围内，优质铜钱仍然短缺。制钱流通的扩张是缓慢的，但日常交易用钱比用银方便，这决定了优质制钱累积的发行量越大，流通就越广，愈受民众欢迎。加之铜价上涨的助推作用（按：铸钱用铜也是铜材供不应求、价格上涨的一个重要原因），到康熙晚年，出现制钱供不应求、钱价上涨的趋势。京城钱价突破九百文一两，康熙六十一年（1722）高达七

---

① 《清朝文献通考》卷14《钱币二》，浙江古籍出版社2000年影印本，第4980页。《实录》岁末所载铸钱量，正与《清朝文献通考》记载的宝泉局产量相当。需要注意的是，两局每卯铸钱额不同，宝泉局的一卯铸钱12480串，宝源局每卯铸钱6240串。

② 60万串的铸钱量，折算成铜（每文一钱四分，内含铜六成，一斤合十六两）为315万斤，而当时京局办铜定额是4435000斤。考虑到熔铸有损耗，以及办铜数量的亏欠，大体相当。

③ 《甘肃巡抚石大焯奏请暂开鼓铸以清钱法折》，雍正四年九月二十日，载《雍正汉文硃批奏折汇编》第8册，第131—132页。

百八十文一两。在钱价上涨的形势下，应该增加供应。但由于日本政府在康熙五十四年（1715）开始控制铜的出口，连续两年铜商未能赴日贸易。此后贸易恢复，洋铜进口见顶回落。如果政府要增加鼓铸，使钱价下降到千文一两的目标价，就必须开发新的铜源。

第二节　制钱流通扩张压力下的铸钱大跃进

18世纪上半叶，"钱贵"成了重要的财经问题。钱价上涨是制钱流通范围扩张和（以银计价的）铜价上涨共同所致，并非通货紧缩，对经济没有什么负面影响。而且国家财政主要用银，也不会因此产生问题。但在雍正乾隆两个皇帝看来，政府有责任将钱价维持在千文一两的法定目标价附近。钱价过分偏离法定价，政府必须进行干预。

雍正登基伊始，就钱法发布上谕称："钱文系国家要务。皇考常注意劳思此事。见在钱价日昂，其如何平价之处，著王大臣会同九卿定议具奏。"[1]

当时，对钱价高昂的原因有两种认识：一是"钱价腾涌，总缘制钱尚少"，因此需要开拓币材来源，增加鼓铸。但日本铜的来源渐少，"从前八省分办铜斤时，曾拖欠一百一十余万斤。自归江浙两省，至今（按：雍正二年）又已亏欠铜三百八十八万余斤"。[2] 于是，政府的注意力转向云南铜矿的开发。一方面整顿铜业的管理，雍正元年（1723），"禁云南收铜之弊"，商民缴纳（产量两成的）税铜外，余铜可自行贩卖。另一方面，扩大云南铸钱规模，允许云南向外省输出制钱。雍正四年（1726），云南铜产量超过200万斤，此后节节上升，雍正十二年（1734）达485万斤之巨。[3] 自雍正五年（1727）起，中央政府允许各省赴云南采办铜斤，解交京局。这一时期，白铅（锌）矿开发规模也在扩大，新开贵州

---

[1]　《清朝文献通考》卷15《钱币三》，浙江古籍出版社2000年影印本，第4981页。
[2]　同上书，第4982页。
[3]　刘序枫：《清康熙—乾隆年间洋铜的进口与流通问题》，载汤熙勇主编《中国海洋发展史论文集》第七辑，台北"中研院"中山人文社会科学研究所，1999年，第100页。

罗平、平彝矿场。

民间私销制钱，毁钱为器或铸私钱，被认为是"钱贵"的另一个原因。雍正帝尤持此议，认为"京局每岁鼓铸，则制钱应日加增，而各省未得流布，必有销官钱以为私铸者"。"钱文乃民间日用所必需，鼓铸日增而钱不见多，必奸民图利，有毁钱造器皿之事。若不禁止铜器，则钱价究不能平。"① 在大力查禁私铸私销的同时，对于私钱流通，考虑到铜钱供应不足，且担心扰民，采取了比较宽松的政策，并允许地方政府收买砂板小钱。为防止毁钱为器，雍正祭出了超常规的严厉政策——铜禁。雍正四年（1726），发布黄铜器皿查禁禁令（三品以上官员及乐器等项除外），勒令民间铜器交官领价。次年，又明谕批评各省督抚"虚文掩饰"，要求"实力奉行"铜禁。② 在雍正的高压政策下，各省大力推行铜禁，如湖北从雍正五年至九年（1727—1731）夏，共收生熟铜207436斤；陕西省从雍正五年至十三年（1727—1735），共收储荒铜143400余斤；广东从雍正六年至乾隆元年（1728—1736）共收买铜83500余斤；江苏共收生熟铜1328427斤。③

进口洋铜、开发滇铜及收买旧铜并举，增加了币材供应。为维持铸钱规模并减少亏损，雍正五年（1727）将铜六铅四铸钱改为铜铅各半，雍正十二年（1734）降低制钱重量为一钱二分。在此基础上，雍正年间的铸钱规模继续扩大。

京局大体维持康熙末年的产量，雍正四年（1726）曾命宝泉宝源两局每年各铸41卯，但不能达到这个产量，雍正十二年（1734）时两局"见在每年正额铸钱六十万二千六百八十七有奇"。以千文一两价格折算，"每年约亏折钱三十万两"。减重后，可以少亏128700余两。④

---

① 《清朝文献通考》卷15《钱币三》，浙江古籍出版社2000年影印本，第4983—4984页。

② 同上书，第4984—4985页。

③ 各省收储旧铜的数据均来自第一历史档案馆藏档案。《湖北巡抚崔纪题报湖北省收买铜器铸过钱文用过铜铅价值银数事》，乾隆五年二月十五日，档号：02-01-04-13255-013；《署理广东巡抚王謩题请核销广东省收买铜器支过银价银数事》，乾隆四年七月十八日，档号：02-01-04-13202-020；《户部尚书海望题为查核江苏省乾隆元年收买铜器给过价银等各数目事》，乾隆三年六月十九日，档号：02-01-04-13048-008。

④ 《清朝文献通考》卷15《钱币三》，浙江古籍出版社2000年影印本，第4990页。

雍正年间扩大铸钱规模的重点转向开设地方铸局,一类是"因矿开铸"的西南铸局,包括雍正元年(1723)复开的云南各铸局,八年(1730)开设的宝黔局,十年(1732)开设的宝川局。因币材成本低,颇有盈余。其中,云南各铸钱局从雍正元年到十年(1723—1732)平均每年铸钱187000余串,此后更是大增到三四十万串。① 为防止云南钱价过低,增加外省供应,云南还获准向外省大量输出制钱。另一类是雍正七年(1729)下令开设的江西、浙江、湖北、湖南、河南、山东、山西各铸局,当时要求以收购的旧铜开炉鼓铸。以及雍正十年(1732)开设的江苏、安徽鼓铸局,只存在不到一年的甘肃宝巩局。除山东宝济局到乾隆三年(1738)停铸,其他都在雍正十三年(1735)以前次第停铸。②因收买旧铜数量有限,铸钱亦不多,如湖北宝武局共铸钱17795串973文,核算下来亏损286两9钱5分。③

雍正时期,"钱法"的地位更胜从前,制钱供应继续增加,但钱价昂贵的问题并未缓解。雍正七年(1729)时,京师钱价跌到980文一两,直隶到奉天一带跌过千文。此后持续回升到900文以内。乾隆元年(1736),又接近800文一两。④

因此,乾隆继位后,"罢黄铜器皿之禁",对货币政策做出较大调整。重点是开发利用西南地区的矿藏,增加鼓铸。自乾隆四年(1739)起,京局所需铜材全归云南办解,每年定额6331440斤。为解决运输问题,乾隆六年(1741)起,云南当局整理金沙江水道,七年告竣。从此,滇铜可经水运直通荆扬。滇北矿场因之兴旺。云南铜矿进入全盛期,一直到乾隆末年,年产量大多在一千万斤以上。⑤ 因滇铜产量有富余,京局不再用洋铜,中央政府允许各省或用洋铜,或购滇铜,设局鼓铸。乾隆五年

---

① 严中平:《清代云南铜政考》,中华书局1957年版,第15页。
② 《清朝文献通考》卷15《钱币三》,浙江古籍出版社2000年影印本,第4987页。
③ 《湖北巡抚崔纪题报湖北省收买铜器铸过钱文用过铜铅价值银数事》,乾隆五年二月十五日,中国第一历史档案馆藏,档号:02-01-04013255-013。
④ 陈昭南:《雍正乾隆年间的银钱比价变动(一七二三—九五)》,台北"中国学术著作奖助委员会"1966年,第6页。
⑤ 刘序枫:《清康熙—乾隆年间洋铜的进口与流通问题》,《中国海洋发展史论文集》第七辑,台北"中研院"中山人文社会科学研究所,1999年,第105—106页。

到十年（1740—1745），无钱局的各省纷纷设局开铸。严中平认为，每年京局省局采买加上本省鼓铸所用的滇铜，可铸钱200万串到300万串之间。① 如果加上洋铜，铸数自然更巨。据杜家骥估计，乾隆二十年（1755）左右，各省局年铸221.8425万串，京局年铸133.1037万串，年铸总量为354.9462万串。全国人均可分得19文多。② 王德泰认为，"乾隆十年前铸钱数量较少，在100余万串，乾隆十年以后，一般保持在250万串上下，最多约接近300万串，是清代前期铸钱最多的时期，只是到了乾隆五十九年（1794），随着商品货币市场铜钱价格日益走向'平减'，清政府大幅度降低京局铸钱数量，各省钱局基本全部停铸"。③ 比较各家对乾隆时期铸钱量的分析，都认为乾隆十年（1745）以后每年铸钱量能达到300万串左右。如此规模巨大的铸钱量，是继北宋之后的又一个高峰。

乾隆年间，政府开始从制钱流通扩张的角度看待钱价昂贵的原因，对货币流通的管理也改变了方向。在有关钱法的奏议中，虽然仍有官员固执于"钱之少也皆由销毁之故"的雍正时的旧观点，但越来越多的官员提到用钱"日多""日广"导致制钱供不应求，才是钱价上涨的原因。制钱不是少了，而是更稀缺了。早在康熙五十三年（1714）时，上谕就提及"自古钱法，未有如本朝流行之广者"。"钱法流行，莫如我朝。南至云南、贵州，北至蒙古，皆用制钱，从古所未有也。"④ 此后，钱法流行的趋势已不限于制钱流通地域扩张，民间又出现了从零星用钱到较大金额用钱的变化。在京师，民间交易所用制钱金额增加。到乾隆元年（1736）时，已是"自一两以至数十两，俱用钱文"。⑤

类似的演变趋势并不限于京畿地区，在南方也有发生，只是迟速深浅之差而已。乾隆六年（1741），生长于浙江的时任广东按察使朱叔权在

---

① 严中平：《清代云南铜政考》，中华书局1957年版，第23页。
② 杜家骥：《清中叶以前的铸钱量问题》，《史学集刊》1999年第1期。
③ 王德泰：《清代前期钱币制度形态研究》，中国社会科学出版社2013年版，第39页。
④ 《清圣祖实录》卷258，康熙五十三年正月癸亥；卷259，康熙五十三年七月己未。
⑤ 《顺天府尹陈守创奏陈银钱交易事》，乾隆元年九月初八，中国第一历史档案馆藏，档号：04-01-35-1227-004。

奏折中回顾了他所见到的变化：

> 欲平钱价，必须知钱贵之由。夫钱之贵由于钱文之少，而钱文之少，议者谓由于奸发之销毁与富民之埋藏。但臣阅历所至，其销毁制钱耳虽闻有其语，目实未见其人。即地方官吏之拿获私销者，亦甚寥寥。至于藏钱不若藏银，富户之智，岂不及此？故销毁埋藏之说，臣不敢谓尽无，而钱少之故实不尽由于此。然则其故安在？臣以为由于泉流日远，用钱日广。从前用银之地，皆改为用钱之区，是以现在之钱不敷生民之用。此钱文之所以见少，钱价之所以日贵也。试将臣所目击者为皇上实陈之：
>
> 臣生长浙江，如宁波、温州、台州等府，无论大小交易，往皆但知用银而不知用钱，即厘数之间，亦皆用银。故一切小本经营，每人皆带有小戥一杆。今则宁波、温、台各府，不特分厘务用钱文，即成两成十亦皆用钱而不用银矣。臣筮仕闽广，闽省自二十余年以前，大小交易皆用银两，而今自分厘以至田产各项交易，须银数十两暨百两以外者，皆用钱而不用银矣。广东从前则古钱与银两兼用，今用银者亦多改用钱文，用古钱者亦多改用今钱矣。以及臣阅历所至，凡从前用银之地，皆改而用钱。若臣未至之省，其从前用银而今改用钱者，又不知凡几。用钱之处日益广而生齿日繁，用钱之人亦日益众，现在钱文不敷应用，彰彰明甚矣。

对此，朱叔权建议除京局（宝源、宝泉）搭放兵饷和产铜的云南省外，"余省应饬地方官，劝民银钱兼用，自数两以上，毋专用钱，庶钱价平减"。①

江浙、福建等地官员的报告验证了朱叔权的说法。如乾隆八年（1743），福建巡抚周学健指出该省"近年以来，民间专用钱文"的情况正在从零星贸易向大额交易蔓延，甚至影响到"山僻小邑"，"以致钱日

---

① 《广东粮驿道按察使朱叔权奏陈平抑钱价事宜折》，乾隆六年二月十五日，中国第一历史档案馆藏，档号：04-01-35-1231-023。

短缺,价日昂贵"。① 乾隆十年(1745),浙江布政使潘思榘提及江浙地区"数十年来,银可贸易之物渐改用钱"的演变,"甚至民间田房交易,即盈千累百,契内书银而实则交钱,所在典铺数万资本,而出入亦必亦钱"。②

官员们的说法虽然反映了货币流通的演变趋势,亦有夸大之处。乾隆初期,北方因距京师较近,制钱流通颇广。西南三省广设铸炉,除本省所用,还向外省输出制钱。南方的江浙福建地区,因北上的海运和运河商船返回时货物甚少,多买制钱载回,大制钱流通稍多。但在经济中心苏州,直到乾隆二十六年(1761)时,市面上流通的铜钱中仍掺有私铸小钱,"每百文内掺至一、二十文不等"。③ 苏州向来是行钱之地,尚且如此,南方其他地区和北方从前较少用钱地区的情况,就可想而知了。

由于认识到制钱流通扩张是钱价高涨的主要原因,加之从乾隆初期钱价居高不下,到乾隆十年(1745)时,大部分地区的制钱价格都涨至七百数十文,"其昂贵为历来所未有"。为平抑钱价,政府在广开鼓铸的同时,试图对制钱的流通加以严格的管理。④ 乾隆二、三年时,御史萧炘曾提出限制制钱流通,"五百文以上俱令使钱",被户部驳回。⑤ 随着钱价继续上涨,严厉的管理似乎势在必行。乾隆九年(1744),议定"钱法六条",在京师试行,内容包括:"熔化铜斤打造铜器铺户,官为稽查,以杜销毁之弊";"官米局卖米钱文通融办理,不必存贮局内";"钱市经纪归并一处,官为稽查,以杜高抬钱价之弊";"粮店收买杂粮,禁止行使钱文";"钱文严行查禁兴贩";"囤积钱文严行查禁,流通便民"。实施数月以后,京师钱价渐减。于是谕令各省督抚根据本省情形,"因时措

---

① 转引自郑永昌《清代乾隆朝钱贵时期之私钱问题及其对策(1736—1775)》,《"国立"台湾师范大学学报》1997年第25期,第238页。
② 《浙江布政使潘思榘奏陈钱法积弊请禁用色银及打造小件铜器折》,乾隆十年二月二十五日,中国第一历史档案馆藏,档号:04-01-35-1235-017。
③ 转引自郑永昌《清代乾隆年间的私钱流通与官方因应政策之分析——以私钱收买政策为中心》,《"国立"台湾师范大学学报》1997年第25期,第240页。
④ 关于这一问题,参见陈锋《清代银钱比价的波动及其对策》。
⑤ 《户部尚书望海等奏议河南道监察御史明德殷请将京城当铺限当钱文各款折》,乾隆三年三月初六,中国第一历史档案馆藏,档号:04-01-35-1228-003。

置"，平抑钱价。① 各省纷纷查禁制钱贩运，禁止商民携带大额制钱去他省。并制定了囤积制钱的上限，如四川为 100 串，② 福建为 50 串。③

钱法六条已有限制制钱行用之意。但乾隆帝认为"不过补偏救弊之一端，终非正本清源之至计"。次年，发布上谕，正式要求对制钱行用金额加以限制。

> 朕思五金皆以利民。鼓铸钱文，原以代白金而广运用，即如购买什物器用，其价值之多寡，原以银为定准，初不在钱价之低昂。今惟以钱为适用，其应用银者，皆以钱代……是轻重倒置，不揣其本，而惟末是务也。不但商民情形如此，即官员办公，亦有沿习时弊者……向来江浙地方有分厘皆胜银者，何尝见其不便？嗣后官发银两之处，除工部应发钱文者仍用钱外，其他支令银两，俱以银给发。至民间日用，亦当以银为重。其如何酌定条款，大学士九卿议奏。④

所谓"惟以钱为适用"，未免夸大。但乾隆要求"民间日用，亦当以银为重"。大臣遵旨议定出严厉的条款：

> 凡各省修理城垣、仓库等项，领出帑银，除雇觅匠夫给发工钱外，一应办买物料，如有易钱给发者，该管上司即行察禁。其民间各店铺，除零星买卖准其用钱，至总置货物，俱用银交易。⑤

该条款只许铜钱用于小额零售交易。各地规定具体限额，如京畿地

---

① 《苏州巡抚陈大受奏报遵旨会商可否仿照京师钱法六款折》，乾隆十年三月二十八日，中国第一历史档案馆藏，档号：04-01-35-1235-23。
② 《川陕总督庆复等奏报遵旨商办四川可否仿照京师钱法六款折》，乾隆十年四月初七，中国第一历史档案馆藏，档号：04-01-35-1235-027。
③ 《闽浙总督马尔泰等奏报遵旨商办福建仿照京师钱法各款变通查禁折》，乾隆十年四月十三日，中国第一历史档案馆藏，档号：04-01-35-1235-028。
④ 《清朝文献通考》卷 15《钱币三》，浙江古籍出版社 2000 年影印本，第 5002 页。
⑤ 同上。

区30两以上必须用银，山东是20两，河南是10两。①

此后，铸钱大跃进改变了制钱供不应求的局面，乾隆二十年（1755）后，钱价趋于稳定；又过了十年，钱价开始缓慢跌落；至乾隆末，各地钱价相继跌破千文一两。钱价走稳，当局不再提及限制用钱的政策。

图3—3　雍正通宝（宝源局）

图3—4　乾隆通宝（宝泉局）

以下是郑永昌整理的"清代乾隆年间银钱比价表"。其数据来源广泛，较其他货币史论著的乾隆年间银钱比价表更全面。②

---

① 陈锋：《清代银钱比价的波动及其对策》，载《陈锋自选集》，华中理工大学出版社1999年版，第391页。
② 以下表3—1、表3—2、表3—3来自郑永昌《清代乾隆年间的私钱流通与官方因应政策分析——以私钱收买政策为中心》，《"国立"台湾师范大学历史学报》1997年第25期，第252—257页。

表 3—1　　　清代乾隆年间银钱比价表一（1736—1795）　　　单位：文/两

年代	直隶	河南	山东	山西	江西
乾隆元年　1736	835				
1737	800				
1738	825	800余	800余	800	1060（小钱）
1739	830				1156（小钱）
乾隆五年　1740	830余	830			
1741	835		700余	825	833
1742					833
					1054（小钱）
1743	800	780	760—840		840余—900
1744	780		780—830		
乾隆十年　1745					860
1746					860
1747					
1748	700余		750		
1749	800		800		
乾隆十五年　1750	800				
1751	780			781	
1752		785			
1753	835	855	820—860	835	830—850
1754	865	915	870		
乾隆二十年　1755	878	849			
1756	843			833	860
1757	840				
1758					
1759	850			909	
乾隆二十五年　1760	880			817	
1761	850				
1762					
1763					
1764			880—950		850—910
乾隆三十年　1765					

续表

年代	直隶	河南	山东	山西	江西
1766					
1767					
1768					
1769	979				960
乾隆三十五年 1770				990	930
1771	964				
1772	995		900		985
1773					
1774					
乾隆四十年 1775	955			990余	
1776	920				
1777					
1778	985				
1779	840			1,000	
乾隆四十五年 1780	910				960余
1781					
1782					
1783					
1784	990				
乾隆五十年 1785	990				
1786					
1787	1020				
1788	1000		1050		
1789					
乾隆五十五年 1790					
1791					
1792	1000				
1793					
1794	1100				1000—1100
乾隆六十年 1795			1000		

表3—2　　　　清代乾隆年间银钱比价表二（1736—1795）　　　单位：文/两

年代	广东	浙江	福建	江苏	湖北
乾隆元年　1736					
1737					
1738	800余（大钱）				1000
	1000余（小钱）				
1739	1169余（小钱）	720	800余	775	
乾隆五年　1740	900余（小钱）	714	810	715	800
1741	740—770		760	700余	800
1742			770—820		
1743	850		845		
1744	780—820		740—805		
乾隆十年　1745	870—900				
1746					
1747					805
1748		769			
1749	800				855
乾隆十五年　1750			850		900
1751	830		810—850		
1752					
1753	880余		830—860	805	825
1754	875	800			845
乾隆二十年　1755		835	800		
1756					
1757					
1758					
1759			835	750	909
乾隆二十五年　1760					
1761		875		885	
1762					
1763		840		870余	
1764					
乾隆三十年　1765		875			

续表

年代		广东	浙江	福建	江苏	湖北
	1766					965
	1767		1070			
	1768					
	1769		970余		970	
乾隆三十五年	1770					
	1771				970	
	1772	925				1000
	1773					
	1774		960			
乾隆四十年	1775		920		920	
	1776		940			
	1777					
	1778					
	1779		875			
乾隆四十五年	1780					
	1781					
	1782					
	1783					
	1784					
乾隆五十年	1785		943			
	1786		900余			
	1787					
	1788					
	1789					
乾隆五十五年	1790	1400				
	1791				1100	
	1792		1300			
	1793		1200		1035	
	1794	1400	1350	1350		
乾隆六十年	1795		1180			

表3—3　　　清代乾隆年间银钱比价表三（1736—1795）　　　单位：文/两

年代	甘肃	四川	安徽	湖南	山西	广西	云南	贵州
乾隆元年 1736								
1737								
1738		940						
1739				765				
乾隆五年 1740								
1741	800余	945						
1742			950余					
1743				800				
1744				800余				
乾隆十年 1745			765	833	730			
1746		825		833	730	870—900		
1747				950				
1748				720余				
1749				750			1200—1300	
乾隆十五年 1750				800		850—870		
1751						875		
1752								
1753	835	880	810	840	840余	860—900余		950
1754	680		875	800	900余	870—890	1175—1200	950
乾隆二十年 1755	800							
1756	600余			833				
1757								
1758	725			730				
1759	635	900余		909				960
乾隆二十五年 1760	755							960
1761	865			862				998
1762		925						
1763				862				
1764								
乾隆三十年 1765								
1766							1100	

续表

年代		甘肃	四川	安徽	湖南	山西	广西	云南	贵州
	1767								944
	1768								
	1769							965	
乾隆三十五年	1770							1100—1200	1075
	1771								1130
	1772							1400	
	1773						1000		
	1774								
乾隆四十年	1775				988			1135	
	1776								
	1777								
	1778						890	1200—1500	
	1779							1500—2000	
乾隆四十五年	1780								
	1781								
	1782								
	1783								
	1784								
乾隆五十年	1785								
	1786								
	1787								
	1788							2400	
	1789								
乾隆五十五年	1790							1500	
	1791		1550						
	1792								
	1793								
	1794		1350	1300	1300	989	1350	2100—2500	
乾隆六十年	1795					1000			

随着制钱供应增加，价格渐趋平减，清政府加大了查禁私铸和私钱

的力度。从乾隆三十四年（1769）起，在南方掀起了一次查禁收买私钱的行动。据郑永昌统计，这次查禁收买活动的高峰持续了四年左右。江苏收买私钱最多，为337万余斤；广东次之，为195万余斤。江苏、浙江、江西、安徽、广东、广西6省共收买私钱860余万斤。此后，收买政策仍在，但执行不力。直到乾隆五十五年（1790），清政府又发起一次更大规模的全国性收买私钱行动。到乾隆六十年（1795），关内17省共收买私钱3000余万斤。私钱最多的是西南地区，云南一省收买近140万斤，四川一省收买1100万斤，两省合计占收买总量的83%多。收买私钱少于20万斤的有安徽、广东、河南、山西、直隶、甘肃、山东，主要是北方地区。[①]

18世纪90年代曾在云南生活了6年的郑光祖晚年所著《醒世一斑录》之《边方钱弊》记载了18世纪末南方各地的铜钱流通质量，大致可以说明乾隆年间铸钱大跃进的成效。云南除省城主要用官板大钱外，各地流行小钱，偏远之地竟有用鹅眼小钱者，流通钱质较好之地也只是"钱式中等"；四川金沙江和川江沿岸，钱式中等；贵州从镇远府西行，沿途用银为主，亦有私铸小钱应用；从贵州镇远由水路进入湖南，"经辰州府、沅州府以至常德府，钱亦中等，稍有更变，均非官板"；湖北宜昌府和荆州府，"其地纯用顺治、康熙青铜钱，一两兑八百余文，雍正、乾隆钱绝少"；"由武昌东至镇江，南至江西、浙江，北至清江浦，用钱俱是官板"。[②] 除了西南地区和湖南西部以外，其他地区流通的铜钱基本上都是官板大钱。

第三节　铜钱制度危机的酝酿

清代铸钱事业的基础是币材。清制钱从铜锌合金演变为铜锌铅合金，

[①] 郑永昌：《清代乾隆年间的私钱流通与官方因应政策分析——以私钱收买政策为中心》，《"国立"台湾师范大学历史学报》1997年第25期，第265—266页。西南地区私钱多，固然是当地政府管理不当所致，更重要的原因可能是当地产铜，币材易得，私铸方便。

[②] （清）郑光祖：《醒世一斑录》，《杂述六》，杭州古旧书店1983年影印本，第42—43页。

铸钱的币材主要有铜、白铅（锌）、黑铅（铅）。为了控制成本，清政府多次调整配铸比例。顺治通宝的法定配铸比例是红铜七成，白铅三成；至康熙二十三年（1684），因铜价昂贵，改为"以铜六铅四配铸制钱"，特许云南局"以铜八铅二配铸"；①雍正五年（1727），继续减少含铜量，"以铜铅各半配铸制钱"，云南各局以及后来开设的贵州、四川局"仍以铜六铅四相配"；②至乾隆五年（1740），为增加私销铜钱取铜的成本，改为"红铜五十斤，配合白铅四十一斤八两，黑铅六斤八两，再加点锡二斤，共为百斤"，即含铜50%、含锌41.8%、含铅6.8%、含锡2%的合金制钱，名为青钱，并令户工二局的各省钱局"一体遵照改铸"。③乾隆五十九年（1794），停各省局铸钱，命京局改回铜六铅四的旧例；嘉庆四年（1799），京局改为每一百斤用铜五十二、白铅四十一斤半、黑铅六斤半，三色配铸。由于黑铅供应问题，且云南金钗厂低铜内含黑铅，江苏、江西、浙江、福建、广东、广西、湖北、湖南、陕西九省"毋庸配铸黑铅，按额加配白铅鼓铸"，"其全用商办洋铜之直隶、山西二省及本省出产黑铅之云南、贵州、四川等省鼓铸钱文，照京局之例，一体三色配铸"。④

  乾隆中后期，清代的铸钱事业达到顶峰，衰落的因子也在潜滋暗长。币政的根本在云南铜政，"云南的铜产，经常供给京内二局和京外十一省，去鼓铸铜钱，每年可铸钱二百余万串，这是一件关系全国经济问题的大事"。厂民领本采铜，百分之十至二十的出产要无偿缴给官府。剩余部分，大多按官定低价卖给官府，抵算工本，称为"官买余铜"。称"通商铜"。由于采铜成本逐渐提高，官定铜价太低，乾隆中叶以后，"厂欠"问题渐趋严重。经多次加价，且乾隆三十八年（1773）豁免厂欠并准许百分之十的出产由厂民自卖，当年政府搜刮得铜一千二三百万斤，达到最高峰。嘉庆初年，每年额运京铜加各省采买、云南本省铸局合计需铜一千余万斤，供应渐难。至嘉庆中年，不得不请减京铜二百万斤，并采买四川乌坡铜厂以济滇铜之不足。进入道光年间，铜政更加困难，应运

---

① 《清朝文献通考》卷14《钱币二》，浙江古籍出版社2000年影印本，第4974页。
② 《清朝文献通考》卷15《钱币三》，浙江古籍出版社2000年影印本，第4986页。
③ 《清朝文献通考》卷16《钱币四》，浙江古籍出版社2000年影印本，第4996页。
④ 《清朝续文献通考》卷19《钱币一》，商务印书馆1936年版，第7685—7689页。

京铜屡请减解。鸦片战争之后，"云南之铜，年年缺产"。咸丰六年（1856），云南爆发延续十八年的战乱，铜矿废弃，曾辉煌一时的云南铜政彻底没落。① 除云南铜矿外，四川、湖南、广西也产铜。其中，四川铜矿产量约 100 万斤，除本省铸钱之外，还可供宝陕局；湖南桂阳、郴州铜矿产量最高时在四五十万斤以上，可供本省铸钱；广西铜矿从乾隆初年大规模开采，年产二三十万斤，到乾隆中期以后产量衰减，已不敷宝桂局之用。洋铜（日本铜）的进口也没有停止，但数量逐渐减少，从 17 世纪 50 年代到 18 世纪末，年进口量由 200 万斤减少到 130 万斤，至鸦片战争前，进一步减少至每年 60 万斤。②

铅（主要是白铅）是另一种主要币材。雍正、乾隆年间，贵州铅锌矿藏得到大规模开采。

据马琦的研究，贵州铅锌矿供给京运、楚运及黔川滇三省鼓铸的销量如表 3—4 所示：

表 3—4　　　　　　清代前期黔铅销量变化③　　　　　单位：万斤

年代或时段	合计	年代或时段	合计
1735—1739 年	395.17	1770 年	866.90
1740 年	411.50	1771—1774 年	816.90
1741—1743 年	412.30	1775 年	781.87
1744 年	423.30	1776—1778 年	789.49
1745 年	517.49	1779—1781 年	783.51

---

① 参见严中平《清代云南铜政考》，中华书局 1957 年版，第 36—44 页。也有学者持不同看法，全汉升和林满红认为嘉道年间的滇铜供应问题，主要不在于减产，而在运输。"许多当时人观察到的滇铜短缺和品质低落问题，实际上是受到银贵之后铜生产和运输成本增加的影响。"参见林满红《嘉道钱贱现象产生原因"钱多钱劣论"之商榷》，载张彬村、刘石吉主编《中国海洋史发展史论文集》第 5 辑，台湾"中央研究院"中山人文社会科学研究所，1993 年，第 382—383 页。

② 参见王德泰《清代前期钱币制度形态研究》，中国社会科学出版社 2013 年版，第 118—125 页。

③ 马琦：《清代黔铅的产量与销量——兼评以销量推算产量的方法》，《清史研究》2011 年第 1 期。

续表

年代或时段	合计	年代或时段	合计
1746 年	617.49	1782—1783 年	788.51
1747—1748 年	635.89	1784 年	698.54
1749—1753 年	570.89	1785 年	826.83
1754—1755 年	589.49	1786—1793 年	805.83
1756—1757 年	869.49	1794—1795 年	727.19
1758 年	484.49	1796—1798 年	738.71
1759—1760 年	836.74	1799 年	777.03
1761—1764 年	754.74	1800—1805 年	779.26
1765 年	804.77	1806—1809 年	777.11
1766—1769 年	904.77	1810—1853 年	747.52

"以上京运、楚运及黔川滇三省鼓铸，自雍正十年（1732）至咸丰三年（1853）间，共计采买贵州白黑铅84729.38万斤，年销量从雍正十年（1732）395.17万斤快速增至乾隆三十一年（1766）的904.77万斤，之后逐渐回落至嘉庆十五年（1810）的747.52万斤，平均每年694.5万斤"。其中主要是白铅（锌），黑铅比例很低，而且贵州黑铅产量从18世纪中叶开始下降。乾隆十四年（1749），贵州应办京运黑铅700571斤不得不改归湖南办解，贵州每年仅办解京运白铅384.19万斤。后来湖南郴州铅矿关闭，仍需依赖贵州供应黑铅。至乾隆末年，贵州每年应办京运正白铅4391912斤，正黑铅350284斤，加办黑铅32952斤，合计4775148斤。咸丰三年（1853）后，因铅本不济，加之贵州战乱接踵而至，矿场废弃。贵州之外，云南、四川、湖南、广西亦有铅锌矿，产量较少，且从18世纪80年代起急剧下降。贵州铅锌矿占全国产量比例低时也超过三分之二，18世纪初期更上升到近百分之八十五，供应除云南之外和京省各局鼓铸所需。[①]

铜铅是铸钱的主要币材。18世纪末19世纪初，云南铜矿和贵州铅矿

[①] 马琦：《清代黔铅的产量与销量——兼评以销量推算产量的方法》，《清史研究》2011年第1期。

由盛转衰，意味着制钱产量由高峰缓慢滑落。乾隆五十九年（1794），因钱价日贱，京局减铸，停各省鼓铸。嘉庆元年（1796），"奏准复开各省制钱"，户工二局适当加铸。至嘉庆四年（1799），上谕称："前因民间钱价日贱，敕令京局及外省俱各减卯停铸，嗣因各该省所减之卯，多已照旧鼓铸。惟户工二局，尚未复旧"，因钱价较昂（高于千文一两），先后两次令户部宝泉局停铸的35卯和工部宝源局停铸的40卯，全部复铸。① 此后，额定铸钱量接近乾隆中后期的水平。王德泰认为，"嘉庆五年（1800）《户部则例》额定全国铸钱数量应为2495103串，再考虑到三年一闰多铸铜钱，年铸钱超过250万串应当没有问题"。② 那么，实际铸数能否达到额度铸数呢？

影响铸钱量的另一个重要因素是银钱比价。钱局发放新铸制钱的主要渠道是搭放（按官价由银折钱的）兵饷，以及文武养廉，支发役食。如果钱价明显低于千文一两，等于减饷。在钱价过低时，清政府的对策是停铸减铸，如乾隆五十九年（1794）京局减铸省局停铸之举。进入19世纪，钱价经过了几年的平稳，进入下跌通道。直隶宁津县钱价在1808年跌破千文一两，此后加速下跌，1817年跌穿1200文/两，1827年跌穿1300文/两，鸦片战争前夕已跌穿1600文/两。战后，1845年跌穿2000文/两，1849年跌到2355文/两的最低点。仅仅40年，钱价跌去57%之巨。

表3—5　　白银外流下的中国银钱比价（1798—1850年度）③

年份（年）	银一两合铜钱数	指数 1821=100	年份	银一两合铜钱数	指数 1821=100
1798	1090.0	86.1	1826	1271.3	100.4
1799	1033.4	81.6	1827	1340.8	105.9
1800	1070.4	84.5	1828	1339.3	105.7

---

① 《清朝续文献通考》卷19《钱币一》，浙江古籍出版社2000年影印本，第7689页。
② 王德泰：《清代前期钱币制度形态研究》，中国社会科学出版社2013年版，第46—47页。
③ 严中平：《中国近代经济史统计资料选辑》，科学出版社1955年版，第37页。

续表

年份（年）	银一两合铜钱数	指数 1821=100	年份	银一两合铜钱数	指数 1821=100
1801	1040.7	82.2	1829	1379.9	109.0
1802	997.3	78.7	1830	1364.6	107.7
1803	966.9	76.3	1831	1388.4	109.6
1804	919.9	72.6	1832	1387.2	109.5
1805	935.6	73.9	1833	1362.8	107.6
1806	963.2	76.1	1834	1356.4	107.1
1807	969.9	76.6	1835	1420.0	112.1
1808	1040.4	82.1	1836	1487.3	117.4
1809	1065.4	84.1	1837	1559.2	123.1
1810	1132.8	89.4	1838	1637.8	129.3
1811	1085.3	85.7	1839	1678.9	132.6
1812	1093.5	86.3	1840	1643.8	129.8
1813	1090.2	86.1	1841	1546.6	122.1
1814	1101.9	87.0	1842	1572.2	124.1
1816	1177.3	93.0	1843	1656.2	130.8
1817	1216.6	96.1	1844	1724.1	136.1
1818	1245.4	98.3	1845	2024.7	159.9
1820	1226.4	96.8	1846	2208.4	174.4
1821	1266.5	100.0	1847	2107.4	171.1
1822	1252.0	98.9	1848	2299.3	181.5
1823	1248.2	98.6	1849	2355.0	185.9
1824	1269.0	100.2	1850	2230.3	176.1
1825	1253.4	99.0			

京师和直隶是钱价低地，全国其他地区的钱价稍高，但猛烈的跌势也是一样。林满红将银贵钱贱现象的地理分布总结如表3—6所示。

第三章　清前期货币政策的调整　/　123

表 3—6　　　　　　　银贵钱贱现象的地理分布①

年份	地点	银钱比价（文/两）	资料来源
1824	湖南	1100	《中国近代货币史资料》上（以下简称《货币》），第79—82 页
1824	福建	1240	《实录》，65：36，道光 4.2.27
1826	江苏	1150—1260	《货币》第 79—82 页
1828	江苏	1280	同上。
1829	河南	1400	《实录》，163：21，道光 9.12.17
1829	直隶	1300	《货币》第 79—82 页
1830	福建	1350	同上
1831	陕西	1300—1480	《宫中档》，道光 23.1.12；《实录》，198：4
1831	山西	1300	《货币》第 79—82 页
1832	江苏、浙江	1300—1480	《实录》，221：16，道光 12.闰 9.12，《货币》，第 9 页
1836	北京	1300	《筹办夷务始末》，1：2
1837	四川	1500—1600	《货币》第 79—82 页
1837	江西	1400	《货币》第 79—82 页
1838	湖南	1429	《宫中档》，道光 22.2.20
1840	浙江	1570	《货币》第 79—82 页
1840	伊犁	1200	同上
1841	江西	1666—1724	同上
1842	全国	1400—1500	《外纪档》，道光 22.2.27
1842	福建	1590	《宫中档》，道光 22.2.27
1842	直隶	1470	《货币》第 79—82 页
1842	湖北	1639	《宫中档》，道光 22.2.25
1842	陕西	1480	《宫中档》，道光 22.3.14
1842	贵州	1587	《货币》第 79—82 页
1842	山东	1400—1500	《宫中档》，道光 22.1.8

---

① 林满红：《银与鸦片的流通及银贵钱贱现象的区域分布（1808—1854）——世界经济对近代中国空间方面之一影响》，台北《"中央研究院"近代史研究所集刊》1992 年第 22 期，第 128—129 页，表二"银贵钱贱现象的地理分布"。

续表

年份	地点	银钱比价（文/两）	资料来源
1843	江西		《实录》,391:15
1843	陕西	1600	《宫中档》,道光23.4.12
1843	山西	1540	《货币》第79—82页
1843	江苏	1620	同上
1843	湖北	1666	同上
1843	福建	1600	同上
1843	浙江	1500—1600	《道咸同光四朝奏议》,第661页
1846	陕西	1200—1800	林则徐:《林文忠公政书》,陕甘奏稿1:8
1846	云南	1580—1640	《货币》,第120页
1846	贵州	1600	同上
1846	广西	1600	同上书,第119页
1846	广东	1500	同上
1846	甘肃	2000	同上
1846	山西	1700—2000	同上书,第118页
1846	安徽	2000	同上
1846	江西	1900	同上书,第119页
1846	南方 北方	2000 2000以上	包世臣:《安吴四种》,26:37
1846	全国	2000	许楣:《钞币论》,32a
1846 正月	江苏	1800—1900	李星沅:《李文恭公遗集》,10:52
1846 七月	江苏	2000	《货币》第118页
1846	北京	2000	
	其他省份	2200—2300	《议覆档》,道光26.2.1
1846	山西	1700—2000	《宫中档》,道光26.9.9
1846	河南	2200—2300	《外纪档》,道光26.6.24
1847	广西	1900—2100	《宫中档》,道光27.6.26 《军机档》,27.7.23
1848	福建	1900	同上
1848	江苏	2000	李星沅:《李文恭公遗集》,17:39

众所周知，19世纪上半叶银贵钱贱现象的主要原因是鸦片走私进口造成巨量白银外流。从1814年开始，中国白银年年外流，愈演愈烈。林满红综合各种数字，认为从1814—1850年，白银外流总计149962739元，相当于103422579两。其中，鸦片战争前流出5659万余两白银。除了鸦片贸易，美洲金银减产也是银贵钱贱的一个重要原因。

表3—7　　　　　　　　世界金银产量（一）[①]　　　　　　单位：万盎司

年代	1741—1760	1761—1780	1781—1800	1801—1810	1811—1820	1821—1830	1831—1840
金	791	665	572	572	368	457	652
银	17100	21000	28300	28700	17400	14800	19200

资料来源：Pierre Vilar, *A History of Gold and Money*（1450—1920）。

因为金银减产，欧洲通货紧缩，经济低迷，限制了中国丝、茶出口成长，因而出口无法弥补鸦片进口。如布罗代尔所言："致命的打击从1780年开始，印度鸦片运到中国，中国贸易收入从此化为袅袅青烟……大致在1820年左右，贸易盈亏颠倒了过来，那时的世界形势（1812—1817）也出现转折，直到十九世纪中叶，始终处于风雨飘摇之下。"[②]

在银贵钱贱的冲击下，各省钱局纷纷请求停炉减卯。道光二十一年（1841），户部统计各省停铸情形，奏称："自道光四年闽省以银贵钱贱，奏明停炉，嗣后直隶、山西、陕西、江苏、江西、浙江、湖南、湖北、广西、贵州等省，亦均援案奏停。统计现在停炉已十一省之多，惟云南、广东、四川三省设炉开铸。查搭放兵饷，均有息银，局存铜铅，皆关帑本。若各省永行停铸，不独息银无获，帑本虚悬，且恐钱法渐致废弛。况查山东、奉天、河南、安徽、甘肃等省，向无鼓铸，尤恃各省

[①] 林满红：《中国白银外流与世界金银减产（1814—1850）》，载吴剑雄主编《中国海洋经济发展史论文集》第4辑，台北"中央研究院"中山人文社会科学研究所，1991年，第20页。

[②] ［法］布罗代尔：《15至18世纪的物质文明、经济和资本主义》第2卷，顾良、施康强译，三联书店1993年版，第225页。

开铸，以便流通。"① 因此，户部要求停铸各省迅速开铸，但在钱价继续下跌之际，各省皆以亏折和钱价太低为由，请求暂缓开铸。

表3—8　　　道光年间各省制钱停铸减铸（复铸）情况②

局名	停铸及减铸（复铸）情况	银钱比价	资料来源	备考
宝直局	搭发兵饷，营兵生活拮据，请停铸	每银一两市价合制钱1300文	道光九年直隶总督那彦成奏	原定铸额50756串
	户部催开铸，因钱价日贱，仍请暂缓鼓铸	每银一两市价合制钱1470文	道光二十二年直隶总督讷甫经额奏	
	户部咨各省按卯开铸，以钱日贱不免赔累，仍请暂缓鼓铸		道光二十四年直隶总督讷甫经额奏	
宝晋局	宝晋局原设六炉，乾隆五十九年以后只开四炉		道光二年山西巡抚邱树棠奏	原定铸额17472串
	道光九年四炉额为17472串，一并停止	每银一两市价合制钱1300文	道光十一年山西巡抚阿勒清奏	
	遵户部咨，先以四炉开铸	每银一两市价合制钱1540文	道光二十三年山西巡抚梁萼涵奏	
宝苏局	缺铜，存钱多，钱价贱，减铸	每银一两市价合制钱1150—1260文	道光六年江苏巡抚陶澍奏	原定铸额111804串
	铸钱成本贵，存钱多，道光七、八、九年减铸	每银一两市价合制钱1280文	道光八年江苏巡抚陶澍奏	
	制钱足敷搭放兵饷之用，每年鼓铸七卯，道光七年停铸五卯	每银一两市价合制钱1300文	道光九年江苏巡抚陶澍奏	
	市肆钱价日贱，额铸卯钱暂行停铸		道光十九年江苏布政使裕谦奏	
	酌减卯额，暂以四卯开铸	每银一两市价合制钱1620文	道光二十三年江苏布政使孙宝善奏	

---

① 《管理户部事务潘世恩折——各省停铸日久请开铸》，道光二十一年八月十五日，载中国人民银行总行参事室金融史料组编《中国近代货币史资料》第一辑《清政府统治时期》（以下简称《中国近代货币史资料》），中华书局1964年版，第75页。

② 《中国近代货币史资料》，中华书局1964年版，第79—82页。

续表

局名	停铸及减铸（复铸）情况	银钱比价	资料来源	备考
宝昌局	钱多价贱，停铸	每银一两市价合制钱1400文	道光十七年江西巡抚裕谦奏	原定铸额42034串
	户部饬催开铸，以钱多价贱，兵民生计甚难，请暂缓开铸	每钱千文易银五钱八九分至六钱不等	道光二十一年江西巡抚吴文镕奏	
	遵部咨，宝昌局原设六炉，每年额铸二十四卯，请先开三炉		道光二十三年江西巡抚吴文镕奏	
	暂停铸		道光二十五年江西巡抚吴文镕奏	
宝福局	鼓铸成本过巨，停铸	每银一两市价合制钱1240文	道光四年闽浙总督赵慎畛、福建巡抚孙尔准奏	原定铸额43200串
	鼓铸成本过巨，停铸	每银一两市价合制钱1350文	道光十年闽浙总督孙尔准、福建巡抚韩克钧	
	户部咨各省开铸，碍难遵办，仍请缓铸	每银一两市价合制钱1590文	道光二十二年闽浙总督怡良奏	
	户部咨按卯开铸，铸钱一千亏本一千一百敷十文，仍请缓办	每银一两市价合制钱1600文	道光二十三年署理闽浙总督刘鸿翱奏	
宝浙局	银贵钱贱，存钱过多，请仍暂停鼓铸	每银一两市价合制钱1570文	道光廿年浙江巡抚乌尔恭额奏	原定铸额129600串

续表

局名	停铸及减铸（复铸）情况	银钱比价	资料来源	备考
宝武局	滇铜未能接济，停铸		道光三年湖北巡抚李鸿寅奏	原定铸额 86000 串
	乾隆五十九年因局钱存积较多，经前督臣奏准暂缓铸，嗣于嘉庆二年开炉复铸，现请援直隶、山西、湖南等省例停铸	市价每银七钱有零换制钱一千文	道光十五年湖广总督讷甫经额、湖北巡抚尹清源奏	
	部咨饬开铸，以银价有户增无减，请仍暂缓鼓铸	钱一千文易银六钱二分	道光二十二年湖广总督裕泰、湖北巡抚赵炳言奏	
	户部咨催各省按卯开铸，以铸钱亏折成本甚大，仍请暂缓开铸	钱一千文易库平银六钱	道光二十三年湖广总督裕泰、湖北巡抚赵炳言奏	
宝南局	因滇铜困难，自嘉庆二十四年后，即减炉缺卯	市价银九钱上下易钱一千	道光四年湖南巡抚嵩孚奏	原定铸额 47880 串
	钱价日贱，折耗益多，停铸	每钱一千文合纹银七钱	道光十八年湖南巡抚钱宝琛奏	
	钱价尚贱，请暂缓开铸		道光二十二年湖南巡抚吴其清奏	
宝陕局	乾隆五十九年停铸，嘉庆元年照旧恢复全炉，现因铸钱工本亏折，停铸	每银一两市价合制钱 1370—1400 文	道光十一年陕西巡抚史谱奏	原定铸额 65400 串
	户部咨饬开铸，以银价未平，请暂缓开铸	每银一两市价合制钱 1480 文	道光二十二年陕西巡抚富呢扬阿奏	
	每年额定二十四卯，现减铸十二卯	每银一两市价合制钱 1600 文	道光二十三年陕西巡抚李星沅奏	
宝伊局	铜铅缺乏，存钱充裕，本年秋卯停铸	每银一两市价合制钱 1200 文	道光二十年伊犁将军布彦泰奏	原定铸额 1722 串

续表

局名	停铸及减铸（复铸）情况	银钱比价	资料来源	备考
宝川局	额定正铸十二卯，加铸四卯，道光十六年已开铸前六卯，以库藏钱文足敷供支二三年之用，奏准停铸后六卯	每银一两市价合制钱1500—1600文	道光十七年四川总督鄂山奏	原定铸额193000串
	奏准将己亥年正铸钱文暂停六卯		道光十九年四川总督兼成都将军宝兴奏	
宝贵局	奏准因钱贱银贵，暂停鼓铸	每银七钱易钱1000文	道光十八年广西巡抚梁章钜奏	原定铸额24000文
	钱贱银贵，钱市壅滞，停铸		道光二十七年广西巡抚郑祖琛奏	
东川局	存钱过多，请减卯鼓铸		道光十年云贵总督阮元、云南巡抚伊里布奏	原定铸额179984串 嘉庆改名宝东局
	仍照原额鼓铸		道光十二年云贵总督阮元、云南巡抚伊里布奏	
宝黔局	滇铜采运不到，道光二年停铸，五年复铸，又在贵阳大定分设炉座铸钱，自嘉庆二十二年至道光四年时铸时停		道光五年贵州巡抚苏明阿奏	原定铸额89773串
	存局钱多，暂停鼓铸	每银七钱易制钱1000文	道光十八年贵州巡抚贺长龄奏	
	户部咨饬开铸，然以银价迄今未平，请暂缓鼓铸	每银六钱三分易制钱1000文	道光二十二年贵州巡抚贺长龄奏	
	奉旨开铸		道光二十三年贵州巡抚贺长龄奏	

虽然在币材产量见顶回落和银贵钱贱的双重影响下，制钱总铸造量有所减少，但京局和几个铸钱大省长期坚持鼓铸，因此嘉道年间（鸦片战争前），减幅可能有限。王德泰认为"至鸦片战争爆发前，全国实际铸钱量应在250万串，或者接近250万串"。① 林满红认为在1824年到1850年间，省局减铸量最多占1800年官铸铜钱总铸造额的15.3%。② 总体而言，与18世纪铸钱量顶峰（约300万串）相比，19世纪前40年的铸钱量减少幅度可能在16%—20%之间。

图3—5 嘉庆通宝（宝泉局）

图3—6 道光通宝（宝泉局）

---

① 王德泰：《清代前期钱币制度形态研究》，第52页。
② 林满红：《嘉道钱贱现象产生原因"钱多钱劣论"之商榷》，载张彬村、刘石吉主编《中国海洋史发展史论文集》第五辑，第394—395页。

第四章

清中叶货币流通格局的大变动

　　清前期，中国的货币供应发生了巨大变化。16世纪所存宋钱约3200万—4800万贯（刘光临数字），明代制钱总产量约800万贯（黄仁宇数字）。不考虑宋钱和明制钱的销毁磨损，总计4000万—5600万贯。明代私钱盛行，假设私钱的总量与旧钱和制钱接近，那么，明末各类铜钱存量最多不过8000万贯到一亿贯。入清以后，制钱供应大增，《清实录》所载顺治元年至十四年铸钱量就达到2360万串之巨；康熙年间京局铸钱在2500万至2600万串之间；雍正年间，每年铸钱量达到百万串的规模，总计约1300万串。乾隆十年后，年铸钱量超过250万串，乾隆一朝的铸钱总量或接近1.5亿串。加上嘉道年间的铸钱量，鸦片战争前的一百年间，铸钱总量达到2.5亿串（王德泰数字）之巨。保守计算，乾隆一朝的铸钱量肯定超过之前质量不一的各种旧钱、制钱和质量低劣的私钱的总存量。如果计算从18世纪初到鸦片战争前的高质量制钱的总铸量，超过之前各种铜钱总存量的两倍。

　　巨大的铸钱量，改变了货币供应的格局。明亡之前的白银存量有多少，说法不一。前引李隆生综合各家的估计最多，进口（近3亿两）与本土历代所产（4.6亿两）合计有7.6亿两之巨。如果这个数字比较可靠，考虑到唐宋金元时代本土产白银的损耗、埋藏和外流，明末存银至少也有6亿—7亿两。当然，这是最高的估算。林满红采信生员蒋臣1643

年时估计全国约有 2.5 亿两白银的记载,[①] 证据不足,数字又太少。如果折中计算,明末白银存量也不会少于 5 亿两。至清前期,新增白银供应主要来自(直接或间接渠道输入的)美洲白银,清初,海外来银减少,海禁又限制了外贸,银贵物贱,是严重的财经问题。康熙二十二年(1683)开海禁,之后海外来银渐增。对 18 世纪输入中国的白银总量的估算,少的数字有 1.728 亿元(余捷琼数字),折合 1.192 亿两(按:1.45 元折为 1 海关两,下同);多的数字达两亿两(Morse 数字)。[②] 此外,清前期以云南为主的国内银矿产量不到 5000 万两;1648—1708 年从日本输入白银 2400 余万两;缅甸和安南银矿从 18 世纪下半叶到 19 世纪上半叶产量大增,输入的白银应有数千万两。[③] 进入 19 世纪,由于鸦片走私进口,从广州贸易输入的海外白银减少,最晚从 1814 年出现白银外流的现象,并从 1826 年进入白银连年外流的阶段,1814—1850 年,总计外流白银 1.5 亿元,折合约 1.034 亿两。[④] 需要强调的是,上述数字多为估算,而且各家所估差异颇大。想要在此问题上做出确定的统计,几乎不可能,只能做出模糊的推断。总体而言,中国白银存量可能从明末的

[①] 林满红:《与岸本教授论清乾隆年间的经济》,《"中央研究院"近代史研究所集刊》1997 年第 28 期。

[②] 余捷琼:《1700—1937 年中国银货输出入的一个估计》,商务印书馆 1940 年版,第 36 页。

[③] 参见林满红《世界经济与近代中国农业——清人汪辉祖一段粮价记录之解析》,载《近代中国农村经济史论文集》,台北"中央研究院"近代史研究所,1989 年,第 302—303 页;林满红《与岸本教授论清乾隆年间的经济》,《"中央研究院"近代史研究所集刊》第 28 期;全汉升《明清时代云南的银课与银产额》,载全汉升《中国经济史研究》下册,稻乡出版社 1991 年版,第 625—652 页。关于云南银矿产量,林氏径用《大清会典事例》1662—1795 年额课银(70331 两)除税率(15%)再乘 134 年,得出 9400 万元的数字,肯定是夸大了。全汉升认为实际课银量多寡无定,只是在 18 世纪上半叶有时达到每年 7 万两,此前及此后往往只有两万多两。因此,清前期国内产银不会超过 5000 万两,1795 年之前的产量可能只有三千几百万两。至于从缅甸和安南银矿输入的白银,因史料有限且多系传闻,很难具体估算。林满红认为 1740—1775 年从缅甸和安南输入了 2720 万元,折合 1875 万两白银。

[④] 林满红:《中国白银外流与世界金银减产(1814—1850)》,载吴剑雄主编《中国海洋经济发展史论文集》第 4 辑,第 3 页。另参考余捷琼《1700—1937 年中国银货输出入的一个估计》,商务印书馆 1940 年版,第 18—24 页。严中平《中国近代经济史统计资料选辑》,科学出版社 1955 年版,第 36 页。余捷琼明显低估了 1814—1826 年的鸦片输入,因此高估了 1801—1826 年的白银输入。因此,此处采用林满红数字。

超过5亿两,增长至18世纪末的7亿两以上。① 由于一部分白银以首饰和银器的形式存在,还有一部分白银处于窖藏状态,实际流通的白银总量要打折扣。

银钱合计,中国在明末的货币总存量很可能不到6亿两,铜钱占比12%—15%;② 到18世纪末,货币总存量增长至9.5亿两以上,铜钱占比超过26%。③ 如果算上新兴的(制钱本位的)钱票,铜钱占比更高。这一估算是静态的,没有考虑货币流动性。还应注意以下几点:一是器物耗银和白银窖藏(包括政府的经常性储备)会减少白银的流通量;二是极少有人窖藏铜钱,所以铜钱的流动性更好;三是明末流行小数用银,日常交易广泛用银,白银的流动性不低于铜钱,而18世纪形势大变,日常交易多用铜钱,白银的流动性明显下降。因此,考虑到货币流动性,18世纪末与明末相比,铜钱在货币流通中占比的增长远远超过十一个百分点的静态估算,新增的供应主要是优质的清制钱。而且,铜钱供应增长的加速期在18世纪,这极大地冲击了当时的货币流通格局,银、钱两

---

① 估算明清时期的白银流量和存量,各种学术研究的"两",其重量单位并不一致。明清时期,户部的库平两重37.3克(参见吴承洛《中国度量衡史》,上海书店1984年版,第74页)。《马关条约》规定的库平一两重为575.82英厘(37.31256克)。但从中央到地方各政府部门的衡制不能统一,"中央政府的库平与各地方政府的库平,既有大小之差,而甲省的库平与乙省的库平,又复有长短之别。甚至一省之中,更有藩库平、道库平、盐库平的差别。而中央政府收纳之平亦较支出之平大,标准并不一律。大抵广东库平为最大,约583.3英厘,宁波库平最小,仅有564.1英厘"。(魏建猷:《中国近代货币史》,群联出版社1955年版,第31页)各地方政府支出银两时,多换算成本地平砝。至于民间各地各行业的衡制更加纷繁。据晚清时曾在海关从事统计和研究工作的美国人马士说,每两(tael=Tls)"重425至585格冷(grains,即英厘)不一。作为货币说,'两'指一两银,其重量与纯量由各城市的行庄习惯规定之"(《中华帝国对外关系史》第1卷,各种单位说明,张汇文等译,商务印书馆1963年版,第14页)。晚清时期,官方最重要的"两",一是户部的库平两,二是海关所用的海关两(每两重37.783克)。一海关两白银,理论上为重37.783克的纯银(马士的数据)。然而,学者在研究时,往往不能换算成统一的重量和纯度单位,各种估算所用之单位存在差异。如果将各种数字简单合计,必然存在不一致和误差。因为各种计量单位之间的差异很小,而估算不同历史时期的各种白银流量和产量数据本来就存在很大误差,所以这种计量单位造成的误差大致可以忽略不计。

② 明末,高质量的铜钱800文左右值一两银子。质量差的私钱和明末滥铸官钱的价格很低,从一两银子换一千五六百文到五六千文不等。因此,所有存量铜钱折银最多不过7000万到9000万两。

③ 银钱比价按千文一两折算。乾隆年间,质量低劣的私铸钱逐渐退出流通,前朝旧钱流通也减少,因此在计算铜钱存量时扣除了5000万串。

种货币的流通地位因而发生了一次大变动。

第一节　清代早期的货币流通

　　清朝入关之后，坚持铸钱。顺康两朝制钱铸造总量在5000万串左右，接近明末规范铜钱的总存量。但由于币材供应的限制，顺治七年之后地方钱局大多停铸，此后直到康熙年间，始终以京师户工二局铸钱为主，地方钱局铸钱少、停铸多。这样，大部分明末不用钱或用钱很少的地区，仍然缺少优质铜钱的持续供应。王德泰认为，"康熙中期以后各钱局的铸钱总量最多不会超过50万串"。[①] 因此，就全国而言，制钱流通的扩张是相当缓慢的，总体上延续了明代以来旧的货币流通格局。福建莆田和江苏南部的货币流通变化具有一定典型意义。

　　顺治康熙年间银、钱流通形势示例之一：福建莆田

　　　　宋代历朝纪铸之钱，名曰宋钱。传至明末，每文值银三厘。至清初，兵丁强用低银。顺治钱新出，每千文当纹广一两，常用九百（按：应为九文之误）当一分，由是银不用而顺治钱通用。间用宋钱，每文抵顺治钱三文。至顺治十八年，因私铸顺治钱甚多，轻薄小恶，人不敢用，多用宋钱。迨康熙年钱新出，每千亦扣纹广一两。私铸又多，拣用甚艰，兵民多斗。康熙三年，宋钱俱不用。富商大贾坐是倾家。是冬十月，宋钱略用，但贱价。盖宋钱四文可铸熙钱八文。今宋钱四文方换熙钱一文。

　　　　（康熙五年）二月十二日，熙钱又不用，因投诚官任意私铸。三十日，城乡闭肆。三月初一日，各官议定钱价，谕令官钱每千照旧扣银一两，细钱每千扣银五钱用。于是，有以细钱充作大官钱混用。加以兵丁强用，以小钱亦官钱。名曰流通，日致争执。不数日，只用银，钱俱不用。

　　　　（康熙七年）二月二十六日奉文，前朝废钱俱不用，本朝钱轻薄

[①] 王德泰：《清代前期钱币制度形态研究》，中国社会科学出版社2013年版，第38页。

第四章 清中叶货币流通格局的大变动 / 135

者亦不用，只用宋钱及治钱、熙钱大者。①

（康熙二十三年正月）谷价每石二钱，番薯每百斤五分，甘蔗每十枝一分四厘，甘糖每百斤五钱。

三月二十三日……小麦每石二钱五分，大麦每石一钱三分。

八月，奉文，百姓不许用宋钱及明朝废钱，只用本朝制钱。民间仍如常而用。

（康熙二十九年）九月初四，县官枷责钱铺、当铺示众。宋钱每三文扣银一分，为用已久。自六月来，私铸颇多，拣选甚惨，买卖争执。官府以变乱钱法归罪此辈，令一概流通。又数日，用金边双圈宋钱，拣甚利害。总督兴永示禁下四府，不得仍用前代废钱，须用本朝制钱。

十月初，金边宋钱俱不用，要用红官钱，三文扣一分。此钱崇祯时泉州私铸，色红，字"崇祯通宝"，此钱甚少。二十九日，通城会议仍用宋钱，除新破外，六十文扣一钱，要流通。三日又不用，一概用银。十一月，众议宋钱一百文扣一钱，数日又变，从此宋钱废矣。

（康熙三十年）红官钱，崇祯又不用，兴、泉、漳只用万历金钱，每三文扣一分。此钱甚少，兼用官板康熙钱，每八文当一分扣。②

莆田县在福建兴化府境内，明人称兴化府为"行银之地"，当地在明末流通着少量宋钱和明钱（多为泉州等地私铸）。入清以后，官府强力推广清制钱。顺治钱新出时，钱质优良，加以驻军强用低银，"由是银不用而顺治钱通用"。顺治十八年（1661）后，私铸（顺治钱和继出的康熙钱）风行，清钱受到民众排斥。直至康熙三十年（1691），此地"私铸颇多，拣选甚惨，买卖争执"，通用之钱屡变，而官府治理宽严

---

① 陈鸿、陈邦贤：《清初莆变小乘》，中国社会科学院历史研究所清史研究室编：《清史资料》第1辑，中华书局1980年版，第84—86页。

② 陈鸿、陈邦贤：《熙朝莆靖小纪》，中国社会科学院历史研究所清史研究室编：《清史资料》第1辑，中华书局1980年版，第108、109、114、117页。

失当。康熙五年（1666）和二十九年（1690），民间两度废钱专用银。多年的货币流通乱局，使收入铜钱的民众屡受损失。由于多种宋明旧钱、两种清钱以及各种铜钱的私铸钱混杂流通，所谓"一文"到底指何种钱，必须斤斤计较。因此，小数用银势在必然，百货无分贵贱皆以银计价，价格太低的商品可批量计价，如"番薯每百斤五分，甘蔗每十枝一分四厘"。

顺治康熙年间银、钱流通形势示例之二：江苏南部

松江府上海县叶梦珠对银钱比价和制钱流通的记载：

> 迨乎乙酉，大兵既下江南，前朝之钱，废而不用。是时，每千值银不过一钱二分，较之铜价且不及，而钱之低薄虽鹅眼綖缗不能喻矣。顺治通宝初颁，官实每千准银一两，然当钱法敝极之后，奉行甚难。藩司所颁制钱，有司强令铺户均分，铺户明知亏本，不得已而酌量分铺市价，实未尝用通，以故有司亦不便多颁，而民间所用惟七一色之低银。至八年辛卯，每千值银止值四钱八分，其后渐增，亦不能至五、六钱，积轻之势使然耳。迨康熙初，始命京省各开局铸钱，钱背明著直省，字兼满、汉，体重工良，直出嘉、隆之上，但铜之精美远不及前，而价定每千值银一两，令民间完纳钱粮，大约十分之中，银居其七，以解边钱居其三，以备支放，编诸会计由单，当官收纳，于是钱价顿长，价至每千兑银九钱有奇，民间日用文作一厘，谓之厘钱，公私便之。至十二年甲寅，四月，闻八闽之变，三吴钱价顿减，初犹五、六钱一千，后直递减至三钱。积钱之家，坐而日困，典铺尤甚，有司虽严禁曲喻之而不可挽。十五年以后，封疆渐宁，钱价以次渐长，十七、八年之间，每千价银又兑至八钱七、八分及九钱二、三分，几乎厘钱矣。二十年以后，私铸复盛，钱复滥恶，每千所重，至恶者亦不过二、三斤，价犹值银八钱外，其官局厘钱，每千价银几及一两，甚有一两另四分者，恐奸人收兑以为私铸之计。若不严禁私钱，将来钱法之坏，有不可言者，当事所宜留心也。

> 康熙二十三年甲子，上以私钱滥恶，疑钱局匠役私铸射利，特

逾中外地方官严禁，如有仍行使用者，不论钱数多寡，重则枷号毕，流徙尚阳堡，官不觉察者同罪，现今贸易小钱，限一月内照铜价交于地方官收给。既而浙江武举朱士英开垆私铸，被参拿问，私钱顿贱，官钱每千几值纹银一两二钱矣。二十六年后，私钱复渐流行，制钱价遂递减。至二十八、九年间，每千不及值银一两。二十九年二月，私钱之禁复严，市中不复通用，积弊为之一洗，制钱每千价至纹银一两二、三分，庶钱之禁复严，市中不复通用，积弊为之一洗，制钱每千价至纹银一两二、三分，庶几复旧。①

在松江府，顺治钱初行，由政府强制摊派，但民间钱价"每千值银止值四钱八分，其后渐增，亦不能至五、六钱，积轻之势使然耳"。康熙年间，政府拿出推广制钱的诚意，民间完纳钱粮三成收钱，于是"钱价顿涨，价至每千兑银九钱有奇，民间日用文作一厘，谓之厘钱，公私便之"。经过三藩之乱初期的暴跌，钱价迅速恢复正常。康熙二十年到二十九年（1681—1690），虽私铸复起，钱价仍能维持在千文一两左右。每次官府打击私铸，钱价都能涨到千文一两以内。但钱价稳中有涨，主要原因是铜价在上涨，"体重工良"的高质量制钱随之上涨。在江苏南部的苏州府和松江府地区，银、钱流通的总体格局并未有根本改变。

研究某一地区银、钱流通状态，最直观的史料是账簿。现存两种江南地区耶稣会传教士留下的账簿，揭示了17世纪下半叶江南地区日常生活小数用银和小数用钱同时存在的状况。

一是鲁日满常熟账簿。② 鲁日满是耶稣会传教士，17世纪六七十年代曾在苏州府常熟县传教，1676年去世。他的私人账簿"涵盖了从1674年10月7日到1676年三四月的这段时期"，正值"三藩之乱"（1674年4月21日爆发，即康熙十三年三月十六日）。受到战争的影响，钱价暴跌，江南地区从1000文兑换五银银子跌到只能兑换四钱甚至三钱银子，并持

---

① （清）叶梦珠：《阅世编》，来新夏点校，上海古籍出版社1981年版，第171—172页。
② ［比］高华士：《清耶稣会士鲁日满：常熟账本及灵修笔记研究》，赵殿红译，大象出版社2007年版。

续到1676年。①

"关于银两和铜钱在使用频率上的比例,在818条账目中,有478条用银表示,占58.44%;340条用铜钱表示,占41.56%……鲁日满每一次在杭州停留期间(1675年4—6月),对铜钱的使用占绝对优势,远多于用银,原因是两者的兑换关系……从支出账的开始到结束,即大致从1674年底到1676年初,用银两支付的账目越来越多"。"账本还反映出货币种类与所购物品种类关系密切……可以描述出基本规律。简单分析账本中的751条支出账,可以看出铜钱主要用来支付日常的零碎花销,尤其是购买食物,支付各种服务费用如'苦力''搬运工'等,支付路费及救济品。不过在救济品的花费中还有大量的例外。而银两主要用来购买纺织品、书籍和文具,支付专业工匠的工钱以及购买他们的产品,买施行圣事所用的蜡,借贷,付差旅费及传道员的经济补贴,购买数量大的食品尤其是大米等。在极少的账目中,两种货币分布平衡,比如付小费(赏封):24次使用铜钱,22次使用银两。"②

书籍和文具类:买纸花费18.430两银子加上1030文铜钱;用0.200两银子买了四两墨水;从修订、誊写、刻版、印刷到装订阶段共花费17.546两银子和515文铜钱,工钱付银经常以分厘计。

教务工作:蜡的花费为10.320两加上300文钱;4件衣服花费1.5两,衬里0.18两,染衣服花费0.1两。

旅行费用:常熟与苏州间7次乘船记录,其中6次用钱(220—300文),1次用银(0.3两);常熟与无锡、昆山和上海之间的船费都用钱,上海到昆山船费最贵(1900文);常熟与杭州、杭州与松江间船费用银(都超过1两)。

饮食:5次购买大米的记录,共花费一两银子加上60文钱;3次买面(面粉、生面、细面条)皆用钱(26文、360文、180文);买盐两次,分别花费60文和0.36两银子;买糖5次,其中两次用银(0.62两、

---

① [比]高华士:《清耶稣会士鲁日满:常熟账本及灵修笔记研究》,赵殿红译,大象出版社2007年版,第469—470页。

② 同上书,第468—469页。

第四章 清中叶货币流通格局的大变动 / 139

0.74 两），3 次用钱（80 文、300 文、70 文）。

肉类：5 次猪肉价格记录和两次购买猪肉记录皆用钱；购买牛肉、羊肉和鸡各一次，皆用钱，最多一次用 130 文；购买野鸡一次，用银（0.08 两或 0.1 两）。

油：买油 4 次皆用钱，最多一次 144 文。

茶叶：买茶一次，120 文。

其他：购买香圆片（柠檬皮）一次，0.23 两银子；买山药一次，0.16 两银子。买瓜仁一次，60 文。

图画：铅笔/毛笔 10 支花费 180 文；石青 2 盎司花 0.5 两银子；3 幅耶稣像共 0.21 两，三幅画 0.16 两，9 幅画共 0.2 两，一幅耶稣像 0.6 两，一幅圣母像 0.2 两，雕刻画像分别花费 0.1 两和 0.9 两；买木板和其他木制部件分别花费 1.78 两和 1.28 两银子。

衣物和衣料：买棉花 0.36 两；两匹紫花棉布 0.17 两，两卷织锦棉布 0.26 两，6 匹本色棉布 0.66 两；两件上衣分别花费 0.6 两和 0.11 两，两件冬衣分别花费 1 两和 1.2 两，几件春装共花费 1.5 两，制作衬里的棉布 0.03 两，做棉袜的棉布 100 文；三顶冬帽各 0.25 两，两顶冬帽共 0.45 两，一顶帽子 1.1 两，一顶夏帽 75 文；两双（冬天的）长袜或护胫分别花费 0.17 两和 0.2 两。

教堂和房屋的维修：常熟、苏州和杭州教堂的扩建和维修共 11 次，其中两次用钱（100 文、140 文），9 次用银（0.35 两、3 两、6 两、0.09 两、0.25 两、0.3 两、0.5 两、0.79 两、0.5 两）；修桥一次花费 0.2 两；教堂内部各种装修装饰 11 次，其中 9 次用银（0.15 两、0.5 两、0.2 两、1 两、0.35 两、0.9 两、0.22 两、1 两、1.28 两），两次用钱（130 文、300 文）。

取暖：买木炭或煤花费 75 文；买一只筐子花费 0.075 两银子。

劳力（脚夫和苦力）：共 40 条账目，都用钱，最多一次是 288 文。

其他服务：支付从事其他职业的工匠、艺人工钱。其中，除草、送信、舂米之类皆以铜钱支持，最多一次花费 272 文（舂米 22 捆）。但另一次舂米 40 担支付 0.6 两银子。其他艺人、手工匠的报酬主要以银两支付，如木匠（0.35 两、0.9 两、0.6 两、300 文、130 文），漆匠（0.45

两、0.55 两、0.5 两、3.5 两），裁缝（0.18 两、0.11 两、0.22 两、0.5 两、2 两、1.15 两、1.17 两、0.9 两），染色工（0.3 两、0.1 两、260 文）。

手工艺品：铜像等（两个 0.2 两、一个 0.1 两、几个 1.5 两），铜门栓（5 条共计 503 文），烛台（0.3 两），灯笼（一只 12 文），铜链（0.12 两），铜盘（0.8 两），4 个小金盒（0.12 两），茶壶（20 只共计 0.4 两，35 只共计 0.71 两），两只容器（0.7 两），两个夜壶（80 文），一张桌子（0.8 两），木盒（0.84 两），眼镜（0.26 两），一只望远镜（1 两），眼镜和照壁（1 两），三个取火镜加一个多棱镜（0.35 两），玻璃片（0.3 两），一块玻璃（0.3 两），一只放大镜和另一个物品（0.48 两）。修改一个轮钟（1.05 两），一个钟架（0.03 两），修一个钟表（0.07 两），修理一个大钟（0.5 两）。三条念珠（0.09 两），若干念珠（0.04 两）。①

以上一次交易支付用钱基本都在 400 文以下，最多一次用了 1900 文，不到 8 钱银子；以次数计算，用银绝大多数都在一两以下。这基本上代表了当时苏州地区民众日常生活使用货币的状况。如果以一钱银子（当时约 250 文铜钱）为"小数"的界限，能确定一次交易支付铜钱折银超过一钱的，共有 10 次；一次交易支付用银低于一钱的，共有 6 次。需要注意的是，交易支付用钱，不等于商品和服务的计价也用钱，也可能用银。此外，有些价格很低的商品用银计价，为避免分厘用银的麻烦，采用批量购买的方式。

二是吴渔山嘉定账簿。吴渔山是"中国读书修士"，康熙二十一年（1682）在杭州入耶稣会为修士。二十七年在南京晋升司铎。先后在苏州、上海和嘉定教堂任职。嘉定在苏州府境内，南境与东境毗邻松江府的上海。"吴渔山作为嘉定堂区的管堂司铎，常驻其地，应在康熙三十年（1691）至四十七年（1708），即其六十岁至七十七岁之间，时或往来上海。"吴渔山嘉定账簿包括：《买办食品账目之一》《买办食品杂物医药工科账目》和《买办食品账目之二》。时间约为康熙三十一年至三十七年

---

① 以上支付记录见［比］高华士《清耶稣会士鲁日满：常熟账本及灵修笔记研究》，越殿红译，大象出版社 2007 年版，第 508—532 页。

(1692—1698)。①

吴渔山嘉定账簿节选②

《买办食品账目之一》节选

廿八日领钱二百，存钱二百四十七文，共钱四百四十七文。

饹子廿个　十四文　　白菜二斤　六文　　韭菜四斤半十六文

扁豆一斤　五文　　腐皮十个　十文　　豆腐十一块十一文

丝瓜　　一文　　石榴一斤　十六文　　鸡蛋十二个卅文

作料　　七文　　姜　　二文　　葱二文

做衣　　廿文　　少串　　一文

共用钱百四十一文，存钱三百零六文。

廿九日领钱二百，存钱三百零六文，共钱五百零六文。

饹子廿个　十四文　　桃子一斤半　十八文　　白菜十斤廿八文

降豆七斤　廿一文　　莲蓬二把　十文　　扁豆一斤五文

丝瓜　　一文　　葱　　一文　　腐皮十个十文

豆腐　　一文　　藕　　十文　　绳一文

作料　　九文　　少串　　一文

---

① 章文钦：《吴渔山嘉定账簿初探》，《中华文史论丛》2009 年第 2 期。
② 节选自《天主教堂买办食品物料修补衣服经架泥水修葺银钱收支簿册》，载刘芳辑、张文钦校《葡萄牙东坡塔档案馆藏清代澳门中国档案汇编》第 17 章补遗，澳门基金会 1999 年版，第 780—841 页。

共用钱百卅一文,存钱三百七十五文。

(七月)初一日付钱百文,存钱三百七十五文,共钱四百七十五文。

  鲎迁 四文 白菜十斤 廿七文 丝瓜六文

  葱   二文 酱瓜 十文 付皮十二个十二文

  豆腐十六块 十四文 鱼二斤 十二文 鲫鱼十七文

  腌蛋四个 十二文 水鸡二斤 四十文 剃头十文

  白糖一斤 廿九文 绿豆二升二合 廿文 作料九文

  少串 一文

共用钱二百九十八文,存钱百七十七文。

初三日领钱三百文,存钱廿七文,共钱三百廿七文。

  饹子廿个 十四文 鱼三斤十 八十七文 白菜十一斤廿五文

  降豆六斤 十八文 鸡蛋四十个 百文   葱一文

  腐皮十二个 十二文 开水 五文   沙纸一文

  少串 一文

共用钱二百六十五文,存钱六十二文。

初四日领钱三百,存钱六十二文,共钱三百六十二文。

  饹子廿个 十四文 鱼三斤六 八十一文 百合半斤十三文

桃子一斤半 廿七文　　葱　　　一文　　　剃头十四文

腐皮十二个　十二文　　作料　　七文　　　白菜十斤廿五文

降豆六斤　　十八文

共用钱一百三十文，存钱百四十九文。

初五日领钱二百，存钱百四十九文，共钱三百四十九文。

饹子廿个　　十四文　白菜十二斤　卅文　　豆腐十八块十六文

韭菜三斤　　十一文　腐皮十二个　十二文　百合二斤五十文

藕　　　　　十文　　作料　　　　六文　　少串一文

共用钱百五十文，存钱百九十九文。

初六日领钱百，存钱百九十九文，共钱二百九十九文。

买办食品账目之二节选

存钱一百九十一文。十四日领钱二百七十三文，存钱一百九十一文，共用钱四百六十四文。

鱼五斤二两　钱一百八十文　鸡蛋五十个　钱一百一十五文

白糖四斤　钱一百文

剃头　钱十文　　豆皮　□□　豆腐干　钱六文　酒四斤钱三十六文

作料　钱八文　　馒头四十个　钱三十二个　葱　钱二文

开水　钱三文

炭六十斤半　钱二钱六分文　收十火铒　钱六文　少串　钱二文

共用钱六百七十五文。

（上缺）

葱　钱二文　　少串　三文

共用钱三百二十四文，存钱一百四十六文。

十三日领钱七百二十文，存钱一百四十六文，共钱八百六十六文。

鱼六斤　钱二百一十六文　　又鱼二斤　钱□□□文

（下缺）

初九日领钱六百文，存钱八文，共钱六百零八文。

鱼九斤四两　钱一百二十九文　书钱五十文　　馒头十五个　钱七十五文

菠菜四斤　钱八文　　芹菜一斤　钱四文　　豆皮　钱十文　作料　钱九文

葱　钱二文　　六安茶叶　钱四十文　开水　钱四文

（下缺）

（上缺）

酒半斤　钱四文　　猪油四斤　钱七文　　作料　钱八文　葱蒜　钱二文

筷子二把　钱五文　　扇子二把　钱七文　　锅益益二个　钱九十四文　桐油　钱六文

共用钱一百八十文，存钱十二文，共钱一百一十二文。

初八日领钱一百文，存钱十二文，共钱一百一十二文。

芹菜一斤　钱四文　　酒半斤　钱四文　　豆皮　钱十文　作料　钱二十文

葱蒜　钱三文　　开水　钱一文　　少串　钱一文　　豆腐　钱十二文

酱姜半斤　钱十三文

共用钱一百零四文，存钱八文。

初六日领钱二百文，存钱五十七文，共钱二百五十七文。

馒头十五个　钱七十五文　　豆皮　钱十文　　菠菜四斤　钱八文

芹菜一斤　钱四文　　瓦匠工　钱四十文　　葡萄　钱十文

第四章　清中叶货币流通格局的大变动　/　145

作料　钱一文

　　开水　钱一文　　少串　钱一文　　蒜头　钱二文　　酒半斤
钱四文

　　共用钱一百六十五文，存钱九十二文。

　　初七日领钱一百文，存钱九十二文，共钱一百九十二文。

　　菠菜四斤　钱八文　　芹菜一斤　钱四文　　豆皮　钱十文
柑子一斤　钱十二文

　　栗子一斤　钱十三文

　　初四日领钱三百文，存钱十九文，共钱三百零十九文。

　　书　钱三十文　　酒四斤半　钱四十文　　菠菜四斤　钱八文
芹菜一斤　钱四文

　　牛肉一斤半　钱二十七文　　作料　钱十文　　葱　钱二文
少串　钱一文

　　牛胞半斤　钱十八文　　葡萄　钱十文　　□子　钱□文
□□□共用钱□□□，存钱一百五十六文。

　　初五日存钱一百五十六文。

　　豆皮　钱十文　　菠菜四斤　钱八文　　芹菜一斤　钱四文
干面　钱一文

　　作料　钱十文　　葱蒜　钱三文　　牛肉一斤半　钱二十七文
　　少串　钱一文　　酒半斤　钱四文　　卷子三十个　钱二十
一文

　　买办食品杂物医药工料账目节选

　　三日共用银一两六钱八分三厘，除用存银二钱三分八厘。

　　五月初五日，领七钱六分。付药资银三钱三分　剃头　五厘

　　初八日，奶子一斤　四分

　　初九日，牛乳一斤　四分　剃头　八厘　买乳　五分

　　十三日，送淮安书　五分

　　十六日，买药银　二两二分　买乳　五分

　　十七日，领七钱三分 买草纸烟　四分　买利诺帐子　三钱四分

褥子　八分　　以上共用乙两二钱五分七厘，存银四两七分一厘。

二十二日，领银乙两二钱五分，又领银一钱二分半。

牛乳　一钱二分　买乳　五分　龙眼乙斤　四分六厘　路福酒乙钱　木盆　一钱

制药酒五斤　五分　瓦罐　九厘　酒一斤半　一斤一厘　广木香　九厘

剃头　一分　酱瓜　一分　药银　一钱二分

六月初九日，领银一两四钱一分，即日去药店结算账，共用七十三文。

初二，取药文银　三分半　初三，文银　三分半　初四，付药文银　四分

廿六，取丸药二单文银　六钱　廿七，地黄丸文银　二分　煎药文银　三分半

补心丸银　一分　　六月初二，朱砂文银　一钱

初二日，药三剂　二分　木别子银　一分　酒银　六分　炭银　四分

乳银　三分半　酒银　五分　蜜银　一分

总共九拆文银一两一钱四分，又人参、药文银三钱三分，药店共总该银一两四钱七分。

二次饭钱　七分四　欧药两贴　二分半　蓝布二尺　二分四

炭十斤　三分　成衣　二分半　瓷罐二个　一钱二分

共银二钱七分八厘。

初十日，牛乳十斤　四钱　保禄盘费银　六钱　点心八厘

共用银一两零八厘。

四共用银三两三钱九分半，共领银三两三钱零六厘，除领多用银八分九厘。

十五日，领银九钱五分。牛乳四斤　一钱六分　蜜　五厘　手巾一条　三分

白布二丈五尺　　三两五分　　线钱成衣　八分　　竹纸一分

共用银五钱三分半，算清净存银三钱二分半。

四月廿八日起，算过共用银六两九钱七分。

六月廿二日，付韩盘费银　二钱　药十剂　九分　药二剂一分八厘

手巾一条　三分布　手巾一条　二分　绵纸　六厘

共用三钱六分四厘，内多用三分九厘。

七月十四日，付韩往淮安取行李一两八钱，又一钱六分。

廿二日，领银三两九钱。船银　一两五钱　砂勺　一分七厘　丝线　八厘

米三斗　三钱　酱瓜一斤　三分半　盐一斤　一分三厘　轿夫挑夫　一钱一分二厘　酒菜油共　八分

廿三日，方老爹坐驴　三分　付皮　九厘　青菜　九厘　烛　六厘

廿四日，蛋十五个　三分　青菜　一分二厘

廿五日，领银二两五钱。舟船　银七钱六分　鱼　三分四厘

挑行李　五分六厘　青菜　五厘　封同　七厘　酒一分半

王会长送行李盘费二钱，烛　一分　腐皮　三分

廿六日，青菜　八厘　鱼　二分六厘　惠酒一小埕　七分　肥皂乙斤　五分

缝圣祭衣　二分五厘　买煎药　乙钱六分　熊胆　乙钱末药　五分

冰片　二分　又送医生末药　二钱

十月十三日，服药连圆眼半斤　七分半　理诺本套一双　三分半

炭乙篓五十斤　乙钱六分

共用乙两零二分五厘。

三十二年正月廿八，领银二两二钱。添置布银四钱二分　　奥斯定用银　一两六钱三分

又用银五钱七分　　又买线钱二分七厘

共用二两六钱七分。

二月，领银七钱五分。韩哥盘费银三钱四分　　挑行李银二分五厘　　夜壶一分八厘

酒六分五厘

共用四钱四分八厘

与安德肋二钱，贺看地一钱

八月十三日，领银六钱。送陈医　五钱　买药　二钱一分

买莲子、红枣各半斤　　五分八厘　　欧买伞一把　　乙钱乙分

共用八钱七分八厘，剩银乙钱七分四厘。

九月初一日，领银乙两三钱二分。买莲子　四分　炭　七厘

修袜头二钱　　二分七厘　　往浦东买鸡一只　　四分半　买酒八厘

买风烛　乙分八厘　　建莲乙斤　　九分

共用二钱三分五厘。

九月初四日，领银四两九钱三分。茧绸，二丈九尺　四两六钱五分

绵绸，二尺八丈　　丝绵二斤半，每斤九钱五分

共银六两四钱二分四厘　　共用四两八钱八分五厘　　共剩银乙两二钱八分。

九月初八日，又领银乙两二钱八分。理诺买线　七厘　　草纸一束　　二分七厘

送书来人，苏州并吕胰　共乙钱二分七厘

建莲乙斤　九分　　丝线　五厘　　青绸套面二丈四尺　　共乙两

蓝布四尺　　棉线　乙分五厘　　扣子十个　二分四厘　　办线　七厘

第四章　清中叶货币流通格局的大变动　/　149

　　以上共用乙两三钱零二厘
　　做褂子主腰布二匹　三钱六分　　米粉洗皮袄　乙分八厘
烧酒二斤　乙分六厘
　　小带子　七厘　　丝线　乙分　　成饭线　二分　　又缝衣丝
线棉线　共二分
　　建莲乙斤　九分　　又莲子二斤　二钱　　买茶小壶　五厘
　　布裤二条　三钱六分　　线　二分
　　共用乙两乙钱一分六厘，共剩银四钱零一厘，又肥皂五分。
　　九月内，补袍袖口青蓝绸二尺　七分　　裁缝手工　五分
线　乙分
　　浦东买牛乳二斤　二分半　　小船买柴　乙分　　灯油半斤
乙分八厘
　　炭乙　篓二钱二分　　打鞋掌皮　乙分三厘　　银硃四钱
二分
　　白布四尺五寸，袖头青布四尺五寸共乙钱二分二厘
　　蓝布五尺　　手工　五分

　　十二月初九，宿浦东马文官家，付银九分半，共用七钱五分三厘。
　　从明代以来，江苏南部一直是行钱之地。吴渔山账簿反映了17世纪末苏州府和松江府以至江南各地日常经济活动使用货币的状况。比较三份账目，应是用钱和用银分别记账，而铜钱、银两的用途存在明显差异。购买食物（也包括酒、茶叶等）基本上用铜钱，其他用钱的记录，如做衣（20文）、剃头（10文）、书（50文）、扇子三把（7文）等很少。还有一次以银计价用钱支付的记录，即"炭六十斤半　钱二钱六分文"。在账簿中，有很多买炭的记录，皆用银。这一次虽然用钱，仍折成银价记账。买办食品杂物医药工料账目是用银的账目，包括医药费、工钱（送信、裁缝手工、轿夫、挑夫、打鞋掌皮等）、盘费、住宿费、船银、高档食物（牛乳、莲子、点心等）、日用物品（伞、灯油、木盆、夜壶等）、炭，偶尔用银购买日常食物。分析用钱和用银的金额，可见一次用钱交

易支付很少超过50文，生活中经常分厘用银。

苏州府自明代以来一直是行钱之地，直到17世纪末，当地的货币流通格局仍以银为主，而且银两的使用渗透进民众的日常生活，经常分厘用银，铜钱的流通限于购买食物等日常零用。造成这种状况的主要原因还是优质铜钱的供应不足。又过了半个多世纪，在制钱供应进入高峰期的乾隆二十六年（1761）时，苏州市面上流通的铜钱中仍掺有私铸小钱，"每百文内掺至一、二十文不等"。[①] 由此，可以想见17世纪末时苏州流通铜钱的品质之差。当时，即使是在邻近京城的直隶稍偏僻的地区，流通铜钱的品质也不好。康熙三十六年（1697），康熙去清东陵谒陵时，"见用小钱者甚众，所换之钱亦多旧钱，两局钱使用者绝少"。[②]

在人口增加和商品经济发展的大环境下，只要制钱供应不足，旧钱私钱的流通就不可能减少。直到乾隆初年，南方省份流通的铜钱，仍以旧钱私钱居多。试举几例：

湖北："湖北各处，日用钱文贯陌之中，大半皆低薄轻小，绝少青、黄大钱，由来已久……钱价既贵，因而射利奸民，复用私钱搀和充斥……惟是砂板、漏风、鹅眼、榆夹等钱，所在多有。"[③]

广东："广东各属民间俱用前代黑小旧钱。"[④] "粤东地方钱文掺杂，市廛所使，俱系低薄不堪之钱，间有数州县行用制钱者，价值尤贵"[⑤]。

江西："钱法弊坏已极。大制钱流通甚少，南昌、瑞州、袁州、临江等府属所用俱系康熙年间小钱……复于其中掺杂恶劣不堪略具形质之小

[①] 转引自郑永昌《清代乾隆年间的私钱流通与官方因应政策之分析》，《"国立"台湾师范大学学报》第25期，第240页。

[②] 《清朝文献通考》卷14《钱币二》，浙江古籍出版社2000年影印本，第4976页。

[③] 转引自郑永昌《清代乾隆年间的私钱流通与官方因应政策之分析》，《"国立"台湾师范大学学报》第25期，第239页。

[④] 《两广总督马尔泰奏请广东开局鼓铸折》，乾隆五年正月二十八日，中国第一历史档案馆藏，档号：04-01-35-1230-010。

[⑤] 《署理广东巡抚策楞奏报商办可否仿照京师钱法六款事宜折》，乾隆十年三月二十九日，中国第一历史档案馆藏，档号：04-01-35-1235-024。

钱，名曰砂钱。"①

在这些地区，制钱普遍流通大概是在乾隆二十年（1755）以后。

在一些从前的不行钱之地，到18世纪初期仍然流行低成色银两以供民间日用，如四川。康熙五十四年（1715），四川巡抚年羹尧奏请设炉鼓铸，介绍了四川的货币流通。

> 盖川省从未开炉鼓铸，所以制钱绝少。各属民戥轻重不齐，民间使用银两多入铜铅，倾熔成锭，名曰吹丝。高者七八成，低者五六成。若卖米完粮，另销足色一两，止获五六钱之用。有名无实，所亏不少。每逢米贱，民诚苦之。实因制钱既少，而川江之险，栈道之遥，他省制钱无由运入，民间不得不用银交易。零星使用，耗折必多，又不得不用低潮以补耗折之数。②

当时，四川沿袭明代行银之地的旧况。因没有铜钱，只能专用银两，而且不得不降低银两的成色，以便日常零用，极其不便。年羹尧所述情形，与前文所引明代康海对行银之地的分析如出一辙。

第二节　清中叶银、钱流通地位的转变

如前所述，乾隆十年（1745）时实施了对制钱流通金额的限制政策，要求"民间日用，亦当以银为重"。但一时的限制不能改变银钱流通地位变化的大趋势。研究清代经济史的学者们都会有一个印象：清中叶（按：本书所称"清中叶"，指乾隆、嘉庆直到鸦片战争前的长达一个多世纪的历史时期）各种史料中的物价与货币越来越多地从用银变为用钱表示。但货币史料零星分散，很难找到充分证据加以证实。当时除政府财政延

---

① 《江西巡抚陈弘谋奏报江西钱法敝坏及访拿私铸钱文情形折》，乾隆七年四月二十九日，中国第一历史档案馆藏，档号：04-01-35-1232-020。
② 《四川总督年羹尧奏请在川设炉铸钱通行以免病农事折》，康熙五十四年十一月初六，载于中国第一历史档案馆编《康熙朝汉文硃批奏折汇编》第6册，档案出版社1985年版，第613—614页。

续银两本位，全国大部分地区的一般商品计价及百姓日常收支大都由制钱"占领"。在许多地区，制钱更侵入本应属于银两的地盘，"大数"也用钱。①

统计清代刑档所载各地田产交易案例②，以及各地不动产交易契约文书和碑刻捐资记录使用货币的情况，清晰地呈现出这一变化。刑档田产交易数据（以下简称刑档数据）涵盖13省，纵贯康雍乾嘉四朝，具备纵向可比性（同一省份有一组比较连贯的数据）和横向广泛性（多组数据覆盖了全国大部分地区）。地方契约和碑刻数据的选择标准是时间连贯、样本多，且能反映一省之内各地差异。刑档与不动产契约文书的数据较能反映"大数"交易使用货币的情况。碑刻捐资记录金额大小不一，能反映当地日常货币支付的一般状况。货币流通的地域性是经济地理现象，不会与行政区域重合，但当时各省政区划分多与地理区域密切相关，而且地方铸币厂（称为"宝×局"）由各省布政使管理，铸发制钱优先用于本省开支，客观上对本省制钱流通起到一定整合作用。因此，分省整理数据是可行的方法，以下统计的各地契约和碑刻的货币信息（有些地区的统计延伸到晚清）也可弥补其缺陷。

A组：前期（几乎都用银）与后期（多用钱）差异鲜明的地区，包括京城和直隶、河南、山东、湖北、安徽、江西、江苏和浙江八省。

京城：房产交易契约60份（1件契价残缺），契价折银大都在百两至千两。康熙十一年（1672）至乾隆四十五年（1780）共30件，其中29件用银，1件用钱；乾隆五十一年（1786）至同治九年（1870）共26件，其中22件用钱，4件用银；同治十二年（1873）至光绪十五年

---

① 本书所称"大数"，因各地经济水平不一，不同时期物价各异，难以设定具体标准。乾隆九年，张廷玉等就民间日用货币金额的看法可作参考："民间日用银两自一二两至三四两以上居多，其用至十两以上者原少。且民间需用一二两至三四两以上大抵多用银两，非比零星使用必需钱文"（《大学士张廷玉等奏议社科给事中邹一桂条陈钱法源流折》，乾隆九年十二月十五日，中国第一历史档案馆藏，档案号：04-01-35-1235-013）。也即就日常开支而言，零星日用铜钱的价值在银一两以下，值银一两至十两已算较大金额，十两以上是少有的大额支出。

② 数据来自李文治《明清时代封建土地关系的松解》附录二《各省地价表》，中国社会科学出版社1993年版，第354—375页。

（1889）共 3 件，皆用银。①

直隶：乾隆十八年（1753）以前的 5 例刑档数据皆用银；之后，9 例用钱，4 例用银。直隶中部徐水和中东部的束鹿契约显示的货币流通转变时间较晚，束鹿张氏从康熙四十九年（1710）到嘉庆二年（1797）的 49 份不动产契约的 47 件用银，两件用钱（乾隆五十六年和五十九年），嘉庆五年（1800）至清末的 36 件皆用铜钱。徐水连氏从康熙六十年（1721）到嘉庆十年（1805）的 9 件地契都用银，嘉庆十一年（1806）至同治十二年（1873）的 4 件都用铜钱。②

河南：乾隆三十三年（1768）以前的刑档数据有 5 例用银，1 例用钱；之后，19 例用钱，5 例用银。河南各地银、钱流通地位的变化有迟速。西北部修武县碑刻捐资记录显示康雍年间 7 例用银、1 例银钱兼用、1 例用钱；乾隆年间 2 例用银、1 例银钱兼用、7 例用钱；嘉庆时 1 例银钱兼用、8 例用钱。中西部偃师县碑刻显示的变化略迟，康雍时 21 例用银、3 例银钱兼用；乾隆三十七年（1772）前 16 例用银、1 例银钱兼用、两例用钱；之后 6 例用银、3 例银钱兼用、7 例用钱；嘉庆时 3 例用银、15 例用钱；孟津碑刻显示的变化更为滞后，康雍时 7 例用银；乾隆时 9 例用银、6 例银钱兼用、两例用钱；嘉庆时 4 例用银、两例银钱兼用、4 例用钱；道光时 1 例用银、1 例银钱兼用、14 例用钱。③ 在商品经济发达的城市，统计有明确捐资记录及年代的碑刻（金额多为大数），康雍乾年间 12 例皆用银，嘉庆时 1 例用银及银钱兼用 1 例、用钱两例，道光时 5 例用银 11 例用钱。④

山东：乾隆二十八年（1763）以前的刑档数据有两例用银，1 例用钱；之后，9 例用钱，1 例用银。中北部济南府章丘县李氏地契存根自乾隆二十

---

① 刘小萌：《从房契文书看清代北京城中的旗民交产》，房契简表，《历史档案》1996 年第 3 期。

② 张玉：《从束鹿县张氏家族契约看清代直隶农村的银钱流通》，《中国农史》2005 年第 1 期。陈英杰：《记新发现的徐水连氏家族契约文书》，《文物春秋》2011 年第 4 期。

③ 刘文楷：《修武碑刻》，中国矿业大学出版社 2013 年版；洛阳市文物钻探工作管理办公室：《洛阳明清碑志：偃师卷》，中州古籍出版社 2015 年版；桑永夫：《洛阳明清碑志：孟津卷》，中州古籍出版社 2014 年版。

④ 许檀：《清代河南、山东等省商人会馆碑刻资料选辑》，天津古籍出版社 2013 年版。

六年（1761）至三十九年（1774）共有12件，其中10件用银，两件用钱（皆在乾隆三十五年）；乾隆四十年（1775）至同治九年（1870）共49件，其中46件用钱，3件用银；同治十年（1871）至光绪三十一年（1905）共36件，其中28件用钱，8件用银。① 西南部曲阜孔府土地交易所用货币也以18世纪70年代为转折点，此前皆用银，此后都用钱。②

江苏：乾隆五十二年（1787）以前的刑档数据有12例用银，两例用钱；之后，12例用钱，两例用银。乾隆十七年（1752）至道光二十六年（1846）吴县地契显示的变化与此一致，③ 其中乾隆年间11件，时间靠前的7件用银，1件银钱并用（乾隆五十七年），3件用钱（乾隆五十七至五十九年）；嘉庆年间18件都用钱；道光年间23件用钱，4件用银。苏州《世楷置产簿》中的银钱转换则发生在更早的18世纪70年代。④ 上海地契用银比苏州多，乾隆时3件用银，嘉庆时两件用银3件用钱，道光时5组契约（22件）用钱，3组（10件）用银，咸丰时14组契约几乎都用银（54件用银，2件用钱），3组契约（14件）用钱。⑤

浙江：乾隆三十五年（1770）以前的刑档数据有12例用银，1例用钱；之后，10例用钱，3例用银。现存中北部山阴县乾隆至道光地契30件，其中乾隆年间8件用银，嘉庆年间1件用钱，道光年间21件用钱、1件银钱兼用。⑥ 在西南部松阳县石仓村，"至嘉庆年间，典当土地的货币不再用银，而用铜钱"。⑦ 浙东奉化在乾隆以后的414件契约都用制钱交易。杭州湾南岸的慈溪则用银更多，统计不动产契约，乾隆时9件用银11件用钱，嘉庆时10件用银6件用钱，道光时30件用银5件用钱。当

---

① 罗仑、景甦：《清代山东经营地主经济研究》，齐鲁书社1985年版，第66—68页。
② ［日］岸本美绪：《清代中国的物价与经济波动》，刘迪瑞译，社会科学文献出版社2010年版，第323页。
③ 日本京都大学法学部藏"中国清代民国公私文书"，http：//sinonavi.dahailaozhen.cn/show.asp？id=455。
④ ［日］岸本美绪：《清代中国的物价与经济波动》，刘迪瑞译，社会科学文献出版社2010年版，第320页。
⑤ 上海市档案馆编：《清代上海房地契档案汇编》，上海古籍出版社1999年版。
⑥ 山阴地契见张传玺《中国历代契约汇编考释》，《七：清朝》，北京大学出版社1995年版。
⑦ 曹树基：《清中后期浙南山区的土地典当——基于松阳石仓村"当田契"的考察》，《历史研究》2008年第4期。

地不动产交易多用银，但嘉道时期遗嘱和分书显示的借贷和日常大额支出还是多用制钱。①

由于不动产交易的特殊性，未能反映出洋钱进入江苏南部和浙江民间货币流通的过程。有关这一问题的叙述，详见本章第五节。

江西：乾隆二十七年（1762）以前的刑档数据8例都用银；之后，16例用钱，3例用银。

某些地方此前已有大数用钱的风气，如建昌府广昌县张殿酬家的39件地契（雍正十年至乾隆四十年，契价多在十两以上）中有29件用钱（最早一件在雍正十一年），但保留了从前以银两记账的习惯，写作"铜钱（或铜）×两×钱整"。② 由于江西与广东、福建和浙江接壤，东北部信江流域受浙江影响，赣州南部一带受广东影响，最晚在19世纪初期已有洋钱流通，详见本章第五节。东南部接近福建的地区一直流行大数用银，在安远县36件土地交易契约和契尾用银两，康熙年间两件用银，乾隆年间7件用银，嘉庆年间14件用银，道光年间13件用银，交易金额最低的只有3两。③

湖北：乾隆二十三年（1758）以前的刑档数据13例都用银；之后，12例用钱，两例用银。在中部江汉平原的天门，统计熊氏家族的土地房产买卖租赁和借贷等各类契约，康雍年间的11件皆用银；乾隆时（1763年起）50件用银、20件用钱、1件以钱折银；嘉庆六年（1801）以前15件皆用银，之后32件用银（一般都在百两以上）、43件用钱（不乏百串以上的交易，还有超过千串的契约）；道光年间仅18件用银（一般在百两以上），1258件用钱（从数百文到两千串不等）。④ 东南部黄石现存清代土地交易与借贷契约大都金额较大，乾隆时两件用银两件用钱，嘉庆

---

① 王万盈：《清代宁波契约文书辑校》，天津古籍出版社2008年版；张介人：《清代浙东契约文书辑选》，浙江大学出版社2011年版。

② 彭志才：《清代以来江西地区社会经济若干问题研究》，博士学位论文，河北大学，2014年，第103—108页。

③ 卞利：《清代江西安远县土地买卖契约文书的发现与研究》，《农业考古》2004年第3期。

④ 张建民：《湖北天门熊氏契约文书》，湖北人民出版社2014年版。

年间3件用银8件用钱，此后至宣统年间71件皆用钱。①

安徽：乾隆二十九年（1764）以前的刑档数据6例都用银；乾隆三十一年（1766）至嘉庆六年（1801），5例用钱，5例用银；之后，9例都用钱。徽州的不动产契约一直用银，②借贷契约则显示与其他地区类似的变化，顺治到乾隆二十六年106件仅两件用钱，此后乾隆年间的103件有47件用钱，嘉庆年间162件契约过半（83件）用钱。③

此外，土默特、察哈尔等汉人移民较多、逐渐转向农业经济的蒙古地区的货币流通变化与华北相似。近年出版的土默特契约文书显示，雍正乾隆年间用银较多，嘉庆时期已是用钱为主，但仍有用银的契约，此后至清末几乎都是用钱。④

因缺少契约碑刻史料，难以分析东北地区货币流通的变化。但从道光年间奉天锦县兴成当清算和盖平钱票案（详见下文）的情况，可见奉天地区这两个重要商业城市的商业活动皆以制钱本位为主，流通银两更少的落后乡村自不待言。

B组：山西、陕西（秦岭以北）和甘肃的日常交易用钱比例明显增加，但银钱的势力大体平分秋色。

山西：乾隆三十二年（1767）以前刑档数据6例皆用银；乾隆三十五年（1770）至嘉庆二年（1797），4例用银，3例用钱；之后，7例都用钱。统计山西碑刻的捐资记录，顺治年间两例用银，康熙时9例用银1例用钱，雍正年间5例用银，乾隆时18例用银、3例银钱兼用、3例用

---

① 这批契约收藏于黄石档案馆。
② 参见［日］岸本美绪《清代中国的物价与经济波动》（社会科学文献出版社2010年版）第324页的统计图。道光至同治年间，徽州土地交易文书有很小的比例用钱，是从前未有过的。从19世纪开始，近半数的契约用银圆交易。
③ 吴秉坤：《清至民国徽州民间借贷利率资料汇编及研究》，上海交通大学出版社2015年版，第3—75页。
④ 参见晓克藏《清代至民国时期归化城土默特土地契约》第一、二册，内蒙古大学出版社2011年版；杜国忠藏：《清代至民国时期归化城土默特土地契约》第三册，内蒙古大学出版社2012年版；云广藏：《清代至民国时期归化城土默特土地契约》第四册，内蒙古大学出版社2012年版；铁木尔主编：《内蒙古土默特金氏蒙古家族契约文书汇集》，中央民族大学出版社2011年版。以杜国忠藏土默特契约为例，乾隆年间1例用银、两例用钱（乾隆五十六年、五十八年），嘉庆年间3例用银、28例用钱，此后几乎都用钱。

钱，嘉庆时13例用银、2例银钱兼用、8例用钱，道光时12例用银、6例银钱兼用、15例用钱。①

陕西：乾隆二十二年（1757）以前的刑档数据两例用银，乾隆四十八年（1783）之后5例用钱，4例用银。统计关中各地碑刻捐资记录，顺治时两例用银；康熙时两例用银；乾隆时5例用银，1例银钱兼用，1例用钱；嘉庆时4例用银，1例银钱兼用，3例用钱；道光时两例用银，1例银钱兼用，3例用钱。② 在关中西部的岐山，周公庙景区现存道光二十年、咸丰元年、同治年间历次重修姜嫄圣母庙和圣母布施的碑刻，捐资皆用银，而且多有分厘用银。陕南货币流通则与A组地区类似，统计安康碑刻中的不动产交易，乾隆时两例用银，嘉庆时3例用钱，道光时4例用钱，此后至光绪都用钱。③

甘肃：目前只见兰州府河州契约，时间偏晚，略可见当地货币流通特征。嘉庆年间4件用小钱；道光年间11件用银（一两至数两居多）、36件用小钱；咸丰年间6件用银14件用小钱。④

C组：西南三省（川、滇、黔）的用银传统牢固。四川演变为大数用银、小数用钱；云、贵的很多地方不同程度地延续着小数用银，但某些地区从咸丰年间开始流行大数用钱。

四川：西部成都府的新都和龙泉驿契约长期使用高成色银两，极少用钱。⑤ 在川东巴县，乾嘉年间私人土地契约12件用银，22件用钱，一份以银计价以钱支付；到嘉庆年间用银比例大增，42件用银，仅两件用钱。⑥

---

① 张正明、科大卫编：《明清山西碑刻资料选》，山西人民出版社2005年版，《明清山西碑刻资料选（续一）》，山西古籍出版社2007年版，《明清山西碑刻资料选（续二）》，山西经济出版社2009年版。

② 董国柱编：《高陵碑石》，三秦出版社1993年版；张江涛编：《华山碑石》，三秦出版社1995年版；王忠信编：《楼台观道教碑石》，三秦出版社1995年版；张进忠编：《澄城碑石》，三秦出版社2001年版；刘兆鹤等编：《户县碑刻》，三秦出版社2005年版；刘兰芳等编：《潼关碑刻》，三秦出版社2005年版；赵康民等编：《临潼碑石》，三秦出版社2006年版。

③ 张沛编：《安康碑石》，三秦出版社1991年版。

④ 甘肃临夏回族自治州档案馆编：《清河州契文汇编》，辽宁大学出版社1993年版。

⑤ 参见《清代地契档案史料》，内部资料，四川省新都县档案局编印；胡开全编：《成都龙泉驿区百年契约文书（1754—1949）》，巴蜀书社2012年版。

⑥ 巴县地契资料来自四川大学历史系、四川省档案馆主编：《清代乾嘉道巴县档案选编》，四川大学出版社1989年版。

在川南自贡，雍正至道光的28件盐井和土地买卖租赁契约中，雍乾时4件用银；嘉庆时4件用银，5件用钱；道光时9件用银，6件用钱。用钱金额多在数千文至二三十串，两件超过50串。至于契约内提及的日常开销，如使费钱、辛力钱、井底钱等，皆用钱文。①

云南：统计各地清代地契，在东南部红河及中南部新平，乾隆到光绪皆用银；西北部的永胜只有咸丰以后地契，也都用银。中部的安宁略有不同，乾隆时19例和嘉庆时8例皆用银，道光时16件用银、两件银钱兼用、9件用钱，咸丰时3件用银14件用钱，同光时4件用银、1件银钱兼用、3件用钱。②

贵州：雍正年间，贵州仍然"素无钱文行使，用散碎色银分厘交易"。③ 之后设宝黔局开铸制钱，搭放俸饷，遂有铜钱流通。但直到18世纪末，从湖南进入贵州镇远府后一路西行至云南，"过往行旅虽分厘必用银"。④ 可见，贵州延续着小数用银之习俗。镇远以东的清水江流域留下了很多契约文书，能看到铜钱在19世纪上半叶逐渐渗透进当地经济。黔东南锦屏文斗寨的乾隆至道光年间400多件有货币信息的契约，仅道光十一年一份借当契用钱（万昌宝号足钱四十四千文，第282页），其余皆用银，最少的仅一钱五分（卖木契，第355页）。此后用钱增加，同光宣年间39件契约中的14件用钱。在锦屏周边地区，铜钱渗透更广。九南契约中，乾隆时的11件用银；嘉道时的97件契约有9件用钱（都在道光二十四年以后）；咸丰以后一变而为几乎都用铜钱。⑤ 在锦屏北边的天柱县，从顺治到乾隆年间使用货币交易的53件契约皆用银；嘉庆年间的31件用银，1件用钱；道光年间182件用银，13件用钱；咸丰年间至清末皆以用钱为主。⑥

---

① 自贡市档案馆等编：《自贡盐业契约档案选辑》，中国社会科学出版社1985年版。
② 林文勋等编：《云南省博物馆馆藏契约文书整理与汇编》，人民出版社2013年版。
③ 《云南总督鄂尔泰奏请黔省鼓铸并试采金铜等矿折》，雍正七年九月十九日，载于中国第一历史档案馆《雍正朝汉文朱批奏折汇编》第16册，江苏古籍出版社1991年影印本，第662页。
④ （清）郑光祖：《醒世一斑录》，《杂述六》，杭州古旧书店1983年影印本，第42页。
⑤ 陈金全等编：《贵州文斗寨苗族契约法律文书汇编》，人民出版社2008年版；高聪等编：《贵州清水江流域明清土司契约文书（九南篇）》，民族出版社2013年版。
⑥ 张新民编：《天柱文书》，江苏人民出版社2014年版。

D组：包括广东、福建和湖南。清中叶，制钱成为民众日常小额交易支付的主要货币，大额交易中银与钱地位相当，外国银圆（洋钱）进入部分地区的货币流通。

广东：乾隆年间刑档数据有10例用银，4例用钱；嘉庆年间6例用银，5例用洋钱（外国银圆），3例用钱。陈春声统计200多种地方志中清朝前五朝粮价记载所用货币，发现以乾隆十六年（1751）为转折点，从用银为主变为用钱为主，可视为民间日用主要货币的转变。[①] 代表大数交易的不动产契约使用货币情况显示出地域差异，珠三角地区从康熙至道光时期几乎都是用银（乾隆以后又出现外国银圆），粤北韶关府曲江县普遍用钱。海南（道光以后契约）大额交易多用铜钱，少数用银圆。[②]

福建：乾隆年间刑档数据6例皆用银；嘉庆年间两例用银，两例用钱。统计福建田地典卖文书只用货币交易的契约。康熙年间30件用银，1件用钱；雍正年间28件用银；乾隆年间101件用银，29件用钱，11件用洋钱，1件银钱并用；嘉庆年间18件用银，24件用钱（其中10件以银计价，折成铜钱支付），10件用洋钱。[③] 考虑到闽南在乾隆年间形成用洋钱的风气，[④] 其他地区转向用钱的趋势更为明显。公一兵发现，在闽北的南平、瓯宁，闽东的闽清，闽西北的光泽，甚至在闽南的永清和南安，从嘉道年间或自道光中叶起至19世纪80年代，契约文书显示当地大额交易"货币结构上开始出现一种向铜钱的回归"，交易金额经常达数百千文。[⑤]

[①] 陈春声：《市场机制与社会变迁——18世纪广东米价分析》，中山大学出版社2010年版，第167—168页。

[②] 谭棣华、冼剑民编：《广东土地契约文书（含海南）》，暨南大学出版社2000年版。

[③] 福建师范大学历史系编：《明清福建经济契约文书选辑》，"田地典卖文书"，人民出版社1997年版。

[④] 闽南使用货币的情况参见杨国桢编《闽南契约文书综录》，《中国社会经济史研究》1990年增刊。洋钱从18世纪50年代出现在闽南不动产交易文书中，到18世纪末，部分不动产交易开始用铜钱。整个19世纪，洋钱一直占主导地位，极少用银两，但道光到同治年间用铜钱交易的比例明显增加（参见［日］岸本美绪《清代中国的物价与经济波动》，社会科学文献出版社2010年版，第326页统计图）。

[⑤] 公一兵：《试论清代福建的白银货币结构》，载于刘秋根《中国工商业、金融史的传统与变迁——十至二十世纪中国工商业、金融史国际学术研讨会论文集》，河北大学出版社2009年版，第109页。

湖南：乾隆二十七年（1762）以前刑档数据 14 例都用银；之后，7 例用钱，7 例用银，1 例用银圆。在湖南中部的湘潭，一直流行一两多重的小银锭——圆丝银，光绪年间"田、房价通用圆丝银"，直到民国年间仍屡禁不止，可见当地用银传统之牢固。①

在以上四组之外，还有一个省——广西的情形较复杂，难以一概而论。该省被云贵粤湘包围，用银自然较多，表 4—1 的数据也说明了这一点。但也有例外，如该省西南隅的大新县货币流通的变化与 A 组地区相似，乾隆时土地交易契约两例用银、6 例用钱，嘉庆时 14 例用钱、1 例银钱并用，道光时 36 例皆用钱。当地申领田产执照纳税，乾隆时缴纳"印色纹银"，嘉庆时逐渐改为"印色铜钱"。② 在广西东部，嘉道年间民间用钱也在增加。在东北部接近黔湘的灵川县，碑刻显示明代以来有分厘用银习俗。统计清代捐资记录，康熙时两例用银，雍正时 1 例用银，乾隆时 3 例用银、4 例用钱（五十三年以后），嘉庆时 1 例用银、7 例用钱。③ 在灵川以东与湖南毗邻并接近广东的恭城县，统计有明确时间的碑刻捐资记录，康熙年间 7 例用银，乾隆年间 7 例用银、两例用钱（乾隆五十七年和五十九年），嘉庆年间两例用银、6 例用钱，道光年间两例用银、1 例银钱并用、9 例用钱，同治年间 1 例用银、1 例银洋并用，光绪年间 4 例用钱、4 例用洋。④ 恭城用洋钱的时间可能比碑刻显示的更早，应是受到广东的影响。这也说明广西东部的很多地区应纳入广东货币圈。

最后一个特殊地区是台湾，当地货币流通从 18 世纪中叶起急剧转向用洋钱（番银）。洋钱在 18 世纪 30 年代进入当地的不动产交易，20 年后超过了银两。从 18 世纪 80 年代到 19 世纪，洋钱在台湾不动产交易中占绝对优势，银两和铜钱所占比例不到 5%。⑤

---

① 陈维：《湘潭圆丝银初探》，《西安金融》2004 年第 11 期。
② 大新县数据来自广西壮族自治区编写组《中国少数民族社会历史调查资料丛刊》修订编辑委员会编：《广西少数民族地区碑文契约资料集》，民族出版社 2009 年版。
③ 曾桥旺：《灵川历代碑文集》，中央文献出版社 2010 年版。
④ 邓永飞等：《广西恭城碑刻集》，广东人民出版社 2015 年版。
⑤ 参见［日］岸本美绪《清代中国的物价与经济波动》第 327 页的统计图，数据来自王世庆编《台湾公私藏古文书影本》第 1—7 辑。

综上所述，18世纪下半叶到19世纪初期，制钱在绝大多数地区成为民间日用的主要货币，进而在大额交易领域逐渐挤占（C组地区以外的）银两的部分领地，在A组地区尤甚。制钱地位的提高是全国性现象，银钱流通地位又存在明显的区域差异。从表4—1可见一斑：

表4—1　　刑档嘉庆朝货币借贷件数分省分类统计1798—1820年[①]

	直隶	山东	河南	山西	陕西	甘肃	苏北	苏南	浙江	安徽	江西	湖北	湖南	四川	福建	广东	广西	云南	贵州
制钱	25	7	18	28	48	7	6	8	10	19	14	6	7	42	12	9	11	2	6
银两	2		4	11	13	1		1	1				9	7		2	7	8	19
银圆									1		1				5	11			

表4—1中覆盖省份比前引刑档田产交易案例更多，银钱关系的地域分化大体一致。在铜钱扩张的过程中，华南、西南和湖南较多维持了用银的传统，山陕在北方用银较多。由于白银从南方流入中国，华南西南地区白银供应相对充足，百姓熟知银两的平、色。[②] 越是向北人们越不谙平色。"南方银色自足纹以至八、九，但可随便使用，其戥法又能毫厘不爽，非若北省之但知足纹九八、九七，而戥法之制复不能纤悉必较"。[③] 制钱供应则相反，越向北，优质铜钱的供应愈充足。[④] 大量用钱，不过是

[①] 李文治：《中国近代农业史资料》第1辑，三联书店1957年版，第91页。表中借贷一般是家庭生计或经商所需，若以1万文制钱及10两白银为大、小数的界限，则制钱和银两借贷达到"大数"的比例分别为30%和56%（从该书第92页表统计而得）。

[②] 乾嘉年间，海外白银主要流入渠道是华南的对外贸易，次要渠道是中国人到安南和缅甸开采银矿。此外，云南是国内主要银产地。

[③] 《宫中档乾隆奏折》，管安徽巡抚事张师载奏，乾隆十八年七月十九日。转引自张小也《18世纪中期中国各地囤积钱文的状况及其原因》，《清史研究》1998年第3期。

[④] 北方制钱供应充裕的原因是京局（宝泉、宝源）历年铸钱量巨大，接近全国总产量的一半。京局所铸制钱大部分流入北方各地，加上北方各省局自铸，北方制钱供应远比南方充裕。另外，南方的劣质私钱流通较多，云南、贵州、四川、湖广和浙江等地尤甚，以至云贵川的民众宁愿少用钱而多用银，更不肯存积铜钱（参见郑永昌《清代乾隆年间的私钱流通与官方因应政策分析——以私钱收买政策为中心》，《"国立"台湾师范大学历史学报》第25期）。

麻烦、笨重。用银须称重量、较成色，方便作弊，易起争执。用钱的增加，自在情理中。在其他地区，银两应用的多寡也取决于供应，如山西、陕西关中和徽州地区的商帮周行天下，大量寄银回乡，本地银两流通自然较广。慈溪人是宁波商帮主力，当地用银也较宁波他处为广。① 另外，南北气候差异也影响货币流通。北方气候干燥，适合积存窖藏铜钱；南方许多地区气候潮湿，铜钱易生锈，难以大量积存，客观上限制了"大数"用钱。②

当然，不宜夸大制钱的扩张。其一，"大数"用钱的地方同样也用银，③且"大数"用钱只适于本地交易。银两始终是远程贸易的媒介、富裕阶层积蓄财富的重要工具。④ 其二，银钱关系有城乡差别。城镇商品经济发达，大额交易多，接触银两机会多，又有钱铺、银号等鉴定机构，银两的生存空间大；⑤农村商品经济落后，接触银两机会少，又无鉴定机

---

① 在民间经济习惯"大数"用钱的省份，如某地银两供应充足，则成为例外。如皖南的徽州和山西襄汾丁村，外出经商成风（徽商自不待言，襄汾商人在北京和甘肃十分活跃，与临汾商人在京城建立山右临襄会馆），本地得以沿袭大数用银，现存土地契约几乎都用银两（参见安徽省博物馆编《明清徽州社会经济资料丛编》，中国社会科学出版社1988年版；张正明：《清代丁村田契研究》，《中国史研究》1990年第1期）。

② 参见张小也《18世纪中期中国各地囤积钱文的状况及其原因》，《清史研究》1998年第3期。

③ 如乾隆九年至嘉庆二十五年20件畿辅旗人土地交易契约，数额可高达几百至几千两，比房产交易又大一个等级。除嘉庆二十四年的一件用钱（5000吊），其余皆用银（刘小萌：《乾、嘉年间畿辅旗人的土地交易》，《清史研究》1992年第4期）。

④ 在钱本位主导的货币区，地区间经济往来依然借助于银两，但在本地要折算成钱文。如道光二十四年河南汝州伊阳县人李崇祥在家乡保举孔府屯官3名，得钱205千，换银（2400文/两）带往曲阜，到曲阜后再将银换钱（1500文/两），托人捐买官职。可见，汝州和曲阜皆为钱本位，但两地间的经济往来必须借助银两（《孔府档案选编》上，中华书局1982年版，第56页）。

⑤ 可从现存的19世纪城镇商业账簿窥得当时用银的情况，如京城火神会和火祖会账簿中，"火神会的账本中用银（京松银）的记录虽然极少，但涉及金额稍大的火祖会，其收支记录就是银钱并重（彭凯翔：《近代北京货币行用与价格变化管窥——兼读火神会账本（1835—1926）》，《中国经济史研究》2010年第3期）。又如北直隶宁津县大柳镇统泰升商号账簿显示当地流通50两左右的宝银、散碎白银和少量山东盐锞银，宝银有升水"。账本中出现银钱兑换的时间大都集中在阴历二、七日，而据地方志记载，大柳镇集期恰是每逢二、七日。这表明当地平时一般使用铜钱进行交易，而在集市日，因交易量增大，银两的使用则比较频繁（袁为鹏、马德斌：《商业账簿与经济史研究——以统泰升号商业账簿为中心（1798—1850）》，《中国经济史研究》2010年第2期）。

构，大数用钱反觉方便。如河南巡抚蒋炳在乾隆十八年（1753）奏称："乡民不谙银色戥头，习惯用钱。不特零星买卖概用钱文，即买置田产，价值数万金者亦多用钱。"①

在很多北方城市，制钱成为民间经济活动的主要本位货币。② 民间金融有变成"制钱本位"的趋势，批发、大宗支付、商家资本即使用银，多数也以制钱记账。③ 以北京为例，乾隆四年（1739），工部侍郎韩元基称"（北京）民间买卖，价至二十两以上，概不用钱"④。至乾隆末，许多大额房产交易都改用钱文，一直延续到同治年间（见上文）。这种状况在京城生活中普遍存在，《道光朝北京粮仓吏役舞弊史料》里十几个案件，交易、贿赂、贪污都以京钱若干吊或若干千为计算单位，一次可达数百千、数千吊⑤（京钱是北方许多地区的制钱计算单位，京钱二抵制钱一）。由于京城为中央政府所在，政府收支以银为本位，加之伴随权力的巨额财富在"首善之区"糜集，"大数用银"仍较多。在其他一些北方大城市，制钱本位逐渐统治了民间金融，如天津、营口早已为著名商埠，至近代开港通商时皆为制钱本位。天津"咸丰十年开港通商后，华洋杂处，市场日趋繁荣，而交易尚以制钱为本位，商人购货须以银易钱"，同治年间才确定九九二化宝的通用银两标准。⑥ 营口向为东北对外贸易要港，"商埠初开之际，各货交易悉以制钱。同治初年，贸易渐繁，始改用营银（九九二之营平现货）"。⑦ 天津和营口是北方城市金融生态的代表，

---

① 《河南巡抚蒋炳奏折》，乾隆十八年，转引自张小也《18世纪中期中国各地囤积钱文的状况及其原因》，《清史研究》1998年第3期。

② 本书的"北方"，是基于经济地理的划分，也包括安徽北部和江苏北部。

③ 本位（Standard of Value）指以某种货币（或货币的替代品）为衡量价值的尺度。在制钱本位下，有时也用银两，但需折成制钱计算其价值。如道光二年奉天锦县兴成当清算时，有"生息银两浮存"一项，与欠外借贷、凭帖往来共同折成95323吊570文（《曲阜孔府档案史料选编》第3编第15册，齐鲁书社1988年版，第31页）。

④ 《清朝文献通考》卷16《钱币考四》，浙江古籍出版社2000年影印本，第4996页。

⑤ 中国第一历史档案馆：《道光朝北京粮仓吏役舞弊史料》，《历史档案》1994年第2、3期。

⑥ 《天津的行化银》，载于《中国近代货币史资料》，中华书局1964年版，第616—617页。

⑦ 《营口炉银沿革与种类》，《银行周报》第171号，转引自《中国近代货币史资料》，第612—616页。

即乾嘉年间演变为制钱本位,迄晚清,大宗贸易又恢复银本位。某一城市脱离制钱本位的迟速,受到经济发展水平和地区开放程度的制约,如黄淮流域远离长江和沿海,变化缓慢,1904年前后"河南等处及江苏之徐州,不论巨细买卖,概用铜钱"。① 至于广大农村,比邻近的城市又落后一个节拍。

总之,银与钱的地位因时而变,地区间、城乡间也不尽相同。到鸦片战争前,金融领域并无由银钱并用转向银本位的趋势,大部分地区以"钱"为主。

第三节 银、钱流通地位转变的原因

18世纪,银钱并用的货币制度进入第二阶段,全国大部分地区的民间金融从以银为主变为以钱为主,只有很少的一些地区延续了小数用银的传统,流行大数用钱的地区从18世纪中叶起不断增加,到19世纪中叶,甚至蔓延至闽南和贵州的一些地方。在传统观点看来,随着商品经济的发展,贵金属白银(相对于贱金属货币铜钱)的地位理应不断提高。在18世纪,海外白银的流入能够满足中国需求,但为何货币理论和货币史的经典模式"失效"?何以发生"以钱代银"的大变动?其实,这是对理论的教条化理解,忽略了铸币(铜钱)对称量货币(银两)的优势,这一优势因清代优质铜钱供应增加显现出来。

"排除了计数性特点的称量货币,而且政府与一切银币的发行没有关系的这种中国白银的使用方式,从世界历史来看是极其特殊的"。② 使用银两必须称重量、较成色,在不同重量、成色的银块间进行折算,要熟悉不同的平砝,能分辨出百分之一二的成色差异。白银的普遍货币化,有一定必然性,但财政白银化的推力是关键因素。另一重要原因是铜钱

---

① 《苏松太道袁树勋呈——上海钱业商业对于精琪银价条议的意见》,光绪三十年六月,载于《中国近代货币史资料》,中华书局1964年版,第1194页。

② [日]黑田明伸:《货币制度的世界史——解读"非对称性"》,何平译,中国人民大学出版社2007年版,第100页。

第四章　清中叶货币流通格局的大变动 / 165

危机，导致白银的流通从"大数"向"小数"蔓延。① 彭信威、黄仁宇都指出明代铸钱少且私劣钱泛滥是白银成为主要货币的重要原因。② 如前文所述，明代官私文献屡屡提及"行钱之地"和"不行钱之地"。当时半数以上地区无铜钱流通，民众只能用低成色的散碎银两，经常细微至分厘，落后地区辅以实物货币。在行钱之地，如果钱质太差，也会推动银两流通向小额交易扩散。明末政府滥铸时期，苏松等行钱之地也开始流行小数用银。

与明朝相比，清前期的银两制度并无多大变化。《清朝文献通考》的作者的一段按语介绍了当时的银两流通，"其用银之处，官司所发，例以纹银③。至商民行使，自十成至九成、八成、七成不等。遇有交易，皆按

---

① 清人经常用"分厘用银"形容用银金额之细小。这与明代隆庆元年"卖买货物，值银一钱以上者，银钱兼使；一钱以下者，只许用钱"的规定相互印证，说明用银金额低于一钱可称为"小数"用银。

② 彭信威：《中国货币史》，上海人民出版社1958年版，第453页。[美] 黄仁宇：《十六世纪明代中国之财政与税收》，三联书店2007年版，第453页。

③ 如前文所述，明代出现并流行开来的"纹银"指高成色银两，成色应在九八以上，缴纳税收和政府发的俸银饷银按要求应是足色纹银。在货币史研究中，有一种广泛流传的谬说，认为清代政府制定了纹银的成色标准，为935.374‰。这一说法来自1955年出版的魏建猷所著《中国近代货币史》中的一段话，"纹银本是清代的标准银，实际上是满清法定的一种银两的标准成色，起源于康熙时。而据印度造币厂的分析，其成色约为935.374‰"（群联出版社1955年版，第23页）。此说一出，遂为众多货币金融史著述沿用。考诸史实，此说全为臆造。政府从未规定纹银为标准成色，民间用银，"皆按照十成足纹，递相核算"。"官司所发，例以纹银"，这种国库收支用的"纹银"系"足纹"（或称"纹足"）成色在九九以上，九八便要补色（参见第一历史档案馆《乾隆时期苏豫等省库贮银色问题史料》，《历史档案》1991年第3期）。达到足纹标准的足色银两，虽然不是纯银，根据清末的化验结果，一两所含纯银有"九钱八九分"（《政务处奕劻等折——遵议划一币制通用一两银圆》，光绪三十四年九月十一日，载于《中国近代货币史资料》，中华书局1964年版，第761页）。至于民间所用纹银，各地各时期的标准不一，《儒林外史》第31回讽刺杜少卿是书呆子，说"纹银九七他都认不得"。这说明18世纪上半叶江南一带通用的纹银成色为九七。道光初年丁履恒所著《钱币议》提到"今日上下通行之银，谓之'纹银'，自足色以至九二三成不等"（此文见盛康编《皇朝经世文续编》卷58，文海出版社1980年影印本）。可见当时民间"纹银"的成色因地因用途而不同。所谓印度造币厂的化验结果，是化验上海宝银成色之后，再据其与上海纹银标准的折算方式倒推所得，"铸炉所定成色"为932‰，化验结果为935.374‰。民国时期研究货币问题和货币史的学者，多视之为上海的"标准银"或"上海纹银"。这一成色标准之所以流行，是因为咸丰年间上海的中外商人为解决本洋危机，使用豆行收现银时的成色标准（豆行所认纹银成色打九八折）确定了著名的虚银两"规元"成色标准。由于上海执内外贸牛耳的特殊地位，遂成为最著名的纹银标准。事实上，当时各地的标准银成色皆为当地约定俗成，如西南地区的纹银成色标准一般为九八。魏著将上海纹银成色视为清代康熙年间规定的法定成色，其后众多论著沿用，皆无任何史料证据。

照十成足纹递相核算。盖银色之不同，其来已久……今民间所有，自各项纹银之外，如江南、浙江有元丝等银，湖广、江西有盐撒等银，山西有西鏪及水丝等银，四川有土鏪、柳鏪及茴香等银，陕甘有元鏪等银，广西有北流等银，云南、贵州有石鏪及茶花等银。此外，又有青丝、白丝、单倾、双倾、方鏪、长鏪等名色。是海内用银不患不足，因其高下轻重以抵钱之多寡，实可各随其便，流转行用"。① 各地用银名目之不同，说明银锭铸造和用银习惯更加地域化。然而，这不能弥补称量货币先天的缺陷。

入清以后，政府整顿钱法。为解决币材供应问题，先进口日本铜，继而开发云南铜矿。高品质铜钱的供应渐趋充裕，铸币制钱对称量货币银两的优势显现出来。乾隆初年讨论钱价问题时，已有一些官员看到这一点："民间买卖原可以银抵钱，然零星日用，分厘交易，有剪凿分析之耗，有称等低昂之争，有成色高下之殊，每以用钱为便。"② "向时用钱以辅银，今则用钱以代银色之不齐"。③

如果高品质的制钱供应充裕，即使在交易支付中使用较大金额的制钱，虽然麻烦，但可避免用银的"欺伪"风险。黄卬《锡金识小录》（序言写作时间为乾隆十七年）记载江南无锡用银用钱的变化，无意间做了一次比较：

> 康熙中，自两以上率不用钱，虽至分厘之细，犹银与钱并用。其时多色银，九成、八成、七成不等，其精于辨银色者，若八二、八三，俱能鉴别无误，稍一蒙混，多致被欺。其伪造假银，亦不绝于市，雍正中犹然。其时收铜之禁甚厉，邑中铜器毁于官者殆尽，而银钱并用如故也。自乾隆五、六年后，银渐少钱渐多，至今率皆用钱，虽交易至十百两以上，率有钱无银。市中欺伪较少于昔。然

---

① 《清朝文献通考》卷16《钱币四》，第5002页。
② 《直隶按察使多纶奏请改铸钱文以缓钱价折》，乾隆三年二月初六，中国第一历史档案馆藏，档号：04-01-35-1227-024。
③ 《浙江布政使潘思榘奏陈钱法积弊请禁用色银及打造小件铜器折》，乾隆十年二月二十五日，中国第一历史档案馆藏，档号：04-01-35-1235-017。

昔钱价每以八十四文当银一钱，后以八十文当银一钱，今则以七十文当一钱矣。观于市，若昔钱少今钱多，然昔少而价平，今多而价贵，则知者之多用银者，由银之留于下者多，而非由钱乏，今之专用钱者，由银之留于下者少，而非以钱足也。①

他看到制钱的优势，但对钱价增昂的解释牵强。如果"银之留于下者少"，应该是银贵，事实却是钱贵。②

欺伪之外，用银时的折算也是一件麻烦事。著于乾隆年间的小说《野叟曝言》第 14 回有一段描写，写出了用银折算的繁难。

有谋取出银来，止有十两之数，又是九折，说是没有预备，明日一早兑罢。敬亭道："这银怎说是九折？"有谋道："这是吴邑通例，后手也是一样九折。"素臣道："敬兄且收了，若不是通例，再来找罢。"敬亭把银打开，只有一锭是九三，其余多是九成散碎的，竟有许多八成在内，因说道："这银还合不上九成，差了四五色，如何使得？"有谋道："契写九五，规矩原是九三，这银子牵算，足有九三下炉，交易作九三，是极公道的。"素臣笑道："所据老翁自己也说是九二，怎写得九五上契？且银已九折，杂费俱无。老翁大号有谋，真可谓名不虚传。"有谋被这几句话说红了脸，只得胀胖了颈脖，又添上一钱八成银子。③

显然，这一包十两银子有许多块银锭和散碎银子在内，成色分九三、

---

① （清）黄印辑：《锡金识小录》卷 1《备参上》，载于《中国方志丛书·华中地方》第 426 册，成文出版有限公司 1983 年影印本，第 57—58 页。
② 林满红认为乾隆前期白银供应不足，当时经济不景气强化了低值货币的应用，并以黄印的分析为重要证据。对此，岸本美绪提出异议，认为当时不缺银、亦无银荒的议论，黄的分析也不合逻辑。参见林满红《世界经济与近代中国农业——清人汪辉祖一段乾隆粮价记述之解析》以及《与岸本教授论乾隆年间的经济》，岸本美绪《评林满红〈世界经济与近代中国农业〉一文》，《"中央研究院"近代史所研究集刊》1997 年第 28 期。更重要的是，以钱代银的变动在乾隆后期仍在继续中，并非前期独有的现象。
③ （清）夏敬渠：《野叟曝言》，黄克校点，人民文学出版社 2006 年版，第 174—175 页。

九成和八成不等，且轻重不一。收授之际，先要一块块鉴定成色和真伪，再一块块秤称重量（其中较大的铸锭，或不必鉴定成色和秤称），最后综合重量和成色进行"牵算"，折算为一定成色和重量的某种标准银。这一包银子算下来，还不及九成成色的十两银子。其复杂费事以及易生争执，可想而知。

因此，银两在银钱并用币制第一阶段的普及，尤其是"小数"用银，并非都是币制进步，部分原因是不得已而然。随着清制钱供应增加，民间越来越多转向用钱，供不应求导致钱价在18世纪上半叶上涨。即使雍正帝厉行"铜禁"，也无法阻止这一趋势。为平抑钱价，政府大力鼓铸。乾隆二十五年（1760）后，钱价出现转折点，缓缓进入下降通道。由于制钱供应充足，铜钱流通进一步从"小数"向"大数"拓展。在全国大部分地区尤其是优质铜钱供应充足的北方，钱本位逐渐成为民间经济的主流。①

曲阜孔府账目与上述演变亦步亦趋，是北方银、钱流通地位转变的典型案例。

清前期银、钱流通地位演变示例：曲阜孔府账簿。

1. 顺治年间

《顺治八年收入款项账目》皆收银，一般不注明银色和种类，只有一个例外，即"六月初四收家乡宦折花银一两五分"。这一收入账内大部分记载从个人处收到的银两，有些人明显是官员，如"收宁阳县四两""收济宁道银二两""收巨野县银四两"；有些似乎是亲戚，如"收吴姑夫四两""收路姑爷银五钱""收候二舅银二钱"。这些似乎是礼金。也有其他收入，如"收巨野屯七年粮银十两""收兖州七年租银五两三钱三分"。

---

① 曹树基在解释石仓契约所用货币变为主要用钱的原因时，认为"清代中期以后，随着鸦片的大量输入，白银外流，银贵钱贱，导致民间用银日少，而用钱日多"（《清中后期浙南山区的土地典当——基于松阳石仓村"当田契"的考察》）。嘉庆中期到咸丰年间的白银外流，对一些地区的货币流通确有影响。但就全国而言，"以钱代银"是从18世纪延续到19世纪初期的连续进程，与此后的白银外流并无关联。即使在石仓，用钱的大量增加也是始于白银外流之前。

金额即使低至二钱三钱，也用银。①

《顺治八年支出款项账簿》四百余项开支皆用银。有几类开支：一是赏银，大部分不到一钱，最少的是二分，如"赏候二舅人银二分""赏心体人银二分"，超过一两的很少，如"赏刑所刘爷人一两""赏兵银七两"。二是购物，从牛羊、丝绸到烟火、铜锣，形形色色，用银几分到数十两不等，如"兔一只银七分""香二十束一钱三分""买纱十二匹银二十四两"。三是盘费，少的只有几钱，如"轿夫往兖州府行礼支盘费银二钱"，多者不过数两，如"陈大宗支盘费银三两，上省城行礼"。四是工食银，如"黄加魁支工食银三两，作夫八两九钱一分"。这些日常开支，大部分不到一两，很多仅以分计，但无论金额多低，一概用银。②

2. 康熙年间

《康熙十八年司房支销账》三百余项支出皆用银，总计1908两4钱9分2厘5毫。其中赏银只有一次低于一钱（"平原县管理员祭庙送猪羊赏银七分"），其余都超过一钱，如"赏油匠银二钱""赏马夫银七钱""赏南木匠朱一球银一两"；购物、盘费、工食银等开支大都以两计，如"买缎子一匹支银二两七钱""裁衣阮进州支工食银一两六钱九分""三十日奏差胡应龙上京赍表支盘费银十两"。③

3. 乾隆年间

《乾隆二十七年五月上京司房支发银钱总账簿》记录了衍圣公从曲阜出发，经茌平、高唐州、交河县、河涧府、雄县、涿州到京城并返回曲阜一路的各种开销，是难得的反映当时华北地区货币流通状况的史料。在山东境内，各种工钱脚价都用银，少者不过数钱，如"掌轿支雇驴银八钱"；仍有分厘用银的情形，如"包缎子买二号手巾二条支银九分"；但三次出现力金，皆用铜钱，如"汶席老爷送席一桌，赏家人银三钱，

---

① 《顺治八年收入款项账目》，载于中国社会科学院历史研究所编《曲阜孔府档案史料选编》第3编第4册，《公府组织与职掌》下，齐鲁书社1981年版，第370—374页。
② 《顺治八年支出款项账簿》，《曲阜孔府档案史料选编》第3编第4册，齐鲁书社1981年版，第375—397页。
③ 《康熙十八年司房支销银两账簿》，《曲阜孔府档案史料选编》第3编第4册，齐鲁书社1981年版，第419—436页。

力金一百文"。还有"德州买鞍查一个，钱八百文""过盐河赏船家钱三百文""学内西方书房十六人支半天口粮钱一千二百文""公爷剃头，赏侍诏钱二百文"的记载。在直隶境内，用钱之处有所增加，除力金之外，又有"差许经催行李车，支盘费钱八百文""赏抬盒夫钱二百文""找支在京朱先生雇车，钱四百文""买灯笼三个烛一支，钱六十文"的记载。在京城，雇车多用钱，力金用钱，购买普通商品，如灯笼、膏药、油纸、荷包、缎箱、毛头纸、甜水、香烛元宝、史国公酒、玫瑰药酒、红全帖、膳牌、钉子等用铜钱，其他的赏赐和购买较高档的食品、纺织品、化妆品、药品、金属制品等皆用银，金额最少的是"烙铁一把银六分"。由此可见，华北地区的日常开支货币已是银钱兼用，小数用银很少。[①]

《乾隆四十一年三月司房取货支银账簿》名为"支银"，但其中书房、厨房、司房、女眷、差局、公馆等近450项购物开支，无论种类、贵贱、金额大小，一概用铜钱，"三月取货合该钱119千819文"。[②] 可见，在此前的十几年间，曲阜地区各种物价和日常交易支付由银钱并用变成普遍用钱了。

"大数"交易支付也变成以钱为主。《乾隆五十三、四年支各处钱项账簿》已经名实相符，名称改为"支各处钱账"。其中，孔府每次与烛铺、广铺、油坊、肉价、焦炭等商家结算，少则十千文，多则数百千文，一概用钱。只有支付师爷束金时多用银两。另有一次支元宝银锭，"十月十二月支大戥元宝银一百五十两，作钱三百八十千"，好像是先后支出三个五十两的大元宝，但折成铜钱记账。[③]

因此，产生了一个问题。孔府的账房难道每次都付现金吗？每月频繁向各商家支付大额铜钱，搬运、清点费时费力，并非长久之计。在上一账簿中，有时支付大额铜钱会有一些特殊的表述，如"八月十七日支

[①]《乾隆二十七年五月上京司房支发银钱总账簿》，《曲阜孔府档案史料选编》第3编第4册，齐鲁书社1981年版，第437—454页。

[②]《乾隆四十一年三月司房取货支银账簿》，《曲阜孔府档案史料选编》第3编第4册，齐鲁书社1981年版，第455—478页。

[③]《乾隆五十三、四年支各处钱项账簿》，《曲阜孔府档案史料选编》第3编第4册，齐鲁书社1981年版，第479—501页。

钱十千文系平巨柜钱""九月初四批兑赵环支给京钱二百六十千正清讫""初九日支钱一百千文自宝义号取云""二十二日支钱四十千文兑鲁源庄卖麦钱""十月初三日兑支陈铺钱四百千正""自三月二十一日至五月十七日批兑赵环钱九十二千一百六十文""三月十一日支钱二百五十五千五百文清讫,批兑郓城柜未支账已销讫""九月初四日批兑赵环支给京钱二百五十五千文""闰三月十九日至五月十七日批兑赵环郓城柜春季钱一百四十一千四百文""三月初七支钱十五千文兑大庄钱"。"平巨柜"和"郓城柜"是孔府账房在外地的分支机构?抑或是其他钱铺之类的金融机构?"陈铺"和"宝义号"应是与孔府账房有业务往来的钱铺,也许孔府账房在这些钱铺开立账户、有存款甚至投资。"兑""批兑"显然是金融术语。汉语的"兑",常与货币有关,如兑拨、兑坊、兑现、兑银子。因此,这里或指孔府账房指定对方到某个钱铺取款。至于账簿内其他"支钱"的记录是否取现,就不得而知了。

4. 嘉道年间

18世纪下半叶,孔府账簿由银两本位变为钱本位。在19世纪,一直延续这一特点。《道光二、三年司房各处钱项账簿》[①] 所载向烛铺、油坊、肉铺等商家的三百余次大额支付,虽然也有用银两的例子,皆折成钱价入账,如"九月还郓城柜二百五十两,作钱五百八十四千二百文";"二十七日钱十千文连银合钱共支钱二百〇一千四百文";"二十九日支银三十两,合钱银账报销";"二十日支钱六十千文,支过钱并银合钱残烛作钱一百七十";"二十三日支钱一百四十千文,银兑钱";"二月二十五日支平信银一百二十两,作钱三百千"。未说明折钱的仅三例:"九月十七日银一两""投资京平银圆五十两(按:此处'银圆'疑为'元银'之误)""六月初四支银二十五两"。其他支付记录都是用钱,"兑"的记录更多,如"二十六日支钱四千五百文,化渭兑入";"闰三月二十八日支钱一百五十二千九百文,系棚布钱借兑未支钱";"七月初七日支钱一百五十五千三百五十四文,兑南池、鲁源";"十一月十七日支钱十八千,

---

① 《道光二、三年司房支各处钱项账簿》,《曲阜孔府档案史料选编》第3编第4册,齐鲁书社1981年版,第209—226页。

张自有兑";"十二月十六日支钱十六千,五进陈东兑。又二十四千,旧县张兑支";"二十七日支钱四十千,张富如兑";"六月初四日支香金钱二十四千文,兑戈山厂"。以上应该都是孔府账房签发支钱凭单,让商家到其他钱铺取钱。其中多次出现"尼山""尼山柜",如"四月六千,六月三十日支兑尼山";"八月二十八日支钱二十四千,尼山";"九月六千,十月六千,十月二十三日支兑尼山";"二月四千六百四十文,二月二十九日支兑尼山柜";"八月二十八日支二十八千一百六十,兑尼山";"十二月四千八百,三年三月初三日兑尼山";"三年五月十八日支三千二百八十文,兑尼山"。"尼山柜"应是设在曲阜尼山的某个金融机构或者孔府账房的分支机构。值得注意的是,账簿中多次出现"票",如"又三月初十日支钱一百千,王居安兑票";"六月二十二日支钱十八千,元升票";"七月初五日支钱一百千,元升票";"十月二十七日支钱一百一十四千文,兑元升烛铺票"。"王居安兑票"或是期票,"元升票"是纸币性质的钱票抑或是期票,不得而知。

  在钱本位的金融环境中,仅偶尔有用银的记录。《嘉庆二十一年司房支销账簿》记载各种杂项开支,其中用银的事例一是"盘川"和"脚价",如"二老爷差人送字支脚价纹银七两实市平六两六钱五分""差杨德迎船支盘川纹银二两七钱";二是某些赏赐,如"京中司房用赏封元银三两,钱四千八百文";"布政司上祭赏家人元银三两八钱,执贴三钱"。其他开支用银只有"刻墓志支纹银十五两又十七两"。由于用银之处少,孔府账房存银也少,即使数两或十几两的开支,也经常要用钱买银,如"京中送字来差支脚价银纹银七两,买银使钱十四千二百三十文";"差刘源深上省赶王肇兴支盘川买纹银十两,钱二十一千六百文";"京中报帖杨长班盘川纹银四两六钱,外又买五两四钱";"京中并保定沿路州县杨工班下帖盘川银除现银四两六钱,买纹银五两四钱,钱十一千九百八十六文";"河南湖南贾怀近下帖盘川买纹银十七两一钱,钱三十七千九百六十二文"。①

---

  ① 《嘉庆二十一年司房支销账簿》,《曲阜孔府档案史料选编》第3编第4册,齐鲁书社1981年版,第529—533页。

第四章　清中叶货币流通格局的大变动 / 173

这一时期，孔府账房按惯例继续用银的账目是祀银报销清册，但各种开支记账用银，实际结算支付用钱。以《道光三十年平巨屯春秋两季报销清册》为例，购买各种物品记账用银，如：

六月二十三日祭
火神猪羊一付　　银三两三钱
二十四日祭
马王羊一只　　　银一两

但清册最后显示一年三次结算的金额用钱：

三月批兑
源茂号京钱五百千文　　合银二百二十七两二钱八分五厘
库房京钱三百千文二条　合银一百三十六两三钱六分五厘
油房京钱三百文　　　　合银一百三十六两六分五厘
炭局京钱三百千文　　　合银一百三十六两三钱六分五厘
肉架京钱一百千文　　　合银四十五两四钱六分
协聚京钱三百千文　　　合银一百三十六两三钱六分五厘
九月批兑
协聚号京钱三百千文　　合银一百三十六两三钱六分五厘
炭局京钱三百千文　　　合银一百三十六两三钱六分五厘
肉架京钱三百千文　　　合银一百三十六两三钱六分五厘
万聚油房京钱三百千文　合银一百三十六两三钱六分五厘
报本堂羊价京钱一百二千文　合银四十六两三钱六分
提塘报资　　　　　　　银五十两
十二月十二日交
司房京钱二百千三百二十文　合银九十一两六分
合成号京银五百千文　　合银二百二十七两二钱八分五厘

以上共批兑银一千七百七十八两三钱七分①

祀银报销册的开头是"督理屯田管勾造呈道光三十年春秋两季报销册",管勾张守礼自称"卑职",可见是按照政府财政报销的格式,故而用银记账。但实际收支,包括与各处商号的结算和上交孔府账房的资金,皆用钱,只是在清册上折成银两而已。《曲阜孔府档案史料选编》所载《道光十二年平巨二屯春秋二季报销清册》《道光十三年平巨二屯秋季报销清册》《道光十八年平巨二屯春秋报销清册》《道光二十年平巨二屯报销清册》《道光十二年平巨二屯春秋报销清册》也是如此。②

还有一个需要分析的问题,乾隆末年到道光年间的账簿以虚钱本位——京钱(按:京钱二等于制钱一)记账,如上文所引"九月初四批兑赵环支给京钱二百六十千正清讫"。《道光七、八年司房支销款账》记载了给抚台、学台、藩台和臬台的礼品支出,"共合实价京钱四十二千三百四十文",最后又有"济南合盛海菜店具收银十三两六钱合钱三十四千六百六十文",合每两2548文。③由上一章银钱比价表可见,当年直隶宁津钱价是1339文/两,江苏钱价为1280文/两,所以2548文/两是以京钱计价,折成制钱为1224文/两。在这一时期的账簿中,即使不注明京钱,仍是以京钱记账,如《道光二、三年司房支各处钱项账簿》内道光二年九月"还郓城柜二百五十两,作钱五百八十四千二百文",合2336.8文/两。④当年直隶宁津钱价为1252文/两,可见2336.8文/两是以京钱记账,折成制钱是1168文/两。

当然,各地告别小数用银习俗有迟速之分。乾隆六年(1741),生长于浙江的朱叔权回忆:"浙江如宁波、温州、台州等府无论大小交易,往

---

① 《道光三十年平巨屯春秋两季报销清册》,《曲阜孔府档案史料选编》第3编第4册,齐鲁书社1981年版,第271—277页。

② 《曲阜孔府档案史料选编》第3编第4册,齐鲁书社1981年版,第234—270页。

③ 《道光七、八年司房支销款账》,《曲阜孔府档案史料选编》第3编第4册,齐鲁书社1981年版,第227—228页。

④ 《道光二、三年司房支各处钱项账簿》,《曲阜孔府档案史料选编》第3编第4册,齐鲁书社1981年版,第210页。

皆但知用银而不知用钱,即厘数之间亦皆用银,故一切小本经营每人皆带有小戥一杆。今则宁波温台各府不特分厘务用钱文,即成两成十亦皆用钱而不用银矣。"① 当时,浙北嘉兴巨镇濮院、苏南无锡和松江仍"一色用银","市上咸用银",此后钱进银退,到18世纪50年代已是"银少而钱多"。又过了一二十年,大数用钱开始在苏南流行,濮院也"一例用钱"了。②

第四节 制钱流通的信用化趋势

铜钱与银两相比,铸币固然较称量货币优越,但贱金属又比贵金属货币落后。因币值低微,"大数用钱"必然带来搬运、清点的困难。这是"大数用银,小数用钱"说的另一依据,同样是对货币理论和货币史的教条化理解。

货币的首要职能是价值尺度,与流通媒介、支付手段的职能可以分离,由不同类别的货币执行:(1)商品、服务、工资等以甲种货币标价,再折算成乙种货币交易支付;(2)收入甲种货币或甲、乙货币兼有,记账时统一折成乙种货币计算。③

清中叶,越来越多的地区流行"大数用钱","若至数十千数百千以上,不特转运维艰,且盘查短数,收剔小钱,尤非片时所能完竣"。④ 农村少有大数交易,偶尔车载畜驮人扛勉强可行。在商品经济较发达的城

---

① 《广东粮驿道按察使朱叔权奏陈平抑钱价事宜折》,乾隆六年二月十五日,中国第一历史档案馆藏,档号:04-01-35-1231-23。

② (清)黄印:《锡金识小录》卷1《备参上·交易银钱》,光绪年间刻本。该书序言写作时间为乾隆十七年;(清)诸联:《明斋小识》卷12《洋钱》,《笔记小说大观》第14册,江苏广陵古籍刻印社1983年影印本;(清)杨树本:《濮院琐志》卷6《习尚》,《中国地方志集成·乡镇志专辑》21,上海书店1992年版,第481页。

③ 如《醒世姻缘传》第54回尤聪置办家当一节,共十几项支出,用铜钱的项目稍多,算账时"银钱合算,共用了三两五钱四分本钱"。见(清)西周生《醒世姻缘传》,华夏出版社1995年版,第454页。

④ 《山西巡抚申启贤折——胪陈钱票不能禁止及山西钱票流通情况》,道光十八年六月二十五日,载于《中国近代货币史资料》第1辑《清政府统治时期》(以下简称《中国近代货币史资料》),中华书局1964年版,第128页。

镇，频繁动用"大数"货币，用现钱难度太大。"大数"用钱的费事由下例可见一斑：乾隆十六年（1751）十二月，苏州府常熟县人卢明岗去赎田，"邀同原中吴新在，并央吴鼎峙、吴长生，大家挑了原价伍拾陆千七折钱"。① 此次至少三个人挑钱，授受之际，还需盘查钱数，易出劣钱、小钱，又要不少工夫。

　　因此，需要引进方便易用的流通媒介和支付手段，配合作为价值尺度的制钱，缓解"大数"用钱的困难。由于用银是复杂的技术活儿，熟才能生巧，用钱文越多的地方，民众用银能力越差。在钱本位主导的地区，除了在商业发达、银号钱铺较多的商埠进行大宗交易外，较少用银，转而以信用手段替代现钱。以此为契机，一次重要的金融创新在乾隆年间出现。

　　制钱流通信用化主要方式是（可转让、兑现的）钱票（帖），源于钱铺、当铺等私人机构开立的取款凭据，以免客户直接取用大额铜钱的麻烦。若开票机构信誉好，执票者用钱时不必取现，可在背书或取保后以票帖支付。这样，私票在一定时间、一定范围内被视为现钱收授。随着票（帖）流通增加，许多人因其便利，主动以钱易票。出票商家保留部分准备金应付兑现，其余资金可作他用，因而主动推广票帖。票帖格式也发生变化，由注明取款人姓名变为不具名，成为较正式的可兑换纸币。②

　　山西省晋中地区曾发现"乾隆广兴乾记"帖版，是已知时代最早的私帖实物之一。"帖牌为木质，长17.2厘米，宽10.4厘米，厚约2厘米。竖式长方形，首部抹角为契牌状……帖板双线圈边，帖面用横线分为上下两部分，上部俗称'天格'或'天头'，格内从右至左：'广兴乾记'四字；下部俗称'地格'或'帖芯'，整个地格用四道竖线分割成五栏，

---

① 中国第一历史档案馆编：《清代土地占有关系与佃农抗租斗争》上册，中华书局1988年版，第388页。

② 当时，民间亦有银两票据，与纸币性质的钱票不同。"钱票有辗转相授不取钱者；银票虽存本取息，亦需岁易其票；若会票则交银于此，取银于彼，从无空票"（许楣：《钞币论》，载于《续修四库全书》"史部"第838册，上海古籍出版社2002年影印本，第661页）。可背书转让的"银票"，如南方的庄票，则属于另一种金融工具——期票。

文字上下行文，内容为：（一栏）宝号见帖今兑收下（二栏）钱　万　千　百　文（三栏）见帖附与莫悮此帖存照（四栏）（空）　（五栏）乾隆　年　月　日　号。"①

图4—1　乾隆"广兴乾记"帖版

用此帖版印出的票帖，是出帖字号介绍持帖者到另一字号兑取钱文。具体钱款数额、兑现字号和年月日、编号等内容空白，皆需临时填写。专门制作帖版说明出帖是"广兴乾记"的经常性业务。但无防伪的图案或文字，可见票帖行用尚不普遍。到嘉庆时，私帖形制趋向复杂，如发现于山西忻州的"嘉庆杨允兴帖版"，"长22.5厘米，宽9.2厘米，厚4厘米，整个帖版由边框、天格和地格3部分组成。帖版的边框宽约一厘米，环绕版面一周，由刻制精美的图案和文字构成，其图案为：'八仙人物''琴棋书画''五蝠（福）云纹''缠枝花卉''聚宝盆'等。图案

---

① 王雪农、刘建民：《中国山西民间票帖》，中华书局2001年版，第11—12页。

之中暗含'允兴钱店''执照'等字"。① 看来此类票帖在当地广泛流通，已有仿制的假帖，所以要加上复杂的防伪图案。

图4—2 清嘉庆杨允兴钱店帖版②

钱票经过一段时间流通，基本都会兑现销毁，很少留存至今。道光以前的钱票更是珍稀收藏品种，现存最早的4件私帖及钞板为乾隆年间山西的实物。③ 事实上，全国约半数地区有纸币性质的钱票出现，包括京师和江南经济中心——苏州地区。

---

① 王雪农、刘建民：《中国山西民间票帖》，中华书局2001年版，第12页。
② "广兴乾记"和"杨允兴"帖版图片来自《中国山西民间票帖》，中华书局2001年版，第674、677页。
③ 见石长有编《清代地方私帖图录》，中华书局2006年版，第2—4页。

在京师，"钱票自乾隆年间畅行以来，流通京外"。① 至道光时，"京师民间市易自五百以上，皆用钱票"。② 某号钱票亦可在他号兑现。③ 其中难免有钱铺滥发钱票，倒闭亏欠。嘉庆十五年（1810）的一道上谕提道："京城钱铺与钱市……并有狡猾铺户，多出钱票，陡然关铺逃匿，致民人多受欺骗。"④ 道光五年（1825），政府稍加管理，规定"（京师钱铺）无论新开旧设，悉取五家联名互保"；"（关闭钱铺）总以两个月限期还完票存钱文为定，倘逾限不完，即送交刑部照诓骗例计赃发配"。⑤

在苏州府，乾隆四十年（1775）前后，已"广用钱票"。⑥ 其中，常熟"钱铺用票（乾隆嘉庆间此风大盛），十千万千只以片纸书数，即可通用，辗转相授，穷年不向本铺点取"。大量乡村小店也"出百文钱小票通用（嘉庆十五六年此风最盛）"。⑦ 苏州是江南经济和金融中心，受其影响，江南许多地方很可能都流通过钱票。

因资料匮乏，无法详述钱票在更多地区的产生和初步发展。到鸦片战争前夕，钱票已经成为货币体系的重要组成部分。道光十八年（1838），当局怀疑钱票与"银价日昂"有关，命各省督抚"妥议"。从15省督抚的覆奏看，京师、直隶、山东、山西、陕西（西安、凤翔、同州三府）普遍行用纸币性质的钱票，江苏、湖南、河南、安徽、江西、浙江、甘肃、四川、广西、云南诸省钱铺"间有"开立钱票，票（按：大都是不可转让的存单）到付钱，无以票兑票之事。⑧

---

① 《祥泰奏请借库帑开设银钱号折》，咸丰三年四月初三，载于《清代档案史料丛编》第11辑，中华书局1984年版，第51页。

② （清）王鎏：《钱币刍言》，《续修四库全书》史部第838册，上海古籍出版社2002年版，第617页。

③ 道光年间满人松筠（穆其贤）的日记内多有用钱票的记载，八年二月有持"丰昌号"钱票在"宝兴局"兑现之事（《闲窗录梦译编》，赵令志、关康译，中央民族大学出版社2011年版，第15—16页）。

④ 《清仁宗实录》卷225，嘉庆十五年二月壬辰。

⑤ 《步兵统领奕经等折——报告北京钱铺及严禁外兑虚票情形》，道光十八年六月十八日，载于《中国近代货币史资料》第1辑，中华书局1964年版，第127页。

⑥ （清）郑光祖：《醒世一斑录》，《杂述六》，杭州古旧书店1982年影印本，第44页。

⑦ （清）郑光祖：《醒世一斑录》卷2《人事》，杭州古旧书店1982年影印本，第2页。

⑧ 《道光年间各省钱铺发行钱票情况简表》，载于《中国近代货币史资料》第1辑，第140—141页。

当时的民间和官方人士都观察到钱票主要流行于北方。1837年前后，江苏生员王鎏提及："西北（指江苏西北，即为北方）率用钱票，东南率用洋钱。"① 山西巡抚申启贤奏称："江、浙、闽、广等省行用洋钱，直隶、河南、山东、山西等省则用钱票。"② 这些说法，与上述调查结果基本一致，亦有传世钱票可为佐证。统计《清代地方私帖图录》收集的早期票帖，乾隆年间山西4件；嘉庆年间山西5件，福州两件，另有两件地点不详；道光年间山西各地39件，福州12件，直隶3件（地点在直隶西北张家口，西南涞水，南部行唐），河南5件（地点在豫西南南阳县赊旗镇，西北林县，西南确山、平舆，北部阳武县延州镇），陕西5件（4件出自陕南商州，1件地点不确定），甘肃东部（毗邻陕西的）庆阳1件，江西1件（或非纸币性质），4件地点不详。③

"北方率用钱票"的说法遗漏了以下地区：

安徽和江苏北部在地理和经济两方面都接近北方，货币流通格局也相似。19世纪20年代，"安徽省若滁（州）、凤（阳）、庐（州）、颍（上）诸处皆用钱票，且一处之票可携之于二三百里之外向钱庄取钱"。④

福州为中心的闽东地区和浙江宁波。现存福州钱票颇多，嘉庆三年（1798）"森顺号"钱票应用了较成熟的防伪技术，由此可推测当地钱票产生于乾隆年间。⑤ 道光时，在福建为幕多年的施鸿保记载："闽中多用钱票……自四百以上至千万，或总或分，听人自便。四百以下，则不用票矣。"⑥ 宁波"向行钱票"，1825年以前十年间，又发展出类似银行转账加定期票据清算的"过账钱"体制。⑦

华北用钱票的风气还蔓延到关外，在奉天府锦县，道光八年（1828）

---

① （清）王鎏：《钱币刍言续刻》，《续修四库全书》史部第838册，第622页。
② 《中国近代货币史资料》第1辑上册，中华书局1964年版，第128页。
③ 参见石长有编《清代地方私帖图录》，中华书局2006年版。
④ （清）王鎏：《钱币刍言》，《续修四库全书》史部第838册，上海古籍出版社2002年影印本，第617页。
⑤ 石长有：《清代地方私帖图录》，中华书局2006年版，第13页。
⑥ （清）施鸿保：《闽杂记》卷9《钱票》，申报馆印，光绪戊寅。
⑦ 参见张宁《制钱本位与1861年以前的宁波金融变迁——兼与"大数用银，小数用钱"说商榷》，《中国社会经济史研究》2012年第1期。

兴成当清算时，它是计算总资产的四个项目之一，该铺还存有400多吊"帖钱"，应是其他店铺发行的钱票。① 在辽东半岛南端的"海口商贩汇聚之区"奉天府盖平县，钱铺滥发钱票，道光十五年（1835）清理时。不能兑现的钱票计东钱3833000余吊，折银达638000余两。②

为解决"大数"用钱的难题，货币信用化手段——钱票从乾隆年间发展起来。至鸦片战争前，京师、直隶、河南、山东、山西、东北、陕西一部、安徽和江苏北部、福建福州、浙江宁波都是钱票流通区（主要在这些地区的城镇及附近乡村），流通量非常可观。如1840年时京师一地钱铺千余家，大者发行钱票数十万吊，中等钱铺"少亦不下数万吊"，以平均每家五万吊计，在5000万吊（京钱）之上，折银超过1500万两，还不算烟钱铺和普通商店所发。③ 制钱与钱票兼用，是当时京城的风俗，从穆齐贤日记《闲窗录梦》的记载可见一斑。

> 鸦片战争前京城货币流通状况示例：《闲窗录梦》的使用货币记录
>
> 道光八年（1828）正月
>
> 初一：以十五文雇爬犁。
>
> 初四：本日共计前往十一家。步行，于安定门内以七十文雇驴车一辆返家。
>
> 初五：以七十文买甜橘子两枚。
>
> 以八十文购墨一块。
>
> 初六：早食饺子。至渠四嫂家，本日乃伊生日。母送伊分资千文。
>
> 晚餐后，以六十文雇驴车一辆，偕伊至酱房胡同义父家拜年。
>
> 克俭至吴五爷家拜年，得二百文。

---

① 《曲阜孔府档案史料选编》第3编第15册，齐鲁书社1981年版，第31页。
② 《盛京将军奕经折》，道光十六年三月十四日，《中国近代货币史资料》第1辑，中华书局1964年版，第124页。
③ 《御史祥璋折》，道光二十年三月二十九日，《中国近代货币史资料》第1辑，中华书局1964年版，第139页。

初七：后至"四合馆"食面。共花去六百文，常大爷付账。

初八：至护国寺，以七十文买水仙花一棵。

初九：以百五十文买蜡花六枝，买耍货一件送套儿。

瑞图来，给套儿二百文。

以六十文买虾米须对联一副。

德惟一阿哥给克俭等五百文。

初十：八舅给套儿百文。母给画儿二百文，余给百文。

十二日：闻，克勤、克俭至瑞图家拜年。瑞图给千文，瑞图妻给二人香念珠一串，槟榔袋一个。

十六日：至金兰斋，见王老二，伊云将返山东，余给川资千文。

十七日：出阜成门，乘爬犁，于"倚虹堂"以二百五十文雇驴车，至涵德园。

十八日：在涵德园。给闲散陈珢二百文。

于大有庄以百廿文雇驴一头，至"倚虹堂"下。

二十日：于"倚虹堂"以百文雇驴一头，至涵德园。

二十二日：伊曾于道光四年向余转借白银十两、钱六千文，云将于二月初五日至"丰昌号"，请余前往领取。

返家后闻，昨"丰昌号"之人谢掌柜来，言去年腊月满九爷言偿还之十五千文，已反悔，方给四千文之钱票。本年欲用，发现竟系伪造。今已原封退还九爷家。

二十七日：后九爷请余至"永福馆"食水饺，花三百文，记余账上。

二月

初一：将俸银卅两送至"小六合"卖得七十六千二百文，

还"宝兴局"利息廿四千文。

还"三盛店"米钱十一千四百五十文。

交房租六千六百文。

还"阳春居"二千八百文。

还"金兰斋"五千五百文。

还"宏兴号"四千文。

给"振昌号"千五百文。

还鹤年廿千文,仍欠十六千文。以上八项共计七十五千八百五十文,尚余三百五十文。

初二:从前伊每月借给余六千文。余积欠不能一次还清,故请借给三千文。伊允之,给余三千文。

初五:至单牌楼"阳春馆"饮酒两壶、食鸡肉一碟、水饺十一碗,花费五百五十文。

入正阳门,以百有二文雇驴车,至西安门下,于门内"大庆轩"饮茶,食饽饽四个、面六碗,花二百文。

初七:伊差人送来三十千文钱票。此即道光四年,伊借去之银十两,钱六千文,今已还清。

至"丰昌号",自店中借二十千文。

雇驴车一辆至西安门,给六十文。

至西安门"大庆轩"饮茶,食饽饽四个、面一碗,花去七十文。

至"凝氤馆",给千五百文之钱票。余欲取托裱之字画。

初八:至护国寺,瑞图于"方夜深处",以四十文买"横图"一张,余以廿文买"圆图"一张。

至东大院"永福馆"饮酒、食水饺,共花去九百余文。

初九:鹤年来,将钱票兑换完毕。余出门,以四十八千文赎当。

初十:现以八十千文买桌。案两项。

十二日:晚,忠魁来。伊为他人购房中保,得十余千文,给伊祖母两吊,伊姑五百文,久坐乃去。

十四日:至羊肉胡同内"天义斋",以七百五十文买山东造布鞋一双穿上。

十六日:遇长河儿,又遇恩特赫。一同饮茶,茶钱各一文,伊付账。后,雅蔚章亦至,饮茶四碗,余付茶钱四文。

十七日:民人刘瑞二人为首,集合百余人兴办一会,每人每月交三百文,三、六、九、腊月之米季之时集合五百文。八年后若无事,可取用四十二千文。

二十日:早,雅蔚章来,欲邀余同至德善赵爷家贺喜。故同出,至织局赵爷家。余给分资千文。

二十九日：余本季俸米十四斛二斗五升，亦交与该店，得钱廿六千四百文。

余给伊"蝙蝠兰花图"一张，交伊等托裱，讲定付价五百文。

计，本月花费廿千六百文。

《闲窗录梦》为清代镶蓝旗满洲旗人穆齐贤书写的日记。记载的主要内容为道光八年至十五年，穆家及其亲友的衣食住行等生活细节。道光八年（1828），穆齐贤时年28岁，任惇亲王绵恺王府六品内管领，入值惇亲王在西郊的花园涵德园。日记中记录了京城旗人下层官员的生活，保留了丰富的日常使用货币的史料。从这两个月的记载来看，京城中等家庭的交易、支付、借贷主要用铜钱，少至数十文，多达数十千文，皆用钱而不用银。如钱数上千，经常用钱票，如"四千文之钱票""三十千文钱票""千五百文之钱票"。只有两次提及银两，一次是某人二十多年前向他"转借白银十两、钱六千文"，另一次是领取"俸银卅两"，随即送至"小六合"钱铺"卖得七十六千二百文"。

在钱本位为主的地区，钱票主要为个人提供方便，本地大宗商业往来还要借助信用水平更高的转账等金融工具。以曲阜孔府为例，如前文所示，乾隆末至道光年间，逐渐形成现金、钱票、批兑并用的惯例，"批兑""兑票"应是账房指定对方到第三处（孔府所开店铺或孔府存款的店铺）取款，以免运输清点大额铜钱的麻烦。大数用钱推动的金融创新在宁波达到顶点，生意往来"进出只登账簿"、钱业每日"汇账"（票据清算）的过账钱体制，金融信用化水平为当时世界之最。并由宁波商帮带到上海，演变为上海钱庄业的（银本位）汇划制度。[①]

制钱本位信用化示例：宁波过账钱。

在中国金融史上，宁波以过账闻名[②]，有"过账码头"之誉，诞生了

---

① 参见张宁《制钱本位与1861年以前的宁波金融变迁——兼与"大数用银，小数用钱"说商榷》。1862年，宁波钱业在战乱后废止钱票，并将过账钱改为过账洋，采用银圆本位。

② 晚清民国时期，均作"过帐"，今人多写作"过账"。

世界上第二家票据交换所,并通过宁波商帮对上海钱庄业产生了深刻影响。由于史料匮乏,虽有 Susan Mann Jones 和陈铨亚对过账的兴起做过研究①,但过于依赖推测,也未能深入探讨过账钱的货币金融背景及演变为过账洋的原因。

本位(Standard of Value)指以某种货币为衡量价值的尺度,是货币制度的基础。1861 年以前,宁波民间金融在很长时期内处于制钱本位状态。《光绪四年(1878)浙海关贸易报告》描述如下:

> 1861 年之前的通货是"铜钱",不论是财货估值、工资发放、债务、账目之结算清偿、市上买空卖空收付均使用铜钱。那也不能以为市上见不到银圆也不使用纹银和黄金。不错,所说的这些都是存在的,但所有的票面价值都是由"铜钱"来体现,最常用常见的也是铜钱,而所有票据也是以铜钱来体现的,银行、钱庄之账册记载也是以铜钱来体现矣。至于说"银两",那仅是官方财务收支使用的一项标准。②

> 虽有多种货币流通,但以"铜钱"(即制钱,指本朝官局铸造的铜钱)为主,他种货币记账时要折成制钱计算价值,此即制钱本位的特点。海关报告的记载追溯到鸦片战争前,"在 1841—1842 年中英战争之前,市面上通行的货币是铜钱,如上述,所有交易是通过'过账',或是'现金票据'来进行的"。③

铜钱币值低微,大量用现钱时,必然产生搬运、计数、剔除劣钱的困难。与之相比,白银优势明显。清制钱分重一钱四分、一钱二分、一

---

① 参见 Susan Mann Jones, "Finance in Ningpo: The 'Ch'ien Chuang, 1750—1880'", In Economic Organization in Chinese Society, ed. W. E. Wicmott, Stanford: Stanford University Press, 1972, pp. 47 - 77. 陈铨亚:《中国本土商业银行的截面:宁波钱庄》,浙江大学出版社 2010 年版,第 65—73 页。

② 中华人民共和国杭州海关译编:《近代浙江通商口岸经济社会概况——浙海关、瓯海关、杭州关贸易报告集成》,浙江人民出版社 2002 年版,第 208 页。

③ 同上。

钱等数种，假设制钱重一钱二分，千文易银一两（库平），则铜钱重4476克，银重约37.3克，铜钱重量是白银的120倍。因此，像宁波这样的大商埠，商业往来不以银而以钱为本位，必须发明便捷的信用工具，使大额用钱变得简单，于是有"过账"（转账支付）与"现金票据"（钱票）。这也从咸丰年间历任鄞县知县、宁波知府、宁绍台道的段光清自撰年谱中得到证明："宁波码头向有钱贴之名"，"各业商贾……进出只登帐簿，不必银钱过手（按：即过账）。民间日用，亦只到钱店多写零星钱票（按：即现金票据），以应零用"。① 宁波钱庄业的《清同治三年以前旧有庄规》（1862年制定）是另一证据，其中提到以往的金融惯例："吾宁向行钱票，各庄以钱为出纳，外行亦以此为归藏。"② 这句话透露了重要信息，即宁波过去一向流行钱票，钱庄"出纳"以制钱为本位，并为"外行"（钱庄以外的行业）遵循。

与江浙很多地区一样，18世纪上半叶，宁波民间货币流通从以银两为主演变为以制钱为主。乾隆六年（1741），广东粮驿道按察使签事朱叔权（浙江山阴人）以"所目击"的证据说明以钱代银的变化，专门提及宁波："宁波、温州、台州等府，无论大小交易，昔年但知用银，而不知用钱，即连数之间亦皆用银。今则宁波、温、台等府不特分厘务用钱文，即成两成十亦皆用钱而不用银。"③ 直到19世纪末，宁波一些地区田产交易仍以用钱为主。宁波市档案馆藏414件奉化契约（包括田契、地契和卖屋契，乾隆两件，嘉庆两件，道光185件，咸丰123件，同治88件，光绪14件）全部用制钱交易，有不少契价高达几十千、数百千的例子④。

到19世纪中叶，东南沿海地区仅有宁波和以福州为中心的闽东地区

---

① （清）段光清：《镜湖自撰年谱》，中华书局1960年版，第122—123页。
② 陈训正、马瀛：《鄞县通志·食货志》第一册，上海书店1993年影印本，第76—77页。《庄规》规定了废止钱票、流通现货、用银圆过账的具体方法。结合海关贸易报告的记载，应是1862年决定废钱用银圆时制定。
③ 《广东粮驿道朱叔权奏陈平抑钱价事宜折》，乾隆六年二月十五日，中国第一历史档案馆藏，档案号：04-01-35-1231-023。
④ 参见王万盈《清代宁波契约文书辑校》，天津古籍出版社2008年版。

通行钱票。究其原因，是两地钱业实力强大、经营稳健又团结之故。宁波商人向以凝聚力强著称，钱业商人之精明与合作精神更加突出，其势力直达上海，控制了上海钱庄业。在宁波本地，早有洋钱流通，民国时发现钱庄业世家——宁波慈溪三七市董家的"旧计簿"，详载每月洋钱和制钱比价变动，上至嘉庆二十四年（1819），可见洋钱是当时常见的货币。① 但钱庄的强大和信誉抵制了机制银圆的诱惑，1862年的《庄规》证实"吾宁向行钱票"。② 据段光清记载："民间日用，亦只到钱店开写零星钱票，以应零用，倒比用钱方便，免较钱色也。尝有以钱换票而贴水者，以票钱之便于用，而钱庄又系富室所开，不虑票钱无著。"下文提到"夷务以后"出现以票兑钱而贴水的现象，那么"以钱换票而贴水"的钱票流通繁荣期必在鸦片战争前。一般而言，钱票多在金融机构较多的城镇及附近乡村流通，以便兑现。宁波钱票流通范围更广，府治鄞县的渔民"卖鱼总是票钱"，似乎钱票大量渗透到鄞县乡村。③

钱票由私人金融机构发行，流通范围有限，又存在兑付风险，只能部分缓解大数用钱带来的困难，很难在商业往来中大规模使用。因此，需要创造更方便、风险更低的制钱本位信用工具。

这看似金融发展的一次"倒退"，若无宁波的确凿证据，很难令人相信其存在。经历过制钱本位阶段的其他商业城市，论金融发达程度，皆逊于宁波。它们是如何避免制钱的搬运清点之苦呢？一种方法是生意往来用银，再折算成制钱入账；另一种方法是以金融机构为信用中介，使用钱票和原始的转账手段。在宁波，转账演进到当时世界上最复杂的形式——过账。据海关报告描述：

> 当时宁波普遍施行的特殊收付制度名曰"过账"……其操作方法是：假若商人张三要付李四一笔账款，由张三通知其钱庄去支付给李四之往来钱庄那笔账款，以后由两家银行间去办结算——划账。

---

① 《鄞县通志·食货志》第三册，上海书店1993年影印本，第219页。
② 《清同治三年以前旧有庄规》，载于《鄞县通志·食货志》第一册，上海书店1993年影印本，第76—77页。
③ （清）段光清：《镜湖自撰年谱》，中华书局1960年版，第122、136页。

这样张三去办理银行和李四的那家银行各自在其账册上一个是一笔支付，另一个是一笔收入，经双方在对方之账册上签印以昭信守，从此李四之银行户上就有一笔张三交来之款也。此制度由来已久，也毋庸在此稽考。但也有人认为那是由于从钱庄之间搬运一吊一吊笨重铜钱久感不便后应运而生的办法。①

生意往来"进出只登账簿，不必银钱过手"的过账不同于原始的转账，后者或在同一金融机构内部进行，或是关系紧密的金融机构之间偶尔为之。过账的关键在于钱庄业每日清算，让各钱庄划账，互相抵轧上一日出入账目，余数解送现金或暂欠付息，"其始数肆比而为之，要会有时。既乃著为程式，行于全市"。② 这势必要求各家钱庄在同一场所集中进行票据清算，相当于票据交换所。宁波"汇账事宜"在钱业公所进行，相关记载最早见于《同治三年以前旧有庄规》，考虑到鸦片战争前过账已普遍施行，公所汇账创始之时应该更早，是世界金融史上仅晚于伦敦的第二家票据交换所。为扩大划账规模，宁波钱庄业允许"外行（钱庄业之外的行业）划账"。为方便票据清算，又于1862年设立"公簿"，凭公簿轧账，比一家家钱庄当面划拨简便得多。③

过账的发明，最初只为节约搬运铜钱的成本，提高支付效率。当它广泛运用后，宁波经济以金融信用为中心进行了一次重组，摆脱了现金交易的制约，以相对较少的现金支撑起规模巨大的商业交易，"宁波商贾，只能有口信，不必实有本钱。向客买货，只到钱店过账……宁波之

---

① 《近代浙江通商口岸经济社会概况——浙海关、瓯海关、杭州关贸易报告集成》，浙江人民出版社2002年版，第208页。

② 忻江明：《宁波钱业会馆碑记》，载于彭泽益选编《清代工商行业碑文集粹》，中州古籍出版社1997年版，第201—202页。文末称"乙丑夏四月，鄞县忻江明记"。《集粹》认定为同治四年（1865年，岁在乙丑），但忻江明（1872—1939）生于同治十一年，故《碑记》撰于1925年（乙丑）。

③ 《鄞县通志·食货志》第一册，上海书店1993年影印本，第76—77页。1770年，伦敦各银行开始集中一处进行每日票据清算，为票据交换所雏形，1833年正式成立票据交换所。宁波的公所汇账相当于票据每日集中清算，钱业公所虽非过账专用之处，但事实上具备了票据交换所的性质。公所最早设于鄞县江厦的滨江庙，毁于兵火，1862年钱业捐资重建。民国时重新购地兴建钱业会馆，1926年竣工。

码头日渐兴旺,宁波之富名甲于一省,盖以此也"。①

"过账"产生于何时?比较重要的说法有五种:(1) Susan Mann Jones 推测它在18世纪60年代到19世纪20年代之间发展起来;②(2) 1925年鄞县忻江明撰《宁波钱业会馆碑记》,作者"闻之故老",称过账"行之百余年";③(3)人民银行浙江省分行金融研究所的研究依据《同治三年以前旧有庄规》,推测"开始时间当在十九世纪二十年代,最迟也不会迟于一八四三、四四年间";④(4)陈铨亚推测在宁波正式开埠(1844)后钱商向外商学习,过账正式形成;⑤(5)徐寄庼1932年著《过账须知》,称咸丰时发生钱荒,"乃谋增加货币效用之办法,过账制度遂应用而生"。⑥

据海关史料,1841年以前宁波商界已普遍运用过账。要做到这一点,每日同城结算必不可少,可见过账制度当时已臻成熟。从金融信用化先易后难的演进逻辑来看,应先有钱票,后有类似转账的做法,而过账从萌芽到成熟,也要经历一个过程。故而过账钱的产生应追溯到更早,但不大可能早于19世纪。本书倾向于第二种说法,因为《碑记》作者询问钱庄业耆老,对1861年以前宁波金融变迁的了解颇为翔实,其中强调宁波长期以钱为本位,直到开埠后若干年,"市中行用以钱不以银,问富数钱以对"。在细节上也非常准确,如提到咸丰之季,"市中流转之钱直大

---

① (清)段光清:《镜湖自撰年谱》,中华书局1960年版,第122页。
② Susan Mann Jones, "Finance in Ningpo: The 'Ch'ien Chuang, 1750—1880", In Economic Organization in Chinese Society, ed. W. E. Wicmott, Stanford: Stanford University Press, 1972, p. 54.
③ 彭泽益选编:《清代工商行业碑文集粹》,中州古籍出版社1997年版,第201—202页。
④ 《几则关于宁波钱庄业的史料》,《沿海城市旧银行史研究——中国沿海城市旧银行史专题研究会文集》,中国金融学会金融史研究会1985年版,第148页。
⑤ 陈铨亚:《中国本土商业银行的截面:宁波钱庄》,浙江大学出版社2010年版,第71—72页。
⑥ 宁波市政协文史资料委员会编:《宁波文史资料》第15辑,宁波市政协文史资料委员会1994年版,第207页。民国时修纂《鄞县通志》的作者反对此说,引鄞县人张恕记载的咸丰二年段光清任县令时一份布告有"地丁银每两照甬江过账钱二千六百文,秋米每石照甬江过账钱四千六百文"等语,认为"咸丰之初官家且已沿用过账之例,是其制度之起,当更先于咸丰也"(《鄞县通志·食货志》第一册,上海书店1993年影印本,第72—73页)。

减，当见钱之半"。① 与段光清关于咸丰八年钱票贴水高达四五百文的记述吻合，而段氏年谱在1958年才由其后人捐送，《碑记》作者不可能参考。基于《碑记》的可信度，在发现更有力的新史料之前，"（至1925年时）行之百余年"之说最可靠，也与海关史料记载合拍。"行之百余年"是约数，据此，可确定过账钱产生于1825年之前的十年以内。

过账是宁波特产，邻近的浙江大城市杭州、绍兴皆无此事。究其原因，固然是宁波人商业头脑精明的表现，与宁波钱业行会的团结更密不可分，否则无法保证信用长期稳固。因宁波商人在上海金融界举足轻重的地位，过账演变为上海钱庄业的汇划制度。

"过账钱"只是宁波本地的金融安排。作为浙东最大商埠以及首批通商口岸之一，宁波的大部分贸易活动属于进出口或国内转运贸易，宁波与外商及外埠进行贸易的记账和结算货币或为银两，或是银圆。过账转用其他货币亦无技术障碍。对钱庄而言，使用制钱的一个好处是能够借货币之间的换算而获利。

19世纪上半叶，宁波成为中国金融发展水平最高的地区。通过《镜清自撰年谱》《同治三年以前旧有庄规》、1878年浙海关贸易报告三种史料交叉验证，基本可以确定至少在府治鄞县，1861年以前的近半个世纪里极少用现金交易。信用化水平之高，在当时的世界上独一无二。

繁荣背后有隐忧。中国是最早发明纸币的国家，初衷是克服大量、远途使用贱金属货币的不便。信用化程度超越经济发展水平，必然潜藏危机。宋元明政府出于财政目的滥发纸币，终致行钞失败。清乾嘉年间，制钱地位上升，为解决大数用钱的困难，纸币以民间钱票的形式卷土重来。与政府相比，私人金融机构滥发纸币的风险较低，风险波及范围小，但"民间"的性质意味着先天的脆弱性。宁波不仅有钱票，还有过账钱，信用水平更高，信用体系也更脆弱，"宁波虽大，宁波码头实空，只有账簿，不见现金。譬如年久老树，外面枝叶虽茂，其中本质已空，遇大风暴，立见摧折"。②

---

① 彭泽益选编：《清代工商行业碑文集粹》，中州古籍出版社1997年版，第202页。
② （清）段光清：《镜湖自撰年谱》，中华书局1960年版，第122页。

第四章　清中叶货币流通格局的大变动　/　191

"夷务以后，（宁波钱票）渐有贴水名目"①是第一个警讯，背景是制钱供应不足。据林满红研究，由于银贵钱贱，加之铜材供应下降，"从1824年到1847年，在全国约十八个铸局中，共有约十二个铸局请求减少或停止铜钱的铸造"。（京师宝泉、宝源局以外的）各省铸钱局中产量居第二位的宝浙局停铸年份恰好是1840年，而产量第三的宝苏局早在1829年已停铸。②宁波钱票贴水是新增制钱供应匮乏的结果，官府对策是禁止铜钱出境，但"贴水如故"。于是有人提议"竖庄"，让钱庄"起利"，以有息存款主动吸收民间囤积的制钱。官府令下，"利起而钱贴果平"。③

民间信用最大的风险来自战争。战乱之际，现金最受欢迎，贵金属更胜于笨重的贱金属货币。太平天国战争期间，以贱金属为本位而且过度信用化的宁波民间金融遭遇危机。一个危机是钱票大幅贴水。宁波贸易受战争影响甚巨，但由于"富名太大"，在省内"捐项最多"，钱庄业实力大大削弱，1855年后又停止"竖庄"，于是"码头日空，庄上存钱日少，以票取钱，必出贴水"。这又使富户弃钱票而囤钱，钱票信用逐渐崩溃，"其始每千不过贴水五十文，渐至百文，以后竟至四五百文"。④另一危机是银圆对制钱地位的侵蚀。"在兵荒马乱、兵燹祸连之年，人人总欲将其钱财转化为轻便而能随身携带更好。"因而银圆流通日益增加。1861年太平军攻浙江，11月至次年5月占领宁波，制钱本位最终瓦解，"人们纷纷把吊钱换成银圆，一度每元兑换2500文，以后又为3000文铜钱"。⑤

太平军撤离后，"各行业会馆聚首协议商讨沦陷前账务和债务结算偿

---

①（清）段光清：《镜湖自撰年谱》，中华书局1960年版，第122页。
② 参见林满红《嘉道钱贱现象产生原因"钱多钱劣论"之商榷》，载于《中国海洋发展史论文集》第5辑，台北"中央研究院"中山人文社会科学研究所1993年版，第357—426页。
③（清）段光清：《镜湖自撰年谱》，中华书局1960年版，第122—123页。
④ 同上书，第122页。
⑤《近代浙江通商口岸经济社会概况——浙海关、瓯海关、杭州关贸易报告集成》，浙江人民出版社2002年版，第208页。段光清也提及银圆的流通，"无论银洋自一万，以至数万、十余万，钱庄只将银洋登记客人名下，不必银洋过手"（《镜湖自撰年谱》，咸丰八年，中华书局1960年版，第122页）。说明当时银圆在商业往来中大量使用，可以佐证海关报告的记述。

付问题，一致认为应重新开始并同意所有支付一律以银圆计付，按宁波沦陷前夕之行市牌价每枚银圆折合铜钱3000文。此后，银圆即成为宁波唯一通用货币"。① 同时，废止钱票，"流归现货"。② 制钱本位成为历史，仅个别行业如药材铺坚持用钱的旧规。此后，制钱大量流出宁波，输往内地和北方，19世纪六、七十年代的海关贸易报告将铜钱列为重要出口货。60年代主要输往九江、汉口，70年代时，本地制钱来源减少，"主要是从余姚、绍兴、温州搜集来此"，七成输往天津，三成输往汉口。③

第五节　洋钱对银、钱流通的冲击

清中叶，两种新式货币成为金融领域的新势力。民间钱票的出现，巩固了制钱的流通地位；机制银币洋钱则增加了银货币的竞争力。

西式银铸币进入中国始于明代，当时从吕宋（菲律宾）输入里亚尔银币，④ 这种银币为西属美洲的手工铸币，工艺粗陋，形状不规则，大小、轻重、厚薄不一，只能称量使用。⑤ 18世纪，标准化的机制外国银元——洋钱⑥大量流入东南沿海地区。

---

① 《近代浙江通商口岸经济社会概况——浙海关、瓯海关、杭州关贸易报告集成》，浙江人民出版社2002年版，第208页。

② 《清同治三年以前旧有庄规》，张传保等编：《鄞县通志·食货志》第1册，鄞县通志馆1935年版，第76页。

③ 《近代浙江通商口岸经济社会概况——浙海关、瓯海关、杭州关贸易报告集成》，浙江人民出版社2002年版，第97、98、113、142、206页。

④ 据明人张燮记载："东洋吕宋，地无他产，夷人悉用银钱易货，故归船自银钱外，无他携来，即有货亦无几。"（《东西洋考》卷7《饷税考》，谢方点校，中华书局1981年版，第141—146页）因其"行银如中国行钱（铸币之谓）"，故称"银钱"。此"银钱"是里亚尔（Real）银币。"Real"为西班牙货币单位，重三公分许，合中国库平九分，币分数等。16世纪初铸8个里亚尔的大银币——比索（Peso），重量合英制417谷（27.02克），早期成色95。其图形，一面是皇冠、王徽狮子和城堡，另一面为两根柱子。"Peso"在西班牙本土和西属美洲各国都有铸造。

⑤ 泉州市文物管理委员会：《福建泉州地区出土的五批外国银币》，《考古》1975年第6期。

⑥ 明代，西班牙美洲殖民地铸造的里亚尔银币从吕宋输入中国。它是手工铸币，工艺粗陋，形状不规则，大小、轻重、厚薄不一，使用时需称秤，不能论枚计值。1661年，英国开始用螺旋滚压机铸币，规格一致，外观精美。1732年，西属美洲铸币厂改用机器。18世纪输华的海外白银绝大部分是银币。

欧美商人带来各种银圆购买中国的丝茶等产品,其中重要的有西班牙银圆、荷兰马剑、威尼斯杜卡通、法国皇冠、里克斯银圆等。[①] 起初,它们平分秋色。18世纪六、七十年代,西班牙银圆占据上风,18世纪末,它已是中外贸易的标准货币。1797年,广州的英商收到的白银"有部分为法国王冠银圆及荷兰盾,这些货币是不具有与西班牙银圆同样的合法货币性质的",承担的损失达14%—18%。[②]

机制洋钱不同于过去手工打造的番银,其成色、重量一致,同时解决了使用银两和(大额)铜钱的麻烦,既不用"较成色之高低,称分量之轻重",也无须计钱数、剔小钱。一吊乃至数十百吊铜钱换成银圆,重量骤减至一百几十分之一,携取方便。经过一段时间的流通,人们觉得洋钱凭个数计值即可,于是洋钱成为中国货币流通的新角色:异于称量货币银两的计数银币。因其形状,机制洋钱被称为"员银",如雍正六年(1728)泉州黄氏家族的一份契约称"员银一百八十两九城驼足"。[③] 其后,"圆"(或"员""元")演化为新的货币单位。[④] 乾隆十二年(1747)刊《台湾府志》卷13《风俗一》中能看到作婚礼聘钱用的"番银……圆"。[⑤] 成书于乾隆

[①] 马剑俗称"马钱"。里克斯银圆产自德国、北欧、荷兰等地,俗称"十字钱"。西班牙银圆(Real银币)大小数等,以"Peso"为主,包括:双柱(Pillar Dollar):塞维利亚皇家造币厂的老双柱,Peso成色95;墨西哥总造币厂的新式双柱(其他美洲殖民地亦有生产,数量不多),Peso成色94。周缘有麦穗纹,称"花边"(后来,花边变成银圆的通称)。双柱之间加入东西两半球的图案,柱上有卷轴裹着,成"$ $"形。头像银圆:1772年,西班牙银圆的王徽一面改作国王头像,称"Head Dollar"。中国人称番面、佛番、佛头,分加罗拉三世币、加罗拉四世币和斐迪南七世币几种。Peso的成色先为92,后降至90。加罗拉银圆:即著名的"本洋",其中三世币称"三工",四世币称"四工、工半、小髻(小洁)、老头、老板"。斐迪南七世币称新板、新头。严格说起来,"佛头"也好,"本洋"也好,主要指加罗拉四世币。它对别种西班牙银圆都有升水。有人认为"本洋"指各种西班牙银圆,与当时中外人士的记载不符。且"本洋"的叫法,只流行于华东。参见张宁《中国近代货币史论》,湖北人民出版社2007年版,第24页。

[②] [美]马士:《东印度公司对华贸易编年史》第一、二卷,区中华译,张文钦校注,中山大学出版社1991年版,第614页。

[③] 陈支平:《从契约文书看清代泉州黄氏家族的工商业兴衰》,《中国经济史研究》2001年第3期。

[④] 参见张宁《论我国现代货币单位"元、角、分"体系的确立》,《史学月刊》2005年第2期。

[⑤] 转引自[日]百濑弘《清代西班牙银元的流通》,载于《日本学者研究中国史论著选译》第6卷,中华书局1993年版,第459页。

五十二年（1787）的《清朝文献通考》卷16 乾隆十年（1745）著者按语论及"福建、广东近海之地又多行使洋钱"时，专门使用了"圆"："凡荷兰、佛朗机诸国商船所载，每以数千万圆计。"①

图4—3　1736年西班牙双柱银圆

图4—4　1797年加罗拉四世银圆②

---

① 《清朝文献通考》卷16《钱币四》，浙江古籍出版社2000年影印本，第5002页。
② 西班牙银圆图片来自袁水清《中国货币史之最》上，三秦出版社2012年版，第153页。

第四章　清中叶货币流通格局的大变动　/　195

　　从洋钱流入的第一站——珠三角和闽南地区契约使用货币情况来看，康熙至乾隆初年基本上用银两，偶有"番银"。乾隆十二年（1747）已有契约注明"新番银"（按：乾隆十五年有一份契约称"员番银"，可见从番银到员银过渡的称呼变化），次年有契约中出现"员银"，此后成为闽南契约用银的主流，大多注明重量，如"价银二两员""员银五十两九驼足""新佛番银六十大员，折纹银库驼四十两正"之类，亦有少数只计"员"而不计两的。① 计枚流通的洋钱还可以用于纳税，如乾隆三十四年（1769）德化县规定"将番银照收钱粮之例，每番银一员，折纹银六钱二分"。② 珠三角地区在乾隆二十年（1755）前后已有用"员"的契约，如"时价银五百两成员，另补回后进上盖银一十二大员"，此后契约中"员银"亦常见，或称"花边银""花银"等，不再注明成色。有时只计枚（有员而无两），有时附重量。③ 广东其他地区亦有洋钱流通，"南（南雄府）、韶（韶州府）、连（连州）、肇（肇庆府）多用番面，潮（潮州府）、雷（雷州府）、嘉（嘉应州）、琼（琼州府）多用花边"。④

　　乾隆后期，洋钱在福建、广东、台湾等地普遍流通。"福建、广东近海之地，又多行使洋钱……闽粤之人，称为番银，或称为花边银。凡荷兰、佛郎机诸国所载，每岁数千万圆计。"⑤ 番银的计枚核值影响到外贸记账单位。1786年2月24日，英国东印度公司董事会的训令说："不赞成近来流行付给商人的银圆按个数计算，而不以重量计算的办法。"⑥ 过了6年，英国东印度公司最后一个服从潮流，承认"按个数

---

① 参见《闽南契约文书综录》，《中国社会经济史研究》1990年增刊。
② 引自［日］百濑弘《清代西班牙银元的流通》，载于《日本学者研究中国史论著选译》第6卷，第456页。在刑档乾隆三十三年福建晋江刘遄一案中，刘父"许给黄氏番银一百大圆"，"向蔡耀银店借出番银一百大圆，先交黄氏十大圆……"可见，当地已通行计枚定值了（第一历史档案馆：《清代土地占有关系与佃农抗租斗争》下册，中华书局1988年版，第686—687页）。
③ 参见谭棣华、冼剑民编《广东土地契约文书（含海南）》，暨南大学出版社2000年版。
④ 梁绍壬：《两般秋雨庵随笔》卷3，转引自《中国近代货币史资料》第53页。番面指西属美洲铸造的加罗拉三世、加罗拉四世和斐迪南七世头像银圆，花边指墨西哥总督造币厂生产的新式双柱银圆。
⑤ 《清朝文献通考》卷16《钱币》，浙江古籍出版社2000年影印本。
⑥ ［美］马士：《东印度公司对华贸易编年史》第一、二卷，区中华译，张文钦校注，中山大学出版社1991年版，第593页。

计值是优越的,因为它的方法简单,能力最平常的人也可以做到"。①加罗拉银圆替代银两,成为外贸记账单位。后来,《南京条约》规定的赔款额正是以"元"计算,五口通商之初的中外贸易也继续以西班牙银圆为标准货币。

海外白银输华的目的是购买中国的丝茶等特产,因此洋钱沿着茶叶、生丝、南京布的商路流动。一些光板洋钱进入产区,逐渐获得信任。于是,更多洋钱无须改铸为银锭,而是直接输往产区,改变了当地的货币流通格局。以江、浙为例:

松江府:"闻古老云,乾隆初年,市上咸用银。二十年(1755)后,银少而钱多,偶有洋钱,不为交易用也。嗣后洋钱盛行。"②

苏杭:"乾隆初,始闻有洋钱通用。至四十年(1775)后,洋钱用至苏杭……乃渐用洋钱……五十年后,相率通用,价亦渐增。苏城一切货物渐以洋钱定价矣。"③

浙江:"余年四十岁(1769)以前,尚无番银之名,有商人自闽粤携回者,号称洋钱,市中不甚行也。唯聘婚者,取其观饰,酌用无多,价略与市银相等。今(1796)钱法不能划一,而使番银之用广于库银。"④

可见,乾隆二、三十年代(1755—1775),洋钱在江、浙还是"新生事物"。一二十年后,洋钱的应用有超过银两的趋势,而且得到了某些价值尺度的职能。"番银之用广于库银",计枚流通的洋钱对银两溢价,以超出其实际含银量的价格流通。由于洋价"浙江贵于闽、粤,江苏又贵于浙江","镜光新面洋钱"大量北流,闽广逐渐变成(打了戳记的)烂板洋钱流通区。

随着"圆(元)"流行,又产生"元"的辅助计算单位——角。嘉

---

① [美]马士:《东印度公司对华贸易编年史》第一、二卷,区宗华译,张文钦校注,中山大学出版社1991年版,第627页。

② (清)诸联:《明斋小识》卷12,转引自《中国近代货币史资料》,中华书局1964年版,第51页。

③ (清)郑光祖:《醒世一斑录》,《杂述六》,杭州古旧书店1982年影印本,第44页。

④ (清)汪辉祖:《病榻梦痕录》,梁文生、李雅旺校注,江西人民出版社2012年版,第56页。

庆二十四年（1819）包世臣在《己卯岁朝松江即事》诗注中说："吴市洋钱以块计，每块十角，每角十分"。"块"是元的别称，至今留在口语中。新的货币单位系列使用范围很广，如1833年在台为官的陈盛韶著《问俗录》，记载台湾"每担折银一圆三角"。[1]

从18世纪中叶到19世纪上半叶，机制银币——洋钱由一个新生事物发展为中国货币流通的重要势力。1847年，某外国人士的商业调查报告称："银圆在下述各省自由流通：广东、广西、福建、江西、安徽、湖南的东部和南部。烂板银圆的流通，几乎全限于广东、福建和江西。"[2] 此前，广东举人林柏桐记录1802年至1816年历次北上应会试的路途见闻，有一段记载可以互证，"新洋钱（须并未打银印兼要有四个工字者）用至苏州而止，其有印洋钱，东路用至赣州或至玉山（按：赣州位于江西南端，与广东接壤；玉山县位于江西东北端，与浙江接壤）而止，西路用至郴州或至湘潭而止（按：郴州位于湖南东南部，与江西赣州和广东韶关接壤；湘潭位于湖南中部，当时是湘江中游的重要港口和大商埠）。其洋钱之碎者，用至佛山或至三水而止（近时韶关或偶用之）"。[3] 林氏未去过福建和广西。

洋钱的流通，大大降低了使用银货币的难度，可以替代大数用钱。作为硬通货，洋钱也没有私人店铺钱票的信用风险。据郑光祖回忆，洋钱流通到苏州府常熟县时，当地"广用钱票"，到嘉庆时，发行钱票"存贮盈万"的大钱铺"十败七八"，至于乡村小店的钱票"颇为乡里害，其败立见"。[4] 有鉴于此，人们当然乐意用银圆而非钱票。如道光年间许楣《钞币论》所言："今江浙盛行洋钱之处，即不用钱票，则以票虚而洋钱实也。"[5]

在江浙地区，虽然铜钱受到银圆的排挤，"大数"用钱在较长时期内

---

[1] 《问俗录》卷六"叛产"，书目文献出版社1983年版。
[2] B. P. P., Return of Trade of the Various Ports of China for the Years 1847, 1848, p. 13. 转引自人民银行总行参事室金融史料组编《中国近代货币史资料第一辑：清政府统治时期（1840—1911）》上册，中华书局1964年版，第57页。
[3] （清）林伯桐：《公车见闻录》，"用物"，载于《丛书集成三编》，台北新文丰出版公司1997年版，第88页。
[4] （清）郑光祖：《醒世一斑录》卷2《人事》，杭州古旧书店1982年影印本，第3页。
[5] 《续修四库全书》"史部"第838册，上海古籍出版社2002年影印本，第660页。

仍部分维持下来。以上海为例，1843年开埠时，外商发现"上海同宁波、苏州、杭州一样，早已通行西班牙银圆了。大多数做小买卖的店铺都按银圆交易……豆类、棉花、棉布等大宗土产贸易……用银两计算"。① 此说夸张，王汝润《馥芬居日记》记载20多条货币信息（道光二十九年至同治七年），仅两处提到银圆，诸如房价、房租、建材、束修、船费、诊金、米价等，皆以钱文计，有些数额很大，如"买南门一房，六百六十千，修费六、七百千"；捐银也折成钱文计算，如"潘姓缴州银一千余千"。② 现存碑刻中的货币史资料与之基本一致，嘉庆道光年间上海各会馆公所捐资记录中的货币几乎都是制钱和银圆，钱文数额常达几十千上百千，记账时或分别计算，或将银圆折成钱文统一计算，如"以上共结收饼豆业捐洋钱壹千壹佰伍十伍元八角作足钱壹千贰佰柒拾壹千叁佰八十文，实收足钱玖佰柒拾壹千叁佰八十文，统共计收足钱肆千贰佰玖十壹千叁佰八十文"。③ 同一时期苏州碑刻中的货币史资料具有类似的特征，④ 记账习惯与上海相同，或各种货币分别计算，或统一折算为钱文，如"捐钱、洋合钱45千390文"。⑤ 但银圆在苏州流通更广，分析嘉庆十二年至十四年某寺庙收支什用账单和道光九年常熟县东南三图新桥武庙建造永安水龙细账，可见零星开支皆用铜钱，如金额超过千文，银圆、铜钱并用，但银圆用处稍多，偶尔用银两。⑥

---

① 《北华捷报》1856年4月19日，转引自《中国近代货币史资料》，中华书局1964年版，第57页。

② 《清代日记汇抄》，上海人民出版社1982年版，第197、187页。本地批发贸易用钱计价者亦多，如上海冰鲜业兴于开埠通商之际，"以制钱计值"，同治年间才"改钱码为洋码"（《海上冰鲜业敦和公所沿革碑》，载于上海博物馆编《上海碑刻资料选辑》，上海人民出版社1980年版，第415—416页）。

③ 《重建上海县城隍神庙戏台碑》（道光十七年立），载于《上海碑刻资料选辑》，上海人民出版社1980年版，第31页。

④ 参见《明清苏州工商业碑刻集》（苏州历史博物馆编，江苏人民出版社1981年版）及《明清以来苏州社会史碑刻集》（王国平等编，苏州大学出版社1998年版）。略有区别的是，苏州碑刻中还有少数捐银的记录。苏州是江苏巡抚治所，政府机构多，故银两流通稍广。

⑤ 《漆作业捐资重修性善公所碑》，道光二十五年立，载于《明清苏州工商业碑刻集》，江苏人民出版社1981年版，第147页。

⑥ 《嘉庆十二年至十四年收支什用账单》、《常熟县为公置水龙救火器具给示禁约碑》，载于《明清以来苏州社会史碑刻集》，苏州大学出版社1998年版，第374—376、658—661页。

第四章　清中叶货币流通格局的大变动 / 199

江南地区洋钱流通示例：由苏州碑刻所见嘉道时期洋钱、制钱和银两的流通状况

明清时期，各地碑刻保留了许多第一手的货币史料。除了捐资记录外，某些碑刻还有捐资、开销的简明账目。以下摘录若干苏州碑刻中的账目，生动直观地展现了当时当地日常经济活动使用货币的状况。

1. 某寺庙的嘉庆十二年到十四年（1807—1809）收支什用账单①

嘉庆十二年起零用细账开列于左：

木作朱茂生修理添补，共付洋六十一元，钱二十五千六百八十二文。

大红呢绣袍一件，□色呢绣袍一件，漳绒袍一件，共付洋七十四元，元银六两九钱四分，钱二十七千七百六十文。

钉明瓦，共付洋四元，钱十千零四百三十五文。

本庙香伙棉袄一件，付钱七百文。修盔，付钱七百文。

木盔匣，付钱七百文。

本庙和尚入报零用钱三百文。

印喜单纸，钱三千一百五十六文。修陆冲付钱二百文。

付油漆炉，洋一元。付皮垫洋一元。

付朝笏，钱六百四十文。付笏□，钱四百五十文。

鹤嘴钉，钱四百二十文。宫灯一对，付钱四千一百四十文。

银硃，付洋一元。油漆，付钱一千九百四十九文。

袍箱，付钱一千一百七十九文。和尚，共付钱三千一百文。

修暖轿，付洋十一元钱六百四十文。轿顶，付钱八百四十文。

大轿箱，付钱三百文。梅红纸，付洋二元，钱一千七百六十文。

庙间壁房价，共付洋一百十五元，又付元银十两零一钱。

销契存案，付洋十一元，钱三百文。

石碑，共付钱十千零四百五十文，又付洋一元。

---

① 《嘉庆十二年到十四年收支什用账单碑》，载于《明清以来苏州社会史碑刻集》，苏州大学出版社1998年版，第376—378页。

立碑零用钱八百二十六文。将巾札，付洋二元。

付银硃，钱二百八十文。洋钱贴银□，钱五百文。

大锣一对，付洋十七元，钱十四文。付兑洋钱四十千零一百七十文。

大殿捉漏，付钱一千三百零八文，付兑洋一元。

付烛，洋二元，钱四千五百八十八文。水缸，付钱一千一百文。

□花酒钱，三百文。□椅四把，付洋四元。

树根山一座，付钱七百文。送□力，钱二十文。

做窗心板，付钱一千七百文。

高墩弄口房价，付洋二百二十一元，又付元银十四两零四钱四分。

圆炉上锅，付钱三百五十文。和尚饭锅，付钱三百文。

中天王神袍二件，付洋六元。

木作朱茂生造价，共付洋一百零三元，银六两三钱二分，钱十千零一百三十文。

漆作，付钱三千七百文，又付洋一元。条石四块，付洋四元。

付纸钱十五文。付兑洋钱十二千六百九十文。

刻字，付洋四元，又付元银三两八钱七分，钱四百文。

告示，付洋四元。开井，付钱一千一百二十文。

拖垃圾，付洋一元，钱三百文。

铁鸡骨，付钱一百三十九文。

付和尚，钱一千八百文。鹅毛扇一把，付钱四百文。

修暖阁木作，付钱九千五百文。水木作酒钱，四百二十八文。

铁链，付钱一百二十文。松板，付钱二千四百三十九文。

纱袍一件，付洋六元，钱千九百十五文。黄呢垫子一个，付钱一千八百文。

堂簿一本，付钱一百三十五文。大五方十对，付绉纱缎子洋五十八元。付碑刻字钱二千四百文。铜枪顶二十个，付钱七千文。

以上通共用洋七百十五元，银三十七两一钱七分，钱二百零八千四百二十文。十二年起，十四年止，通共收洋六百五十三元，又兑洋七十□□□□□五钱一分□□□□□。

账目内使用了三种货币，其中银两出现五次（四次为元银，即元丝银），共计 37 两 1 钱 7 分。洋钱和铜钱是主要货币，大部分商品和工钱用铜钱支付或洋、钱兼用，房产和丝织品皆用洋钱和元银支付。两次出现"兑洋钱"，似用洋钱计价而用铜钱折算支付。

2. 道光九年（1829）常熟县为公置水龙救火器具给示禁约碑①节选

今将东南三图新桥武庙建造永安水龙细数、众善姓捐助开列于后：

刘正大，前于嘉庆二十四年二月内迎恩桥西塊项姓疏虞众姓捐资酬恩公醮外，余下洋钱三十二元存办永安水龙，言定洋钱七十元。今将原捐所添洋钱三十八元，以完心愿。

姚大和，助修理新桥武庙安置水龙之所洋钱五元，又助水斗五只。

生生堂：助修理武庙洋钱五元。

恭寿堂席：助水斗十只。缪湘芷捐洋两元。

思善堂陈：助水斗念只。徐万安捐洋二元，另助刻碑洋一元。

务本堂李：助水斗十只。余兆汾捐洋两元。

务本堂李二房：助水斗十只。李广泰捐洋两元。

务本堂李三房：助水斗五只。沈福堂捐洋两元。

敦厚堂苏：助水斗五只。龚承基捐洋两元。

乐耕堂汪：助水斗五只。邹恒源捐洋两元，又助水枕旂架二件。

朱良亭：助中央旂一面。李裕兴捐洋一元。

存厚堂殷：捐洋两元。李源兴捐洋一元。

怀古堂何：捐洋两元。张茂兴捐洋一元。

徐熙堂：捐洋两元。绍昌号捐洋一元。

邹南山：捐洋两元。孙锦园捐洋一元。

萧恒德：捐洋两元。朱文德捐洋一元。

徐永兴：捐洋两元。山西复盛苏记捐旭钱七百文。

俞培基：捐洋两元。包廷爵捐钱四百文。

---

① 《常熟县为公置水龙救火器具给示禁约碑》，道光九年十二月，载于《明清以来苏州社会史碑刻集》，苏州大学出版社 1998 年版，第 658—661 页。

义兴和记：捐洋一元。吴三元观助龙用铁销全副。

李正兴：捐洋一元。包彩章助小案桌一只。

李庆成：捐洋一元。

领缘众社姓：

信丰号：捐洋一元。翁顺年、薛寿年、包廷爵、徐仲如。

介祉堂陆：捐洋一元。吕廷槐、徐万安、包彩章、刘正大。

顾福基：捐洋一元。邹南山、姚受祺、毕万成、萧恒德。

毛少岩：捐洋一元。沈福堂、邹恒源、孙锦园、顺福基。

山西恒昇通记二店：捐钱七百念文。毛少岩、余兆汾、徐永兴、徐熙堂。

山西永盛昌：捐钱三百六十文。李广泰、俞培基、龚承基、杨在春。

计开用账细数：

一、付萧奕源馆酒席十一桌，每桌二千一百文。金花社果八十分，每分七十文，堂费三百文，共付洋钱二十九元正。

一、付修理武庙洋钱十元正。另有细账。

一、付武庙顶首银洋钱三元正。

一、付刘正大水龙利市洋钱两元正。

一、付笔资费洋钱一元正。

一、付灯笼八十五盏，每盏二十八文，大灯四盏，铁丝灯二盏。共付洋钱二十元，钱八百四十文。

一、付吹手连饭食共计洋钱一元正。

一、付零星等项，共计通足钱六千五百六十八文□□□。

以上共收见洋钱五十二元，又收见通足钱二千一百三十八文。以上共用见洋钱四十八元。又用见通足钱七千四百八十文，总共除收，净亏通足钱一千五百八十文。

……

所议规条开列：

一、议所置水龙，倘损伤，议明刘正大、邹恒源自愿捐修，轮年承值。

一、议武庙倩僧住持照应水龙，每月贴钱一千文。

一、议俟每年冬至，祀神一次，费用钱文善缘内开除。

一、议每岁元宵敬神，暖圣点灯。

一、议每年祀神祭筵，萧奕源自愿捐办。

一、议水龙出门，一概分文不取。

一、议众姓捐助武庙家伙物件，不得私自借出。

以上每年在社一切费用等项，俱在善愿内支用。此议原为冬防风烛之虞，各善姓公举劝助永安水龙，以定章程，现贮武庙。唯念永远保障，不得废弛，勒石堪垂不朽矣。记开石碑一个，连座五千六百文，刻字共一千六百八十个，每个字五文。□□碑文库张计钱一千文。总共计钱付出碑字十八千三百六十文。此项钱文在善愿内开除。

与前项账目相比，这一碑刻的收支账单没有银两。捐款多是一元两元的洋钱，铜钱很少。特别引人注目的是，从修庙、利是、笔资到吹手连饭食皆以洋钱支付，可见用洋钱计价支付的商品和服务品种增加了，酒席、灯笼等虽以钱计价，但支付时直接用洋钱或洋钱、铜钱兼用，只是零星等项支付才完全用铜钱，统共只用洋换钱五千多文。因此，这一收支账目显示的洋钱流通地位有了明显提高。

上海和苏州的货币流通格局大体可以代表当时江南地区（江苏南部和浙江北部）民间货币流通的整体状况，即银两、银圆、铜钱三足鼎立。银圆的地位超过了银两，大数用钱也在减少。在这一地区，铜钱彻底降为日常零用货币，是在光绪年间。

19世纪上半叶，洋钱继续沿着商路从沿海向内地某些地区渗透，如徽州、江西东北部。

在吴秉坤整理的徽州民间借贷契约文书中，《嘉庆二十三年（1818）八月初十叶文祯公祀秩下立当字》第一次出现"洋"，第二次是歙县《道光五年（1825）十二月吴士科立当约》。此后，洋钱在徽州民间货币流通中的地位迅速扩张。统计1825年至1830年的63份货币借贷契约，17份用银两，15份用洋钱，31份用铜钱。进入19世纪40年代后，徽州民间借贷契约极少用银两。[①] 但在土地买卖契约文书中，

[①] 吴秉坤：《清至民国徽州民间借贷利率资料汇编及研究》，上海交通大学出版社2015年版，第36、41—72页。

银两仍占绝对优势。

江西东北部信江流域与浙江西部和安徽徽州接壤，也流通洋钱。前引嘉庆年间经过这一地区的广东举人林柏桐记载，说明"有印洋钱"流通至玉山县。现存在玉山县西边乐平县开店经营的徽商志成号账簿，虽然时间稍晚（咸丰元年到十一年），也可以说明当地在19世纪上半叶形成了银两、洋钱和铜钱并用的货币流通格局。志成号记账的方式是制钱本位，银两和洋钱的收支折算成钱文入账，如"二月初九，收义顶毛甫拾匹、浩记毛甫拾匹……共布160匹，计码87400文，九三扣实钱81282文，五五四扣纹45两3分。付布平司纹44两9钱5分，面抹8分"；"四月三十日，共收日生钱639796文，洋钱11元，一六扣钱（按：指洋钱与制钱的比价为1：1600）17600文"。[1] 就使用频率而言，洋钱已超过银两。据志成号历年《银钱总录》，"咸丰元年至六年，洋、钱兑换次数分别为85笔、28笔、26笔、22笔、22笔、16笔，而同期银钱兑换次数分别为10笔、10笔、8笔、11笔、4笔、5笔，洋钱与制钱兑换次数分别是银钱兑换次数的8.5倍、2.8倍、3.25倍等"。[2]

综上所述，中国的货币流通格局在清中叶发生重大转变。至鸦片战争前夕，除了西藏、新疆地区[3]和（归化城土默特之外的）蒙古地区以

---

[1] 马勇虎：《咸丰年间货币流通的民间形态——徽商志成号商业账簿研究》，《安徽史学》2011年第2期。

[2] 马勇虎：《乱世中的商业经营——咸丰年间徽商志成号商业账簿研究》，《近代史研究》2010年第5期。

[3] 18世纪60年代以后，新疆的南疆是特殊货币区，铸造流通红钱；北疆属于制钱流通区。由于缺少第一手史料，无法详述北疆的货币流通特点，只能做一些猜测。清政府统一新疆后，"内地各处商贾及携眷官兵带往者，自康熙、雍正以至乾隆通宝，各样皆有"，在北疆形成一个制钱流通区，"伊犁、乌鲁木齐、巴里坤、哈密等处，直逼内地，此一带地方市用皆系制钱"。但宝伊局（1775—1866）铸钱太少（连续铸钱91年，每年仅铸钱1200串），外地运来制钱的运费太高，当地制钱供应并不充裕（王永生：《新疆历史货币》，中华书局2007年版，第96—97页）。加之大量军饷白银源源流入新疆，所以北疆应该是大数用银、小数用钱。南北疆经济往来密切，现存的少量南疆地区清代契约文书都是用银交易，察合台文契约文书用银币（应为准噶尔蒙古时期铸造的天罡银币），吐鲁番汉人移民稍多，晚清时期的契约文书多用银两，红钱大概只用于日常小额交易支付。参见娄晓瑞《清代南疆察合台文契约文书研究》，硕士学位论文，新疆大学，2011年；张世才《清同治后吐鲁番地区土地买卖的形式及特点》，《西域研究》2006年第4期。

外，全国形成4大货币区：

钱本位主导的货币区：在华北、东北、与内地相邻且汉人移民较多的归化城土默特，以及湖北、湖南北部、安徽大部、江西大部、江苏北部和陕西南部的汉水流域，小数用钱，大数银钱兼用。本地经济往来以钱本位为主，（淮河流域以北）实际交易支付时经常辅以钱票等信用工具；银两是跨地区经济往来的通用货币和富裕阶层重要的财富贮藏手段，有时也用于本地，特别是城市批发商业的大额交易支付，但经常折成钱文计账。

在山西、陕西和甘肃等西北地区，银两的流通比华北更加广泛，一些地方仍有日常交易用银的习惯，个别地方（如陕西岐山）还保留着小数用银的传统。另外，制钱流通的信用化水平较高，山西是全国最早流通钱票而且早期钱票遗留最多的省份，陕西（西安、凤翔、同州三府）和甘肃某些地区也习用钱票。

银两、银圆和铜钱兼用的货币区包括江苏南部、浙江、广东、广西、福建、湖南南部、安徽徽州地区、江西南部毗邻广东一带和赣东北信江流域。在江苏南部和浙江，银两、洋钱和制钱三足鼎立，银两主要用于跨地区的批发贸易，洋钱地位不断上升，但尚未将制钱完全排挤到"小数"领域。在珠三角、闽南、湖南南部和徽州地区，基本是大数用银（银两、银圆）、小数用钱。但广东和福建多流通烂板洋钱，往往需要秤称。

西南地区的货币流通大体上是"大数用银，小数用钱"，"小额"的上限大幅提高。以四川自贡盐业契约为例，在乾隆至道光年间的27件契约中，15件用银，最低22两；12件用钱，金额多在数千文至二三十串，两件超过50串。至于契约内提及的日常开销，如使费钱、辛力钱、井底钱等，皆用钱文。① 四川的货币流通有一定过渡特点，自贡所处的南部接近云贵，民间用钱的数额也能达到数十串。可见当地升斗小民主要是用

---

① 资料来自自贡市档案馆等编《自贡盐业契约档案选辑》，中国社会科学出版社1985年版。现存的另一种四川契约——新都地契有25件为嘉庆道光时的文契，其中23件用银，两件用钱。但买主都是社团会门组织，契约金额偏高（最低为20两），代表性较差（《清代地契档案史料》，内部资料，四川省新都县档案局印行，第143—144页）。

钱。在毗邻陕鄂的地区，制钱的流通上限会更高。在有用银传统的云南和贵州，由于流通铜钱的质量较差，银两在日常生活中的使用更加广泛。直到18世纪末，贵州还盛行"分厘用银"。

需要强调的是，以上的货币区只是粗略的划分。[①] 中国山川纵横，被分割成不同等级、大大小小的地理区块。在交通不发达，各地经济联系与市场整合水平落后的时代，形成各具特点、相对独立的经济区。即使一省之内，因商情习惯之别，货币流通格局亦有差异。各大经济区之间的过渡地带，往往也是各大货币区的过渡地带，货币流通多呈现一种渐变和交融的态势。

货币区一旦形成，既具有稳定性，又是一个动态的金融现象。如本章各节所述，每个货币区都处在演变之中，或者自身的特色仍在强化，或者在局部出现变异。货币制度又是时代的产物，因时而变。鸦片战争后，西潮东渐，中国历史进入"三千余年一大变局"，清朝的统治也面临前所未有的内忧外患，因此货币流通的演变也将进入一个新阶段。

[①] 本书的货币区划分与王业键先生的观点有所区别（参见王业键《中国近代货币与银行的演进》，台湾"中央研究院"经济研究所现代经济探讨丛书第二种，1981年，第20—22页）。王著划分了19世纪上半叶的三大货币区：一是北方（东至南满，西达陕甘），铜钱与钱票兼行，"大宗交易以及数额在千文以上者，多以钱票支付"。本书则考虑了城乡差别，以及银两为地区间经济往来的媒介。二是南方（东南沿海及长江中下游），"银、私票及铜钱三角鼎立"，"银圆、私票（银票及钱票）和银锭在大宗贸易市场中互争雄长"。实际上，长江中游的大部分地区不流通银圆，而且南方很少用钱票，"银票"则属于存单、会票或期票。三是西北及西南边陲地区，"依旧为传统的银铜复本位所支配"。囊括西藏与南疆，似可商榷。总的来说，王著的划分虽有欠缺，而且没有实证，但颇具开创和启发意义。

第 五 章

19世纪下半叶的货币流通格局

第一节 世界银价下跌中的银两制度

17世纪以降,中国的货币供应和金融体系与世界贵金属的生产流通紧密地联系在一起。每一次世界银价和白银供应的大幅波动,都对中国的经济和金融产生重要的影响。

19世纪50年代,美洲银矿进入新的增产周期,加利福尼亚(1848—1850)、澳大利亚(1851—1856)发现系列大金矿,扭转了世界贵金属供应形势。

表5—1　　　　　　　　世界金银产量(二)[1]

单位:万盎司

年	1821—1830	1831—1840	1841—1850	1851—1860	1861—1870	1871—1880	1881—1890	1891—1900	1901—1910
金	457	652	1762	6313	6108	5472	5200	10165	18279
银	14800	19200	25000	26500	39000	66800	97200	161400	182600

资料来源:Pierre Vilar:《A History of Gold and Money(1450—1920)》。

与此同时,欧美经济进入新一轮增长期。以英国为例,1842—1852年人民税后所得增加6%,1853—1861年的8年增加20%。英国首相

---

[1] 林满红:《中国白银外流与世界金银减产(1814—1850)》,载于吴剑雄主编《中国海洋经济发展史论文集》第四辑,台北"中央研究院"中山人文社会科学研究所1991年版,第20页。

Gladstone 在 1863 年 9 月 16 日甚至说当时英国财富的增加是"令人陶醉的"。因此，欧美市场对中国生丝和茶叶的需求迅速增长。1850 年以前，中国茶叶出口只有 5 年超过 5000 万磅，之后连年大增，1859 年过亿磅，1869 年过两亿磅；生丝出口在 1845 年以前仅两年超过百万磅，1851 年过 200 万磅，1855 年过 500 万磅，1876 年一度超千万磅。出口量激增的同时，价格也在上升。①

"因丝茶大量出口之故，鸦片输入之数额虽大，国际收支，仍于中国有利。银子亦由出超转为入超"。② 严中平根据冯桂芬、North China Herald、Donald Matheson、William Wells、英国蓝皮书等资料指出："至少从 1853 年起，中国国际收支从入超转变为出超是确定无疑的。"③ 据余捷琼估算，"1850—1859 年输入为 150000000 元，1860—1866 年输入为 70693764 元。前后相加，本期中输入银子应为 220693764 元"。折合白银约 1.522 亿海关两。④

从 19 世纪 70 年代开始，国际银价下跌成为影响白银内流的一个新因素。由于主要资本主义国家相继改用金本位，抛售白银，白银的产量又因北美发现大银矿而大增，1873 年，维持了近两百年的 1∶15 多的金银比价跌破 1∶16 大关。由于东亚和印度继续用银，同时美国政府为维持银价收购白银，⑤ 金银比价到 1888 年才跌破 1∶20。1892 年末，比京货币会议失败，恢复金银复本位的动议破产。次年 6 月，英属印度改为金汇兑本位制。11 月，美国政府取消休门条例，停止购银。于是，银价加速下跌，金银比价在 1894 年跌破 1∶30。1897 年，日本改用金本位，白银在中国以外迅速非货币化，成为一种普通的商品。到 1902 年，金银比价达

---

① 林满红：《中国白银外流与世界金银减产（1814—1850）》，载于吴剑雄主编《中国海洋经济发展史论文集》第四辑，台北"中央研究院"中山人文社会科学研究所，1991 年，第 13、14、19 页。

② 余捷琼：《1700—1937 年中国银货输出入的一个估计》，商务印书馆 1940 年版，第 25 页。

③ 严中平：《中国近代经济史（1840—1894）》上册，人民出版社 1987 年版，第 363—364 页。

④ 余捷琼：《1700—1937 年中国银货输出入的一个估计》，商务印书馆 1940 年版，第 27 页。

⑤ 1878—1893 年，美国政府收购的白银约合当时世界银产量的四分之一。

到1∶39.15的低位，此后剧烈波动。①

表5—2　　　　　金银比价变动（1871—1899）　金价＝1

年份	1871	1872	1873	1874	1875	1876	1877	1878	1879	1880	1881
比价	15.57	15.63	15.93	16.16	16.64	17.75	17.20	17.92	18.39	18.05	18.25
年份	1882	1883	1884	1885	1886	1887	1888	1889	1890	1891	1892
比价	18.20	18.64	18.61	19.41	20.69	21.10	22.00	22.10	19.75	20.92	23.72
年份	1893	1894	1895	1896	1897	1898	1899				
比价	31.60	30.59	34.20	35.03	34.36	26.49	32.56				

资料来源：刘佛丁：《中国近代经济发展史》，高等教育出版社1999年版，第178—179页。

白银在国际上逐渐非货币化导致银价持续下跌期间，中国延续银钱并用币制，因此成了世界市场上过剩白银的重要目的地。19世纪80年代，由于丝、茶出口增长减缓，外国工业制成品进口增加，中国的外贸又出现逆差。此后，进入长期逆差阶段。海关的《中国对外贸易概要（1882—1931）》在1892—1901年部分总结："在近二十年来，对外贸易的普遍发展中，贸易收支发生了一个惊人变化，开始有了所谓的'逆差'，就是说进口大于出口。最初进出口相差无几，以后差距越来越大。"虽然外贸逆差，但国际市场上日益跌价的白银涌入中国，利用中外金银比价变动的时间差，换取黄金套利。从1882年到1901年，"中国黄金出口净值为71000000余海关两，白银进口净值为87000000余海关两。银价下跌期间，黄金总是被输出中国"。② 另外，外国投资不断增长，特别是《马关条约》之后外国企业在华投资的增长，也带来了白银流入。此外，华侨向国内汇款也是一个白银流入的次要来源。

由于缺少准确的1888年以前的海外白银进口数据，只能根据进出口贸易数据及各海关报告的一些金银流动记载，加以推算。1893年，英国驻上海代理总领事哲美森写了一份《关于中国对外国进出口贸易统计以

---

① 参见张宁《中国近代货币史论》，湖北人民出版社2007年版，第40—41页。
② 徐雪筠等译编：《上海近代社会经济发展概况（1882—1931）——〈海关十年报告〉译编》，上海社会科学院出版社1985年版，第331页。

及银价下跌对中国物价和出口量影响的报告》,认为"自1865至1870年进出口货值近乎平衡。从1871年到1880年,中国的国际贸易一直是顺差的,即有白银从欧洲流入中国。由此吸收的白银总额看来约有1亿两……在1881至1887年间,进出口货值又接近平衡"。① 余捷琼认为1868年至1885年"全国银子之净输入,应为191182127元",折成海关两约为1.318亿两白银,比哲美森的数字多。② 周广远根据海关银流动数字等资料,认为1870—1887年白银内流量为8000万两或1亿两,与哲美森的数字相当。③

1888年之后,海关记载了金银进出口的数字,白银进出口净值见表5—3。

表5—3　　　　　　　　1888—1899年白银流入(出)

年份	白银的净出口(+)或净进口(-)值(1000关两)	年份	白银的净出口(+)或净进口(-)值(1000关两)	年份	白银的净出口(+)或净进口(-)值(1000关两)
1888	+1910	1889	-6005	1890	+3558
1891	+3132	1892	+4825	1893	-2945
1894	-13613	1895	-36685	1896	-1720
1897	-1642	1898	-4722	1899	-1271

资料来源:郑友揆:《中国的对外贸易和工业发展》,上海社会科学出版社1984年版,第342页。1888年和1889年数字以海关数字补入。

由表5—3可知,1888—1899年白银净进口55178000海关两。

综上,19世纪下半叶白银内流超过3亿海关两。在沿海、沿江地区的通商口岸相继开放,对外贸易拉动国内长途贸易迅猛增长的新时代,巨量白银的涌入扭转了中国的货币供应形势,巩固了金融活动的信用基

---

① 李必樟译编:《上海近代贸易经济发展概况:1854—1898年英国驻上海领事贸易报告汇编》,上海社会科学院出版社1993年版,第798—803页。
② 余捷琼:《1700—1937年中国银货输出入的一个估计》,商务印书馆1940年版,第16页。
③ 周广远:《1870—1894年中国对外贸易平衡和金银进出口的估计》,《中国经济史研究》1986年第4期。

础，推动（以银两计的）通货膨胀和经济扩张。① 在内外贸易大发展的推动下，落后银两制度也发生了很有限的变化。

银两制度分实银（银锭）和虚银（记账银两）两部分。以实银而论，18世纪中叶以后，全国绝大部分地区的日常交易支付已很少用银，因此散碎银块流通少，银锭大都用于政府财政、民间大额交易支付和财富贮藏。经过长期的演变，各地区逐渐形成了一些银锭铸造的形制和成色标准，"各地银两的种类渐次减少，尤其是现宝，一地方大概统一为一种了，所以不复如前之烦复"。② 如汉口曾流通十数种元宝，19世纪60年代，本地银炉始统一铸造公估二四宝。表5—4和表5—5是民国初年的调查结果，内容是清末民初各大商埠的宝银（元宝）成色标准和流通银锭种类，有一定的参考价值。

表5—4　　　各地通用成色标准宝银（道光以后各通商口岸逐渐选定通用）③

省名	地名	标准宝银	备考
京兆	北京	十足宝	名为纯银，实则九九二，故可称之为二六宝
直隶	天津	化宝	成色九九二与北京同，故亦可称之为二六宝
山东	济南	二四宝	
	芝罘	二六宝	
河南	开封	二八宝	名为二八宝，实系二四宝
山西	太原	二四宝	
陕西	西安	二四宝	

---

① 这一时期，一些中外金融机构发行不具名的银两票，算是一种银两本位的纸币。本土钱庄和票号以发行钱票为主，银两票流通性较差，发行量有限。通商口岸的外资银行也发行银两票，发行量最大的汇丰银行银两票在19世纪最后20年从上海向长江流域和北方的通商口岸扩张。在1882—1891年的汉口，汇丰银两票由不受中国人信任到"钱庄和商人都欣然接受"。外资银行钞票的大扩张是在20世纪初。此外，19世纪末成立的一些省官银钱局也发行银两票，但成立之初，资本有限，发行量很少。成立于1897年的第一家中国新式银行——中国通商银行在成立之初就发行银两票，如该行光绪二十四年（1898）发行的上海通用银两一两钞票。参见张宁《中国近代货币史论》，湖北人民出版社2007年版，第96—108、173—188页。
② ［日］吉田虎雄：《中国货币史纲》，周伯棣编译，中华书局1934年版，第77页。
③ 张家骧：《中华币制史》第2编，民国大学1926年版，第46—48页。

续表

省名	地名	标准宝银	备考
江苏	上海 镇江 南京 苏州	九八规银 二七宝 二七宝 二八宝	市上往来多用二四宝，但外省汇兑则均用二七宝
浙江	杭州 宁波	二七宝 二九宝	二八宝亦通用
安徽	安庆 芜湖	二八宝 二七宝	二四宝亦通用
湖北	汉口 宜昌 沙市	二四宝 二四宝 二四宝	
湖南	长沙 常德 湘潭 岳州	二四宝 二四宝 二四宝 二四宝	又二四宝九九八兑 又二四宝九九五兑 又二四宝九九五兑
江西	九江 南昌	二四宝 二四宝	
贵州	贵阳	二四宝	
四川	重庆 成都	二四宝 二四宝	
奉天	营口	二六宝	
吉林	吉林	二六宝	
黑龙江	龙江	二六宝	

宝银即元宝银，是用银两的大宗交易支付最常用的银锭，一般是重五十两左右的大银锭，也有十两的银锭。所谓二四宝、二六宝，是以晚清时期上海纹银的标准来计算宝银的成色。"二四宝就是说五十两重的宝银，在流通的时候，要申水二两四钱，换句话说，就是五十两重的二四

宝银所含的纯银，等于五十二两四钱纹银所含的纯银"。① 19 世纪晚期，各大经济圈内商埠之间的经济联系愈加紧密，形成了区域性的宝银成色标准。由表 5—4 可见，内地商埠多用二四宝，环渤海地区和东北多用二六宝，长江下游地区多用二七宝、二八宝。

表 5—5　　　　　　　　清末民初各省宝银名称重量②

省名	地名	银名	备考
京兆	北京	十足银	系公估局定十两重之银锭，市上最为通用，作为十足行使，如实际化验，尚不足纯钱九九
		松江银	当地通用作为九七六，实则九七二
直隶	天津	化宝银	此种银两成色作九九二，后来并无实银，专属转账之用
		白宝银	为足色现宝，系本埠炉房所熔铸，市面通用之
		老盐课银	成色约在九九七之谱
	保定	新化银	即府漕宝银，系本地炉房所熔铸之五十两重锭银，市上最为通行系本地炉房所熔化，每锭五十两重，为本地最通用之高色银
	张家口	蔚州宝	成色较蔚州宝为低
		滴珠银	
	榆关	松江银	此间炉房，只有大德元一家。药商所来现银由该炉房倾成白宝，然后可以行使市上，其成色约在九九五之谱
	祁县	蔚州白宝	此地通行山西运来之大宝
	石家庄	山西宝	系本地银炉所化，每锭重一两三钱有零，通行市上，名为九九成色，实际仅九八二光景
	邢台	周行宝	

---

① 彭信威：《中国货币史》，上海人民出版社 1958 年版，第 538 页。
② 张家骧：《中华币制史》第 2 编，民国大学 1926 年版，第 37—45 页。此表虽名为"宝银名称重量表"，其中多有小锭，实际是各商埠通行银锭的名称重量表。

续表

省名	地名	银名	备考
山东	济南	高白宝	市面通用之，实际化验得纯银九九之谱
	烟台	曹佑银	系分估局估定宝银（如足银曹平五十两估升色一两二钱即为曹估银五十一两二钱），市上最通用之
	青岛	公估足银	系公估局估定五十两重之锭银，市上最为通用
	周村	单戳高边足银	当地最为通用
	潍县	高宝银	本地通用单戳宝银，若三戳者，无论银色高低，必须较单戳者退色
	胶县	胶平足银	凡系单戳之大宝，市上最为通用，双戳概不行使
	济宁	山东高边二七宝	当地通用作为足色，次者近来概不通用。该宝如运至津申，亦能批水到二七
	惠民	白宝	亦名高边宝，系本省各县化宝，每锭重五十两，市面通用作为十足银
		盐课锭十足银	亦本省所化，亦作十足银用，惟成色不一，不如白宝易使
	临清	山东高边银	市上最为通用，如运至上海可批水二七
		十两锭老盐课	市上最为通用，如运至上海可批水二七
	掖县	公议十足白宝	市面通用之，日有钱盘行市
	滕县	高宝银	黄县城炉房所熔化者，每锭重五十三四两，市上最为通用，成色极高，市上作纯银使用
	龙口	山东高边	每锭重五十两，市上当足银行使，考其实际成色，约得纯银九九光景
	临沂	钱粮小宝	系十两重之小锭，与大宝搭用

续表

省名	地名	银名	备考
河南	开封	元宝银	每锭重五十两左右，市上最为通用，成色与北京公议十足相同
	洛阳	净面银	即腰锭，每重五两左右，在市亦极通用，成色同元宝银
		库宝	系解库之官宝，有十两五十两两种，皆作十足色
		街市周行宝	系本地商号通用之银，较库宝每百两差色八钱，此等银系只适于本地商号往来行使
	信阳	足银	各省所铸足色银均适用之
	禹县	足银	大小足色元宝及块银均可使用
	许县	现银	河南宝、上海宝及碎银一律通用
	漯河	足色银	系本地通用足银
山西	太原	库宝	又称曰净宝银，专系上况库款用，是山西最高成色
		周行足宝	系市面通用之银，原定名曰宝，较库宝每千两低色五两 系十足五十两重之宝银
	运城	足银	系市上买卖通用银两，成色较足银为次
		公估银	无论何省皆能通用
	新绛	库宝银	系本埠倾化之大同宝，每锭五十两，名为足色，实得纯银九九八之谱
	大同	足色银	
江苏	上海	二七宝银	为本埠银炉所熔铸或外埠来者，以成色不同，经银炉改铸者，每宝重量为漕平五十两左右，送公估局批过方能通行，其色高每只可批升水二两七钱五分，谓之二七宝者以此也。如成色不及二两六钱五分者，即退回不批
	镇江	公议足纹银	系公估局批定二七宝，名曰金炉心，每锭重五十两有零，市面最为通用
	苏州 扬州	苏元宝 扬曹平银	系苏州税关铸造，每只重洋例平五两左右 从前系由银炉所化之宝，通行市上，名曰扬州新。自光复后，此种宝银已经绝迹，用并银炉亦无现成，为一种过账银而已
浙江	杭州	元宝银	系本地银庄所铸造，每锭重约五十两内外
		小锭子	每锭自一两至五两不等
	湖州 绍兴	十足宝银 绍兴纹	系上海所行用，每锭五十两重之二七宝银

续表

省名	地名	银名	备考
安徽	芜湖	二七宝银	
湖北	汉口	公估二四宝银	系一种五十两重之大宝，如在上海，每宝可申水二两八钱者，在汉只申水四钱，扣去二两四钱计算，故名为公估二四宝银，各省大元宝来汉均须由公估局估定，如系碎银小锭，均须重化才可通用
	武昌	武昌关锭 昌关子	系由武昌关铸造洋例平五两内外 亦系由武昌关铸造，每只重洋例平三钱、五钱至一钱不等
	襄阳 沙市	老宝银 荆沙锭	即沙平九九银，系一两五两重元锭，名为九九，实际化验仅九六成或九七成 每锭重约五两
	宜昌	汉潮 川锭	由蜀运来，每锭重量约十两光景
湖南	长沙	用项银	即公估十足锭，每锭重量约十两，实际化验仅得纯银九九八
	湘潭	十足大宝银 市纹银	即十足大宝，每锭重约五十两
	常德	市纹银	
江西	南昌	镜面 盐封库平银	原系由布政使司铸造，每只重自六两乃至十两不等 专系对于西岸榷运局购买食盐之用，如装运上海须照该处公估局批价为准，其余交易均不适用
		二七东宝 江西方宝	每锭重洋例平五十两
	九江	二四曹纹	此项宝银，由公估局批定，成色高低，均以二四为标准
福建	福州	闽锭	每锭重约十两
广东	广州	藩银 盐纹 关纹	
广西	桂林	足银 花银	
	梧州	花银	

续表

省名	地名	银名	备考
云南	云南 思茅 元江	公估银 市银 元江银 猛撒银 票银	又称解锭银 每锭重十两为黔省市上最通行者,其成色名为与川锭同,实则与北京公十足成色相等
贵州	贵阳	巧水银 罗罗银	市上交易通用之,其成色高下不一,自九六五至九四五止 银色自九八至九九五,银两交易作为辅助之用
四川	重庆 成都 泸州 万县 自流井	足色票银 川票色银 川白锭 新票银 老票银 十两锭票色银 银两	即九七平十两重足色锭银,旧者称为老票银,新倾者称为新票银 重十两左右之元锭,成色高低不一,以九九七八为普通周行成色 系十足银,每锭重五十两左右,川省最为通用,成色高下不一,计分新票老票两种 新铸之槽,即为新票,成色纯足 旧铸之槽即为老票,成色较次,渝成相习为例,每千两须贴色二两,如泸埠则一样行使 经公估定,即作为十足,于市面最为通用 每锭重十两,川中向无公估局,银色即稍有高低,市上一律通用
陕西	西安 三原	十足银 足色银 街市周行银	每锭公估局估定十足,每锭重五两左右,成色不一,惟永兴庆倾化者成色稍高,市面最为通用 系能完纳地丁钱粮,每锭约重五两,有西安省永兴庆六字戳记,及三原王成四字者为最足色
甘肃	兰州 凉州	足纹银 饥安银	
新疆	迪化	足纹银	

续表

省名	地名	银名	备考
奉天	营口	现宝银	系本地各银炉所倾化者,每锭重五十三两左右,成色约九九二之谱,市面通用之
	沈阳	锦宝银	
	安东	镇宝银	此宝系本埠炉房所倾化者,每锭重五十三两五钱,市面交易均用此银,唯成色极低
	辽源	现银	营口现宝吉林大翅及宽城大翅均通用之
吉林	吉林	大翅宝银	重五十三两五钱为一锭,化验得纯银九九二
	长春	大翅宝银	每锭重量为五十三两五钱,原作九九二成色,近来化验,实际纯银不过九八成而已
黑龙江	黑龙江	大翅宝银	钱业公所议九九二成色,每锭重五十三两五钱,本地最为通行,唯实际化验尚不足此成色耳
察哈尔	丰镇	蔚州宝足银	所谓蔚州宝足银并非真蔚州所熔化之宝也,都是张家口所熔作者,宝面刻有蔚州某某字样,成色当十足行使

各省流行的银锭重量多是 50 两,其次是 10 两。每一地区有本地流行的银锭,成色、重量和形制皆有一定规范。这个规范并非由政府规定,而是约定俗成的,并且由当地银号、钱庄和银炉共同维持。在用银较多的地区,流行的银锭重量较小,如云南牌坊锭重约 5 两,四川流行 10 两银锭,湘潭圆丝银仅重 1 两到 2 两①;制钱本位占统治地位的地区,基本上是 50 两左右的大锭,如东北地区。惯例形成之后,本地金融机构和商家会排斥外来银锭,如 19 世纪末山东胶州地区银锭流通的情况。

  胶州银圆宝以成色纯著名。其他各地铸造的靴形银圆宝在这里使用时,要打一折扣兑现。每只靴形银圆宝重五十两,它的特征是靴面较宽,两耳较短。胶州银两要比烟台银两重些。烟台公估行公估标准海关关银一百两,等于胶州银一百零五两,等于烟台银一百

---

① 陈维:《湘潭圆丝银初探》,《西安金融》2004 年第 11 期。

零六点四两。

胶州银圆宝要将它兑换他种银质货币很不方便,不过它是青岛附近地区唯一的流通货币。青岛德华银行一度曾自上海进口靴形元宝,但不受市面欢迎。青州靴形元宝(锦宝)在烟台盛行流通,但到胶州却需要重新熔化铸成胶州靴形元宝,方得流通。

胶州没有成立公估机构,熔化重铸元宝的工作,是由私商承造的,铸造每锭元宝收费一百五十大铜钱。较小重量的银条、靴形元宝、碎银等,一般称为盐锞银、松江银和碎白银子,在市上亦有一定程度的流通。[1]

银锭铸造和流通的难处是如何确保名实相符。传统上靠银炉自负其责,晚清时期的一个进步是一些大商埠发展出"公估"(公议)制度。

"公估"的源起不明。上海嘉定县一块乾隆年间银锭完纳规则残碑记有"纳银原系纹足,无拘大锭小块,俱准自封投柜,自觅银铺公估倾销"[2]。似乎当时当地已有"公估"的做法。但"公估"(公估局英文名称 Public Assay Office)的大量出现是在晚清。兹举上海、汉口、昆明为例:

上海:开港通商后,安徽徽州汪氏创设公估局于北市,后有南市、城内公估局开办,均为汪氏经营。鉴定宝银为北市之专业。[3]

汉口:从开放到1865年间,银两流通混乱,外商"所收的劣质银两其实值比其名义价值要少3%"。"幸而采取了防止这种有害事态的办法。1865年2月公众同意成立一所公估局,革除了劣等银两流通的弊端。该局工作很有成效,而且长期维持其存在一定是非常有利的"[4]。

昆明:《新纂云南通志》记载:"……三迤银课成色向既参差不齐。

---

[1] 《胶海关十年报告(1892—1901)》,载于青岛市档案馆《帝国主义与胶海关》,档案出版社1986年版,第60—61页。
[2] 傅为群:《上海嘉定县清代银锭完纳规则残碑》,《中国钱币》2000年第1期。
[3] 杨端六:《清代货币金融史稿》,三联书店1964年版,第76—77页。
[4] Commercial Reports,1865年汉口,转引自姚贤镐编《中国近代对外贸易史资料》第3册,中华书局1962年版,第1519—1520页。

光绪初,奸诈百出,银色有低至五六成者。至光绪十年(1884)前后,省城银钱业兼倾销银两各家始集会议决,创销一种方长八角形之银锭,名为牌坊锭。定为每锭重五两上下,成色以九八为标准。""嗣因各商号多不足九八,而律照九八成色倾销者仅数家,于是公推此数家为公估商,呈报官厅立案。凡兼销铺销成之牌坊锭必经公估商审定,加印公估戳记,始得以公估银通用。所有商民完纳赋税及各州县报解正供款项,一律以公估牌坊锭加色上兑,不得异议。市面交易,亦以公估为标准"①。

天津:据津海关十年报告记载,"在一八九七年到一九〇〇年曾由公立化验局对通用银子进行化验工作,但现在(按:现在指1902年)的化验工作却完全在总督银号的监督下进行"。② 所谓"公立化验局",即公估局。看来天津的公估局成立时间晚,只运行了四年左右。

究竟有多少城市设立"公估",并无确切统计。晚清时期,如上海、北京、汉口、烟台、青岛、镇江、长沙、昆明、九江、南京、四川万县等地都相继有"公估"(公议)之设。③ 其中,某些商埠公估局的设立可能在20世纪初,如青岛。④

公估局的开设,必须本地银钱业认可,公共推举,呈官府立案。其业务是"鉴定银锭成分,保证银锭重量,而评定其价格。"本地银炉铸成银锭,即送公估局检验。公估局用墨笔以一种特别的字体在银锭中央批明价值(比照本地标准申水或耗水若干),烙印为证。有的地方只打戳记。如此,银锭才能在市面上流通。这已经是一种本地的铸币了。外来的元宝,也须送局检验后使用。低于一定的标准,公估局退回不批。⑤ 公估局对自己的检验结果,彻底负责。上海的公估局向钱业公会缴纳现银7000两为保证金。每次鉴定,收取少许手续费。在上海,元宝每个银2

---

① 转引自戴学文《云南牌坊锭的公估制度》,《中国钱币》1995年第3期。
② [英]派伦:《天津海关1892—1901年调查报告书》,许逸凡译,载于天津社会科学院历史研究所编《天津历史资料》四,1965年,第60页。
③ 参见"各省宝银名称重量表"。
④ 《胶海关十年报告(1892—1901)》明确提及"胶州没有成立公估机构,熔化重铸元宝的工作,是由私商承造的"。
⑤ [日]吉田虎雄:《中国货币史纲》,周伯棣编译,中华书局1934年版,第79—80页。

分，外来元宝2分4厘。①

银两制度变化的另一个表现是大商埠记账银两的整合趋势。使用银两时，需要将某种平砝和某种成色结合为某种记账银两。交易时，不同重量、成色的实银折成记账银两，以计算价值。一份契约规定"价银若干两""银若干两"，其平砝、成色系约定俗成，这个"银"即记账银，全国最有名的记账银是政府使用的库平足银。各地、各行各业有各自通行的重量和成色标准，全国大概存在数以千计的记账银。记账银一般是虚银两（taels as money of account），"只存名目，并无实银"。晚清时期，在贸易发展的推动下，各地的记账银两出现的整合的迹象，提高了银两制度的运行效率，突出表现在规元、行化银、洋例银等虚本位银两的兴起。②

规元，又称九八规元、上海两。据说是从前豆行交易的记账单位。平砝是漕平，成色是标准银打九八折（935.374‰×98%≈916.666‰）。1857年，上海外贸的记账单位改用规元。此后，规元渐为"本埠惟一通行之记账虚银两也。无论华洋贸易及汇兑行市，均以此为计算标准"。如公估局批定元宝的计算单位是漕平标准银，一只元宝定为"二七宝"，即相当于52两7钱5分的漕平标准银，除以九八，变成规元53两8钱2分6厘。③

行化银：天津开埠通商后，流通银两质有纯驳，平有大小。同治年间，钱业领袖李策勋等酌定九九二化宝的成色为通行标准，"呈请官厅立案，周流通用"。至于平砝，原有行化平、库平、津公砝平、运库平、钱平、西公砝平、议砝平等。后华商通行津公砝；洋行通行"平行"。行平比津公砝大五两。津公砝一千两合行平九九五两。"行化银者，系以行平之平，化宝之色为标准。故为九九五重，九九二色。但并无现货，专为银行洋行记账与拨税之用。故为虚本位"④。

洋例银：汉口公估局设立后，以漕平986两作1000两，变为"估

---

① ［日］吉田虎雄：《中国货币史纲》，周伯棣编译，中国华书1934年版，第85页。
② 张宁：《中国近代货币史论》，湖北人民出版社2007年版，第59页。
③ 马寅初：《何谓九八规元》，载于《中国近代货币史资料》，中华书局1964年版，第592—603页。
④ 《天津的行化银》，载于《中国近代货币史资料》，中华书局1964年版，第616—617页。

平"（九八六平），元宝则通用"二四宝"。洋商深感平砝复杂、成色不一之弊，"要求汉镇各商，根据上海规元之例，以估平宝（估平之'平'，二四宝之'色'）九百八十两，升成洋例银千两，以为标准。因此相沿成习，成为一种假定划一银两"。由于它是"洋人来汉口通商时所定之例，故名洋例"，外商称"汉口两"。"洋例银"为汉口中外商人通用，"一切对外进出口贸易、国外汇兑及其他大宗贸易，均用洋例银"。①

规元、洋例银、行化银不仅整合了本埠的银两计算标准，在上海、汉口、天津特殊的商业、金融地位形成过程中，它们的影响力超出本埠。洋例银在湖北，行化银在附近的保定、邢台、滦县、唐山、沧县、祁县、磁州等地都是通用的银两计算单位。规元是全国最有影响力的记账银两，在20世纪前二十几年，全国各大商埠之间的汇兑均以上海规元行市为计算标准，例如从天津汇款至汉口，先将实用货币折成行化银，再照津、沪的申汇价格折成规元银，再照沪、汉汇兑价格折成洋例银，不能直接以行化银折算洋例银。②

晚清时期，大商埠银两计算单位的向外地"扩张"，带有普遍性。如京公砝在北京附近，重庆的老、新票银在万县、泸州、自流井等地。规元、洋例、行化只是其中的代表。这是近代社会国内外贸易扩大和经济统一、市场整合进程在银两制度中的反映。也是旧式银两制度的进化。

银两制度的变化，不能改变其落后的性质。即使在汉口、天津等大商埠，一直流行着不同成色的银锭，各行业的记账银两标准也不可能统一。

汉口银色与平兑之种类③

现今汉口而上，多以马蹄银为通行。凡五十两一块之马蹄银，对于纹银之银质，必申水二两四钱。据汉口商人而言，最良银质，

---

① 张通宝：《湖北近代货币史稿》，湖北人民出版社1994年版，第113—114页；沉刚：《洋例银历史的观察》，载于《中国近代货币史资料》，中华书局1964年版，第603—612页。
② 中国人民银行编：《近代中国的金融市场》，中国金融出版社1989年版，第49页。
③ 日本东亚同文会编纂：《中国经济全书》第8编，《商贾》，转引自曾兆祥主编《湖北近代经济贸易史料选辑（1840—1949）》第五辑，湖北省志贸易志编辑室1987年版，第49—50页。

千分中含有 992 之纯分。有谓千分中含有 980 之纯分。二者未知孰是。但马蹄银之中，有二四宝、二五宝、二六宝、二七宝、二八宝之差。二四宝银色稍低，二五宝对于二四宝，五十两必申水一钱。二六宝申水二钱。二七宝申水三钱。二八宝申水四钱。若银质不如二四宝者，又必补水，方可通用。

要之银质之善恶，即申色之多少。如曹平 98 两 6 钱，洋例即为百两。二四宝 98 两，洋例亦为百两。而汉口各帮进出平色，有以九八六平九八兑，有惟九八平九八兑，有以九八平九八五兑。诸如此类，不遑悉数，试举一表以明之。

商帮及各帮货物	平（曹平比较）	兑（二四宝比较）	摘要
公估局	九八.六	无	用二四宝无光
四川帮	九八	九七.五	仕入品多用之
湘潭帮	九八	九八	同
山西帮	九八.五	九八.六	同
天津帮	九九.二	九八.七	同
广潮帮	九八.六	九八	同
宁波及上海帮	九八	九八.五	同
广潮及上海帮	九八.二	九八.五	同
绵丝			
杂粮			
白米	九八	九八	汉帮用之
闽广杂货			
牛皮			
棉花	九九	九九.七	
棉布	九八.三	九八	
麻油桐油茶油芝油	九八.五	九八.七	汉口同业者用之
漆油	九八	九八	同
秀油皮油	九八.五	九八.七	同
洋火及石油	九八	九八	同
织布局与官纱局			与洋例同
阿片	九八.六	九八	同

续表

商帮及各帮货物	平（曹平比较）	兑（二四宝比较）	摘要
朝鲜人参	九八．六	九八	同
白蜡	九八	九八	仅限于宁波帮买入品，他帮不同
黄州生丝	九八．九	九八	
砂糖	九八	九八	
生漆	九九．三	九八．五	
茶	九八．六	九八	与洋例同
棕榈	九八．六	九八	同
汽船及夹板运货	九八．六	九八	同
麻及大麻	九八	九八	
洋例	九八．六	九八	
福建帮	九八．三	九八	
云贵帮	九七．九五	九八．六	
杂货帮	九八	九八	
海产物	九八	九八	
药料	九八	九八．七	
白布	九八	九八．五	
绸缎	九九．二	九八．五	
白蜡	九九．一	九七．七	
匹头	九八．七	九八	
钱庄	九八．五	九八．七	
铜铁	九八	九八	

汉口各商帮、各行业有各自的平、色标准，无法统一。"一两"银子到底含银几何，视交易内容和对手而异。与外地交易转账时，都要先折成洋例银。

不只是商家，各政府部门的记账银两也有差异，往往用不同的"平"。《津海关十年报告》记载了天津的复杂情形：

> 如果拿海关两同其他本地流通的银两的比价作一比较表，也许是有些用途的。在商业市场上有五种流通的银两，称之为行平、钱

平、新行平、公砝平、议砝平。行平是洋行使用的，新行平到现在还未曾非常普遍使用；钱平是钱庄的本位；公砝平是为布匹商与杂货商使用的；议砝平是粮商使用的。其次，在这些以外，每一个官衙有自己的本位——县衙门有县库平，是最不值钱的一种；价值稍高一点的是地方道台的道库平；海关道台使用的是关道库平；盐道衙门用的是盐库平；藩台用的是藩库平；户部用的是部库平。此外，这些银两纯粹是地方使用的，不能认为与北京或本省其他城市同名的银两等值。依据地方商业手册，这些银两与海关银两在本地的比价如下：

100 关平两 =	行平两	105
	新行平两	104.972
	钱平两	105.876
	公砝平两	105.560
	议砝平两	105.771
	县库平两	102.782
	道库平两	102.090
	关道库平两	101.539
	部库平两	101.695

记账银两之纷繁复杂，导致银两换算时的损耗，金融机构和政府部门更居中操纵，增加换算的损耗。长期在中国海关工作的"中国通"Morse（马士）举了一个常见的例子，用来说明银两折算的成本。"从江苏省税收里拨解甘肃省的协饷，税票原来是按库平银计算，但缴税时却按当地银两计算；当税款汇解上海时又折成漕平银，到上海后再折成上海银（指九八规元），等到汇解甘肃时（假定是汇划）却又要再折回漕平银，款子到了甘肃又按当地银两收进；甘肃所收银款还要折成库平银来和江苏结账，再折成本地银两存进钱庄，又折成库平银来和帝国政府结

账,然后再折成当地银两或铜钱准备开支。这不是玩笑,乃是确凿的实际情况的叙述;因为经手人在这一连串九次的兑换里,每次至少可从折解数额获得百分之零点五的好处。至于款子在地点转移时,从兑换率上所得的好处,以及向纳税人所进行的'勒索',都还没有计算在内。"①

对于外国商人而言,了解落后的银两制度是仅次于学习汉语的困难,"学习汉语困难,次难者则是熟悉宝银,彼言难之声不绝于耳,但事关力图削弱买办之势力。洋商对于银两之了解,似难超越并非职业银师之华人"。②

第二节 铜贵钱荒局面的形成

经历了银贵钱贱的金融危机后,19世纪50年代,货币供应的格局出现转折。一方面,海外白银内流,白银供应充裕;另一方面,西南地区铜、锌矿因战乱而废弃,动摇了清代"钱法"运行的基础。以往,铸钱事业依赖低于市价的低成本币材,现在完全暴露在不断上涨的铜价面前。银价下跌,钱法废弛,铜贵钱荒的问题在酝酿之中。

咸丰年间,清廷为筹措军费,一度重施中国货币史上滥发货币的故技,开铸大钱、铁钱,发行大清宝钞和户部官票。行之不久,即宣布失败,只留下京局铸造当十大钱。③此后,由于币材短缺,铜价上涨,各地方钱局大都停止,很少铸钱。这意味着铜钱流通危机的酝酿。

尽管清前期铸造发行了巨量的制钱,但在银贵钱贱时期,制钱供应并未过剩。直隶宁津县半个世纪的物价变动直观地说明了这一点。

---

① [美]马士:《中华帝国对外关系史》第1卷,商务印书馆1963年版,第31页。
② 吴弘明编译:《津海关贸易年报(1865—1946)》,天津社会科学院出版社2006年版,第27页。
③ 参见彭泽益《1853—1856年的中国通货膨胀》,载于《19世纪后半期的中国财政与经济》,人民出版社1983年版;张国辉《晚清财政与咸丰朝通货膨胀》,《近代史研究》1999年第3期;唐晓辉《咸丰朝户部钞票舞弊案》,《清史研究》1996年第3期。

第五章 19世纪下半叶的货币流通格局 / 227

表5—6　北直隶宁津县乡镇的零售物价和银钱比价指数(1800—1850)① 1821年=100

年份	银钱比价指数	零售物价总指数	农产品零售物价指数	手工业产品零售物价指数	年份	银钱比价指数	零售物价总指数	农产品零售物价指数	手工业产品零售物价指数
1800	84.5	84.5	78.5	90.4	1821	100.0	100.0	100.0	100.0
1801	82.2	99.8	96.7	102.8	1822	98.9	103.0	101.9	104.0
1802	78.7	100.8	97.0	104.5	1823	98.6	103.1	102.5	103.8
1803	76.3	98.7	102.4	95.0	1824	100.2	101.5	98.3	104.8
1804	72.6	94.6	92.1	97.1	1825	99.0	105.1	101.3	108.9
1805	73.9	90.5	92.2	88.8	1826	100.4	101.7	99.6	103.7
1806	76.1	98.0	103.8	92.2	1827	105.9	98.0	95.6	100.3
1807	76.6	104.0	112.1	95.9	1828	105.7	97.9	100.2	95.5
1808	82.1	104.2	111.8	96.6	1829	109.0	91.6	89.6	93.6
1809	84.1	102.8	105.3	100.4	1830	107.7	85.1	80.3	89.9
1810	89.4	103.7	105.5	101.9	1831	109.6	87.9	85.7	90.1
1811	85.7	104.5	105.6	103.3	1832	109.5	95.0	96.4	93.7
1812	86.3	104.5	106.0	102.9	1833	107.6	104.5	110.1	98.9

① 严中平：《中国近代经济史统计资料选辑》，科学出版社1995年版，第38页。

续表

年份	银钱比价指数	零售物价总指数	农产品零售物价指数	手工业产品零售物价指数	年份	银钱比价指数	零售物价总指数	农产品零售物价指数	手工业产品零售物价指数
1813	86.1	104.4	106.3	102.4	1834	107.1	112.6	127.6	97.6
1814	87.0	116.5	125.7	107.3	1835	112.1	110.0	117.2	102.8
1815	90.0	115.5	117.7	113.3	1836	117.4	106.3	111.5	101.2
1816	93.0	103.8	101.9	105.6	1843	130.8	99.5	97.7	101.2
1817	96.1	96.8	91.4	102.2	1844	136.1	99.9	99.5	100.3
1818	98.3	103.0	99.6	106.4	1845	159.9	101.5	98.8	104.2
1819	97.6	101.1	101.9	100.2	1850	176.1	116.4	112.2	120.7
1820	96.8	99.6	101.9	97.3					

从 1808 年起，钱价进入下跌通道，1815 年以后更是加速下跌。然而，以制钱计价的零售物价总指数平稳波动，在 1815 年以后甚至略有通缩迹象。这说明在制钱铸造量比乾隆年间高峰期减少一段时间，地方铸局又因银贵钱贱相继减卯停炉后，即使在接近京城的直隶省内，制钱的供应亦不如从前充裕。

1850 年前后，钱价止跌。从 1857 年开始，中国对外贸易完全转为顺差，白银大量内流，钱价暴涨。从 1856 年至 1864 年，皖南屯溪钱价暴涨 36% 多。

表 5—7　　　　　　　　十九世纪中叶前后的银钱比价[①]

年份	1840	1841	1842	1843	1844	1845	1846	1847	1848	1849	1850	1851	1852
皖南屯溪比价	1245	1245	1358	1377	1377	1509	1604	1660	1660	1651	1660	1660	1660
河北宁津比价	1550	1459	1484	1563	1627	1911	2084	2045	2170	2222	2105		

年份	1853	1854	1855	1856	1857	1858	1859	1860	1861	1862	1863	1864
皖南屯溪比价	1660	1660	1660	1698	1274	1132	1170	1226	1132	1132	1132	1075

说明：屯溪比价根据皖南屯溪县资料整理。河北宁津县比价根据严中平：《中国近代经济史统计资料选辑》第 37 页统计折算，原文为天津银两，已按 1.06∶1 的比例折算为规元。

制钱是民众日用的主要货币，长期停铸导致制钱供不应求，在 19 世纪 60 年代至 80 年代期间，出现名义价值超过实际价值的趋势。比较郑友揆编制的币材指数和钱价指数变化的差异，能看出这一现象。

[①] 郑友揆：《十九世纪后期银价、钱价的波动与我国物价及对外贸易的影响》附表一《1840—1900 银钱比价统计及指数》，《中国经济史研究》1986 年第 2 期。

表5—8　　　　铜锌价格与银钱比价对照表（1865—1900）①
价格指数（1870—1872＝100）

年份	进口铜锌价（每担值关两） 铜	进口铜锌价（每担值关两） 锌	每一关两可购买币材的指数	银钱比价指数	银钱比价（规元—两合制钱数）
1865	18.23	4.56	85.8	85.8	1352
1866	17.60	5.14	86.7	82.2	1295
1867	16.31	11.73	75.6	81.7	1287
1868	13.79	3.47	113.2	85.2	1342
1869	20.02	5.87	76.2	102.1	1609
1870	14.67	3.99	105.2	98.7	1556
1871	14.39	5.43	101.3	100.8	1588
1872	15.58	5.66	94.2	100.4	1583
1873	17.11	6.19	85.9	102.7	1618
1874	17.30	8.26	80.0	101.6	1601
1875	17.03	4.91	89.8	95.5	1505
1876	17.36	6.09	85.1	96.9	1527
1877	17.53	5.92	84.9	94.8	1494
1878	17.01	5.06	89.5	91.1	1435
1879	15.72	6.05	92.3	93.1	1468
1880	15.61	5.28	95.3	95.1	1498
1881	15.36	4.94	97.7	96.1	1514
1882	15.48	4.75	97.8	96.1	1515
1883	15.82	4.85	95.7	95.3	1502
1884	15.98	4.95	94.6	95.0	1497
1885	14.16	4.74	105.3	94.8	1493
1886	11.32	4.35	128.2	92.9	1463

① 本表由郑友揆《十九世纪后期银价、钱价的波动与我国物价及对外贸易的影响》的附表一《1840—1900银钱比价统计及指数》和附表二《制钱的铜、锌（进口）成本及银钱比价指数》两表综合而成。

续表

年份	进口铜锌价（每担值关两） 铜	进口铜锌价（每担值关两） 锌	每一关两可购买币材的指数	银钱比价指数	银钱比价（规元一两合制钱数）
1887	11.97	4.08	124.1	89.4	1409
1888	14.71	5.28	100.0	89.2	1406
1889	13.15	4.06	115.0	87.8	1383
1890	14.02	4.09	108.9	86.2	1358
1891	13.71	7.60	97.1	86.8	1368
1892	14.36	6.18	98.7	88.6	1397
1893	14.77	6.26	96.3	89.3	1407
1894	15.50	7.05	90.3	84.9	1338
1895	16.95	5.60	88.2	82.7	1303
1896	16.79	6.49	86.3	78.1	1231
1897	19.84	7.83	72.5	75.8	1195
1898	20.07	9.93	68.3	74.8	1179
1899	28.83	9.63	52.6	75.1	1183
1900	29.39	9.33	51.2	77.5	1222

说明：1865—1869年银钱比价根据各年《英国驻华领事报告》内统计折算，1870—1900年银钱比价根据各年《北华捷报》内统计折算；每一关两可购买币材的指数按制钱的成分（铜六成、锌四成）折算而成。

从1665年至1882年，每一关两可购买币材的指数上涨了近14%，亦即铜钱的币材价值相对白银贬值了近14%，同一时期钱价指数（按：表内的钱价指数是上海的钱价，而且只是比较规范铜钱的钱价）下跌了12%。1885年到1890年，每一关两可购买的币材指数较此前大涨，1886年比1884年涨了35.5%，1890年比1884年仍涨15.1%，但钱价不跌反涨，1890年比1884年涨了近9.3%。然而，在19世纪最后20年，趋势发生变化，钱价的上涨越来越低于币材的上涨幅度。这有两个原因，一是中国自铸的小银圆在上海逐渐流行，在日常交易支付中部分替代了制钱；二是制钱品质下降，掺杂了更多的私铸钱。1877年前后，上海市面上每串大钱重达7斤或7斤以上；1892年时，上海市面上每串大钱重量减少到6斤；1901年减至5斤。① 而且，流通中铜钱的钱质也更差了，含铜的比例更少。因此，按币材重量计算，实际钱价的涨幅远远大于名义钱价。

由于政府的造币厂几乎不再铸发制钱，铜钱的供应由市场调节。在（以银两计的）铜钱价格下跌幅度明显小于币材价格下跌幅度，或者制钱价格上涨幅度明显大于币材价格上涨幅度时，私铸铜钱更有利可图，私钱供应增加。在（以银两计的）铜钱价格下跌幅度明显大于币材价格下跌幅度或者铜钱价格上涨幅度明显小于币材价格上涨幅度时，销毁质量好的铜钱为器物更有利可图，于是私销增加，优质铜钱迅速减少，品质低劣的私铸钱填补铜钱供应的缺口。简而言之，如果政府长期不铸钱，（以银两计价的）币材价格又大幅波动，流通铜钱中优质铜钱的比例必然逐渐减少。长此以往，将酿成钱荒。1877年英国驻上海领事报告提及制钱不足的情况："（贸易）还有一个困难是缺少合适的金属货币。中国自古以来只有一种铸币，这就是铜币。但在中国的这个地区，它已大为变质、缩小和磨损，以致每次转让都得对每一串铜钱进行仔细的检查。有大量最小的钱币是在本地区暗中伪造以供下层货币兑换商使用的，这些兑换商把它们和正式铸造的较大铜币相混合，以在兑换银子中牟取厚利。"②

19世纪80年代，已经有人谈论"钱荒"。光绪九年（1883），某御史的一份奏折谈到"直省均苦钱荒"。③ 福建船厂监督钟大锟著《钟大锟拟请改铸轻钱议》一文，论及正在酝酿的钱荒，以及部分地区铜钱流通已经发生的危机。

他首先指出"钱法"问题的要害在于铜价上涨："国初部定铜价银价章程，尚留钱息地步，盖当初采办滇铜，每铜百斤只给民价之半，帮尚不至亏折。以后则铜渐加增，由八九两至十三四两，浸至难敷工本，故

---

① 《江海关十年报告（1892—1901）》，载于《上海近代社会经济发展概况（1882—1931）》，上海社会科学院出版社1985年版，第70页。
② 《上海近代贸易经济发展概况》，上海社会科学院出版社1993年版，第450页。
③ 《御史陈启泰折——请变通钱法铸银钱》，光绪九年正月初八，载于《中国近代货币史资料》，中华书局1964年版，第632页。

近来各省均行停铸。而奸民又以毁钱私铸为业,致小钱充盈,钱法敝坏。"① 在缺少新制钱供应的情况下,市场自发做出调整,一是钱价上涨,二是短陌,三是掺用私铸的小钱。这几种方式的结果是一样的,即与过去同等重量和质量的白银与实物所能换得的铜钱的总含铜量不断减少。

因此,沿海地区的铜钱流通形势不容乐观。"查各省每百文小钱有多至七八十文者,且汕头、潮州各处有全用小钱,天津、上海既用短陌之钱,尚不免搀和小钱,福建全省则自二三十文至七八十文不等。求有纯用大钱,盖亦罕矣。""现福州通行大钱无小钱搀和者,每千重八十五两,每文扯重八分五厘。然此钱已珍为拱壁,不可多得矣。至市上通用之钱,每千约有二三百小钱在内,其分两之轻,更何待计。就目前而论,每重一钱四分之钱已万不得一,极重者至一钱二分而止,极轻者至一分而止。自五六分以上,民间已通谓之大钱,不敢挑剔。盖铸钱弊窦甚多,虽系官铸,而局私仍难尽禁。局私者,铸钱局吏就局私铸,原与制钱相等,惟园小耳。此咱之钱谓之大钱不能,谓之小钱亦不可。市上交易以大者居中小者居两头,谓之橄榄钱,并不敢指为小钱也。各省通行之钱能均系一钱二分者,每千方重一百二十两,能如当今定制纯重一钱乾,每千方重一百两。若有局私在内及五六分七八分之钱,虽并无一文小钱,其重当与福州之大制钱相若。"闽广地区是私钱的重灾区,北方和内地的情况相对正常,"天津、上海之钱则纯用乾隆白铜者,每一钱多系重一钱二分,但市上多用短陌钱,亦间有小钱在内。是名用大钱,而实则与小钱无异矣"。②

由于铜价上涨,民间铜制器物价格也随之上涨,而内地钱价变化相对滞后一些,这就带来私销铜钱套利的机会。有人计算了私销质量精良的顺康雍乾四朝制钱的收益:"毁四朝钱一串,除去沙灰,可铸水烟斗五枝,一得钱五串余,于是争销铸以射利"。③ 私销之事,肯定不少,但不

---

① 《钟大锟拟请改铸轻钱议》,载于《中国近代货币史资料》,中华书局1964年版,第559页。
② 同上书,第559—562页。
③ 欧阳昱:《见闻琐录》前集卷3,第15—17页,转引自《中国近代货币史资料》,中华书局1964年版,第589页。

如销熔制钱私铸小钱方便。光绪十四年（1888），汉阳县破获刘幅等销毁制钱私铸小钱一案，"刘幅独自起意销毁制钱，并纠伙李明兴等私铸铜钱，数至十千以上"。① 武汉三镇是湖北中心城市，管理严密，尚且发生私铸案件，在那些天高皇帝远的偏远地区，毁钱私铸小钱就防不胜防了。

面对云南矿业衰败、铜价上涨的形势，清政府无法得到低于市价的币材，铸钱的成本无从抵补，自然铸钱越多，亏损愈甚，钱法也难以正常运行。在这种情况下，若要各省钱局正常铸钱，要么在支发制钱时随行就市，大幅提高钱价；要么减轻制钱重量，减少含铜比例，大幅降低成本。钟大锟认为"欲恃亏本铸钱一法，挽回天下之银价，使比照国初，譬之衔石填海，此无可如何者也"。他建议一次性将制钱减重至八分、铜铅各半的建议，认为有八条可行的原因：八分重制钱比历史上的五铢钱重，"考之于古，其可行者一也"。康熙年间曾铸八分小制钱，"此揆之于国初已有八分之制，其可行者二也"。八分制钱千文一两，"照现今各直省银价，每两值钱一千五六百文算，尚以一百二十余两之铜准银一两。较之顺治、康熙、雍正、乾隆年间银价钱价，每两尚多换铜二十余两。此准之国初以至中叶，其可行者三也"。按京城银钱比价换算为每两银所值铜钱的重量，"若改铸八分之小制钱，每两银尚多换铜二十两。此准之京城银价钱价，其可行者四也"。"若铸八分之钱，较现今各省并无小钱搀和之大钱，每千只少铜五两布局，倘有小钱在内，则分两便相云悬殊矣。此揆之当今各省通行之大钱，其可行者五也"。八分小制钱"与当今之银价、铜价相准"，与香港和外洋小铜元相当，"此以外洋之钱法银价比较，其可行者六也"。当时各省银钱比价在一千五六百文左右，日本红铜每百斤21元，白铅每百斤5元6角，若铸造铜铅各半的八分重制钱，"每百斤铜铅除折耗外，实得净铜九十一斤，铸钱十八千二百文"，再用机器"磨炉"，"铸出之钱与现今之银价相准"，不会出现"亏折"，"此合之当今银价、铜价、铅价，其可行者七也"。私销铜铅各半之钱得利较少，"若用此等铜质只铸八分，则销毁不禁自除。此足以绝私毁之源，其

---

① 《私铸私销私运简表》，载于《中国近代货币史资料》，中华书局1964年版，第591页。

可行者八也"。①

同治年间奏请开设福建船政局时，左宗棠认为船厂机器"兼可铸钱"。钟大锟在介绍香港小铜元时，也强调机器铸钱可解决手工范铸费用高、工艺不精的老问题，"用机器鼓铸，铜少而工精。用机器而工精，则奸民无力私铸；铜少则不私毁。兼此三者，故较之内地钱几点，尚为得法"。②

钟大锟的建议比较准确地把握住了钱法问题的要害所在，机器铸钱加减重的方案也属可行。事实上，后来户部和地方政府在恢复正常鼓铸无望之际不得已提出的对策，与钟大锟之前的建议大体相同。然而，在19世纪80年代，户部并不情愿改变成法。

当时，清廷迫切需要解决的难题是京城的当十大钱危机。咸丰年间失败的币制改革（铸大钱、铁钱，发行纸币）还留下一个尾巴，即京局继续铸造当十制钱，在京城发行流通。"大钱一项，专行于京城之内，凡商民出京，均须携带制钱。"而且，一枚当十大钱并不能当制钱十文之用。从北京火神会和某燃料铺账本可见，在咸丰十一年（1861），记账用的虚钱本位——京钱的实际价值做出调整，由过去制钱500文为一吊改为制钱100文为一吊，即按面值计算，50枚当十大钱应为过去的一吊京钱，但一枚当十大钱在流通时只能按币材含量值两枚制钱，因此50枚大钱实际值制钱100文。记账时用当十大钱的面值表示，则是过去的5倍，如火神会账本中的筵席价在1861年由每桌3000文调整为15000文。此后，火神会账本记载的银钱比价与折算成制钱的直隶银钱比价相比，为10∶1（按：如果以500文为一吊的旧京钱本位计算，应为2∶1）。③"户部放钱之款，以兵饷、役食及各衙门公费三项为大宗"。当十大钱折价流通，影响恶劣，尤其破坏八旗兵丁的生计。因此，同治六年（1867），户部已有在京城规复制钱的计划，然而又担心"十余年来，京师制钱，早已搬运殆尽，市间所存无非大钱。一旦下令更张，大钱既停，制钱无

---

① 《钟大锟拟请改铸轻钱议》，载于《中国近代货币史资料》，中华书局1964年版，第560—563页。
② 同上书，第562页。
③ 彭凯翔：《近代北京货币行用与价格变化管窥——兼读火神会账本（1835—1926）》，《中国经济史研究》2010年第3期。

出，民间无钱可使，必致哗然"。因此，制定了一个迂回的方案，要求湖北、江西、江苏、浙江、广东五省"于盐卡、厘卡收款内，每年酌提制钱三十万串，五省共一百五十万串，用轮船装运天津。由三口通商大臣择地严密收存，听候提用"。为防止走漏消息，造成"京师商民阻碍"，"此项提解钱文，名为天津练饷"，"俟制钱充足，然后明定章程，与民更始"。①

同治六年（1867）十一月，清廷向五省督抚发出廷寄，要求每省每年酌提制钱30万串，由轮船运往天津，交崇厚"择地严密收存"，"所提之钱，务须年清年款，以两年为止，不准稍有短解。此项钱文，即名为天津练饷，以昭慎密，不可舟有宣露，致令外来商民传播都城，有碍钱法"。② 然而，各省并未完成任务，湖北省从同治六年至八年，拨解制钱26万串，其他四省仅在同治七年拨解制钱100万串（浙江仅拨解10万串），共计126万串，还不到规定数量（300万串）的一半。③ 因此，此次在京城规复制钱的计划无疾而终。

由于当十大钱仅在京城流通，"曾不能出都门四十里之外"，加之"大钱虽名曰当十，其实只当制钱二文，是该兵丁等领款十成，仅得二成实用"。④ 光绪九年（1883），市面上传闻要废大钱改铸制钱，于是"开钱店者因不敢多蓄大钱，诚恐改铸之后，价有低昂，致有亏本之虑。是以不敢蓄钱，亦不敢出票，浸至以票易钱，有加三加五之说"。大批钱店关闭，"岌岌有不安终日之势"。⑤ 于是，京城的当十大钱问题陷入一个怪圈。政府想规复制钱，但一时凑不齐足够的制钱替换当十大

---

① 《户部尚书宝鋆折——请饬两湖江浙赣粤解钱至津准备规复制钱》，同治六年十一月，载于《中国近代货币史资料》，中华书局1964年版，第512—514页。

② 《廷寄——据户部奏饬两湖江浙赣粤解钱至津上谕》，同治六年十一月，载于《中国近代货币史资料》，中华书局1964年版，第514页。

③ 《同治六至八年各省提解制钱运津存储（天津练饷）简表》，《中国近代货币史资料》，中华书局1964年版，第515页。

④ 《通政使于凌辰折——当十大钱价贱钱昂请复制钱》，光绪二年十月初六日，载于《中国近代货币史资料》，中华书局1964年版，第515—516页。

⑤ 《给事中周鹤折——请规复制钱并陈北京钱市紊乱情况》，光绪九年十一月二十八日，载《中国近代货币史资料》，中华书局1964年版，第516页。

钱，若京局直接改铸大钱，民间担心大钱废弃而抛售，发行钱票的钱店大规模倒闭，立即发生金融危机，威胁包括八旗兵丁在内的民众生计。因此政府不敢改铸，只能继续铸造大钱，坐视这一麻烦延续下去。

光绪十二年（1886），清廷终于下决心解决当十大钱问题。户部承认以往"时时欲行而又未能议行"的原因在于缺钱。从铸资本、购铜铅、储制钱到收大钱，"约计所需，非数百万两巨款，不能筹办此事"。① 七月，经过军机大臣与户部、工部共同商议，提出一个"徐图规复"的方案。方案的主要内容是购买洋铜，利用上海、天津的机器厂添购机器，铸造"式精而工省"的机制制钱。这些新铸钱"妥为存储，暂勿运京，俟更换制钱时再行咨令运解"。"三年内，京局仍旧鼓铸当十大钱支付各项放款；三年后由户部查看情形，奏请规复。"到时，当十大钱与新制钱并用，同时逐渐回收当十钱。此外，因各省"制钱均极短绌"，应督促各省筹款恢复鼓铸。

这一政策寄希望于机器铸钱，是一大进步。然而，机器铸钱并非户部预想的那样"工省"。直隶、江苏督抚奏称机器铸钱"工本过亏，实不合算"，且定制机器建设厂房也需时日，三年计划无法完成。

光绪十三年（1887）正月，上谕限户部一年内将开铸制钱事宜办理就绪。于是，规复制钱之事迅速实施，天津购机器、云南筹办铜矿的资金也迅速到位。当年，户工二局铸造制钱80万串。次年二月，将新铸制钱与当十大钱共同搭放兵饷，并允许当十大钱与制钱共同流通。② 从光绪十六年到二十五年（1890—1899），户工二局共铸制钱744万余串，仅铸当十大钱91万余串。③ 从光绪十三年到十六年（1887—1890），各省在厘金内提解采办及代铸制钱解京共计148万串，也用于发放兵

---

① 《醇亲王奕譞等折——请以三年为期规复制钱并拟定办理章程》，光绪十二年七月十四日，载于《中国近代货币史资料》，中华书局1964年版，第521页。
② 《户部尚书福锟、翁同龢折——报告筹铸制钱已有成数并酌拟搭放办法》，光绪十三年十一月二十五日，载于《中国近代货币史资料》，中华书局1964年版，第532—534页。
③ 《光绪九年至二十五年（1883—1899）京局铸钱数汇总表》，《中国近代货币史资料》，中华书局1964年版，第557页。

饷。① 清政府的计划是用制钱逐渐替代当十大钱,然而预想落空,商人趁机收买制钱贩运出京牟利,京城市面上并无制钱流通。直到光绪二十一年(1895)时,"都中商民交易仍用当十大钱,而两局所铸、八旗所领之制钱,竟不知消归何有"。②

京城规复制钱失败,各省局复铸制钱也大多行之不久。

表5—9　　　　　　晚清各省鼓铸情况及铸造亏损简表(一)③

年代	直隶	局别	鼓铸情况及成本	重量	资料来源
光绪十三年(1887) 光绪十四年(1888)	直隶	宝津局	在天津创设宝津局试铸新钱,按土法鼓铸,但不久因成本过重停铸 购买英国造钱机器用洋法鼓铸,总共每年机器铸钱72,000串,每千文合银一两四钱九分一厘八毫,每两按一千五百文计,每铸钱一千文应合工本制钱二千二百三十七文七毫	一钱	直隶总督李鸿章折
光绪十三年(1887)	吉林	宝吉局	每铸钱一千文须赔费三百数十文,由抽四厘货捐补贴	八分	吉林将军希元折
光绪十九年(1893)	黑龙江		由库存俸饷项下先行提借银两,以便购铜铸钱,俟有规模,商家取信,再仿照吉林办厘捐归还借款		
光绪十三年(1887)	山东	宝东局	自本年五月起,一年内先铸钱十万串搭解户部,烟台市面行用制钱,添炉酌量筹款加铸。每铸制钱一千文,约合银七钱六分九厘七毫一丝,其设厂、设炉及员役薪工等费在外	一钱	山东巡抚张曜折

---

① 《光绪十三至十六年间(1887—1890)各省在厘金内提解采办及代铸制钱解京简表》,《中国近代货币史资料》,中华书局1964年版,第542页。

② 《御史胡景桂折——北京市面紊乱并请限期禁止大钱改用制钱》,光绪二十一年十二月初九日,载于《中国近代货币史资料》,中华书局1964年版,第541页。

③ 简表(一)和简表(二)由《各省鼓铸情况及铸造专制简表》(《中国近代货币史资料》,中华书局1964年版,第579—583页)折分而得。

续表

年代	直隶	局别	鼓铸情况及成本	重量	资料来源
光绪十三年（1887）	山西	宝晋局	遵旨派员赴天津买铜运晋开炉鼓铸	一钱	山西巡抚刚毅折
光绪十三年（1887） 光绪十六年（1890）	江苏	宝苏局 江宁府局	遵旨在宁、苏两处同时鼓铸，惟江宁向不铸造钱文，此次在宁藩司署内盖房屋炉座，均仿苏城办法办理 铜铅价值较前更高，核计成本亏耗益多，暂行停铸	一钱	两江总督曾国荃 江苏巡抚崧骏折
光绪十三年（1887）	江西	宝昌局	遵旨加卯开铸，因成本太重停铸	一钱	护理江西巡抚布政使李嘉乐折
光绪十三年（1887） 光绪十九年（1893）	福建		原拟在船厂设炉鼓铸，后在省城机器局内设炉开铸，但不久因亏折过巨停铸 本省鼓铸制钱，官局赔累太多，早经停铸，后因市肆钱稀，饬船局开炉试铸，暂开八炉，以资周转	八分五厘	闽浙总督兼管福建巡抚事杨昌濬折 福建巡抚谭钟麟折
光绪十三年（1887） 光绪十四年（1888）	浙江	军火机器局	原拟机器和炉铸相辅而行，嗣翠、以机器制造工本较炉铸为高，奏准专用炉铸。用钢模压制成钱，每文翠重九分为率，试铸钱一千文合计铜铅工火运耗共须库平纹银一两 炉铸试办以来，共计铸成制钱十二万余串，因洋铜货缺价昂，从本年起暂行停铸	一钱	浙江巡抚卫荣光折
光绪十三年（1887）	湖北	宝武局	由本年四月起一年间共铸成制钱八万五千八百五十九串，提解部库八万串，嗣因铜铅价增，奉准直督李鸿章函知暂行停购洋铜，鄂省遵照办理，暂缓开炉	一钱	湖广总督裕禄 湖北巡抚奎斌折

续表

年代	直隶	局别	鼓铸情况及成本	重量	资料来源
光绪十三年（1887）	陕西	宝陕局	遵旨试办鼓铸，以镇安铜与洋铜搭配制造，每钱定重一钱，铸造工料及例定折耗并计，每铸钱一串约需钱一串三四百文	一钱	陕西巡抚叶伯英折
光绪十四年（1888）			本省镇安铜质过低，洋铜缺乏，不敷使用，自本年起暂行停铸		陕西巡抚张煦折
光绪十八年（1892）			改用镇安铜五成洋铜一成白铅四成配搭，恢复鼓铸		陕西巡抚鹿传霖折
光绪十三年（1887）	甘肃	宝巩局	本省僻辽，购运洋铜铅铸钱，亏折太甚，暂行缓铸		陕甘总督谭钟麟折
光绪十三年（1887）	新疆		铸制钱费铜多至两倍，新疆产铜不旺，办铜不易，暂难规复制钱，仍拟沿铸红钱，以一文当制钱四文	一钱二分	新疆巡抚刘锦棠折
光绪十五年（1889）	广东		本省试办机器铸钱，光绪十三年四月向英国订购机器，十五年四月二十六日开炉试铸，每日成钱五百缗，翠后每日可达二千缗，议定制钱一千值银一两，百文值钱一分，一文值钱一厘。总计铜铅价本工耗等费，每一月约需银一万三千两，制成制钱一万二千五百缗，若以银一两易制钱一千文计之，尚不敷银数百两	一钱	两广总督署广东巡抚张之洞折
光绪十六年（1890）			机器铸钱亏折官本，且钱质太重，虑有私销之弊，量为变通，将新钱改铸八分一文。机器铸钱工本火耗每铸钱一千已需银一两有零，加机器地基各费，并将来铜铅涨价，每钱一千必费银一两三四钱以上，未免亏折过巨	八分	两广总督李瀚章、署广东巡抚布政使游智开折
光绪二十年（1894）			机器铸钱亏折过巨停铸		两广总督李瀚章折

续表

年代	直隶	局别	鼓铸情况及成本	重量	资料来源
光绪十三年（1887）光绪十六年（1890）	云南	宝云局	遵旨开炉鼓铸制钱 铸铜缺乏，自本年九月起现开三炉一律停工		云南巡抚谭钧培折

中国古代的铸钱历史一再证明，以市价购买铜铅，土法铸钱，铸费过高，只能高价发行制钱，以弥补各种费用。如果金融市场不能接受较高溢价（按：溢价即定价明显高于币材成本）的制钱，而政府又没有稳定的低于市价的币材来源，则铸钱难以持续下去，即使持续下去，规模也有限，除非故意铸发大钱、劣钱。那么，此前被认为效率高、铸费省的机器铸钱，为何也"亏折甚巨""工本较土炉为高"呢？李鸿章奏报了直隶机器局的教训。

缘西洋造钱，系属平面，中无方孔，压成较易。今以西洋机器造中国钱式，须另添打眼挺杆，由钱模正中穿透，始能撞出钱孔。地位殊窄，撞力过大，挺杆上下与钱模互相磨触，最易伤损。每日每座机器，模撞修换数次及十数次不等。人工既费，成数亦少。又土铸系用生铜熔铸，工料简易，仅用铜五成四，铅四成六；机器则须铜七成，方受压力，铅只三成。且必先化成六分厚铜板，再用卷铜片机器烤卷十数次，使其质性纯熟，减至不及半分厚之铜片，始能压造成钱。其铜片成钱者只六成，下余四成废边又须加费熔卷再造。令卷铜片一项工料，每造钱千文应合银四钱一分零，加以项工料，为费甚巨。原订此分机器，日长时每日成钱二百四十串，今因机器时须修理，约计每日成钱二百串。臣与沈保靖等逐款撙节核算，虽铜铅市价现在价昂，冀可稍浅，而卷铜等项工料实难过省。每年成钱七万二千串，共需工料银十万七千四百余两，按制钱一千五百文合一两，每制造制钱一千，约需工作制钱二千二百三十七文七毫，亏折未免过巨……现用土法鼓铸，计每铸制钱一千文，不过赔贴三百文左右，较机器减省数倍。①

卷铜片和模撞修换的成本过高，导致直隶机器铸钱亏折过巨。这其中有技术不熟、工序不合理的原因，因此有很大的降低成本的空间。上一年，福建船厂用机器铸钱，从一钱减重至八分五厘，币材比例由铜54%、铅46%改为铜五铅五，"仅敷工本，非特私销无利，即仿照铸造，亦无利可图"。福建八分五厘铜钱发各钱铺承领，"按照时价缴换银两，收回成本"。②但没过几年，还是因"赔累过多"而停铸。

在用机器铸钱的各省中，只有广东坚持最久。光绪十五年（1889）开铸时，日产量五百串时"总计铜铅价本工耗等费，每一月约需银一万三千两，铸成制钱一万二千五百缗，尚不敷银数百两"。若达到一日千串的产量，"则不至于亏折矣"。前提是能以千文一两的价格投入流通，而即使考虑了机制钱的高质量，这个价格也是远高于市价的。他的设计是善后局支发公项时二成用新制钱，并许银店按官价以银领钱，民间厘税捐款缴官之项，均准以及官价交钱。只要政府愿意收纳，制钱确实可以溢价发行，前提是高利润下没有私铸。由于机制钱"铢两齐足，质文俱精"，民间土法私铸不能仿制，所以甫一面世，"各处钱店争来局领回发兑，城乡商民俱遵照定价交易货物"。③广东开铸新制钱时，正值币材价格由低谷回升之际，因此第二年又奏请由一钱改为八分重。但币材价格上涨不止，到光绪二十年（1894）时，已较五年前涨逾21%，终因亏损而停铸。

---

① 《直隶总督李鸿章折——机铸制钱亏损工本无法筹补》，光绪十四年八月二十日，载于《中国近代货币史资料》，中华书局1964年版，第567—570页。

② 《闽浙总督杨昌濬折——报告已着手试办机铸八分五厘制钱》，光绪十二年七月十二日，载于《中国近代货币史资料》，中华书局1964年版，第557—559页。

③ 《两广总督张之洞折——报告广东机铸制钱及行用情形》，光绪十五年八月初六，载于《中国近代货币史资料》，中华书局1964年版，第572—574页。

图 5—1　宝广局机制光绪通宝①

光绪二十二年（1896），因银价暴跌，制钱短缺，清廷再次要求地方铸局开铸。两年后，允许各省铸钱减重至八分。但各省以亏折为由，或请从缓，或所铸无多。

表 5—10　　　　晚清各省鼓铸情况及铸造亏损简表（二）②

年代	省别	局别	鼓铸情况及成本	重量	资料来源
光绪二十二年（1896）	直隶	天津机器局	开炉十二座，土法与机器参酌制造	八分	直隶总督王文韶折
光绪二十四年（1898）			自本年正月起奏准改铸七分重制钱	七分	
光绪二十五年（1899）			俟铜价稍平再行加铸制钱，至常年应铸之钱，仍查照向章继续鼓铸，每铸钱一千文实亏成本制钱四百九十文	八文	直隶总督裕禄折
光绪二十五年（1899）	奉天		遵旨鼓铸，每日可造东钱一千六百余串	五分	奉天将军增祺折
光绪二十六年（1900）	山西	宝晋局	遵旨于二十五年十一月先开一炉，本年添一炉鼓铸制钱，每月可铸出二千串	七分四厘	护理山西巡抚布政使何枢折

---

① 宝广局机制光绪通宝图片来自袁水清《中国货币史之最》上，三秦出版社 2012 年版，第 111 页。

② 《各省鼓铸情况及铸造专制简表》，《中国近代货币史资料》，中华书局 1964 年版，第 579—583 页。

续表

年代	省别	局别	鼓铸情况及成本	重量	资料来源
光绪二十四年（1898）	河南	宝河局	本省试办铸钱事属创始，每月十炉，可铸钱八千六百四十串	七分	河南巡抚刘树棠折
光绪二十一年（1895）	江苏	宝苏局	交广东钱局附铸制钱二十万串，用机器铸造	八分	署理两江总督湖广总督张之洞折
光绪二十二年（1896）			原定每文重八分，核计铸钱千须亏折制钱二百三十余文，若改重七分重制钱只亏折钱一百二十余文，拟仿鄂局例改铸七分重制钱，用机器制造	七分	两江总督刘坤一折
光绪二十五年（1899）			仍照奏准成色案每文重七分，参仿浙省土法鼓铸，目下成本愈重，蚀耗愈多，即照七分而论，每钱一千二百余文亏耗已在一成以上	七分	江苏巡抚德寿折
光绪三十一年（1905）			每钱一千计铜本炭工运费局用等亏耗在一成以上，因此请增铸当五铜钱，与铜元制钱交相流通，旋因私铸充斥，行用不便，又令停铸	当五铜钱	署江苏巡抚效曾折，江苏巡抚陆元鼎折
光绪二十五年（1899）	安徽		本省向无铸钱炉厂，筹建不易，俟库款充裕再行遵办		安徽巡抚邓华熙折
光绪二十五年（1899）	江西	宝昌局	遵旨开铸八分重制钱	八分	江西巡抚松寿折
光绪二十二年（1896）	浙江	军装制造局	就省城军装制造局内旧铸钱炉座重加修葺，开铸七分重制钱，统计铸钱一千文核工本银七钱九分，局用一切仍在外	七分	浙江巡抚寿丰折
光绪二十二年（1896）	湖北	宝武局	鄂省请铸六分重制钱，并委托广东钱局用机器制造	六分	湖广总督张之洞湖北巡抚谭继洵电折

续表

年代	省别	局别	鼓铸情况及成本	重量	资料来源
光绪二十二年（1896）光绪二十五年（1899）	湖南	宝南局	本省停铸已久，现拟援案变通开炉试铸从二十二年奏准开炉后，因铜铅不敷应用，时铸时停，本年洋铜价昂，亏折更多，暂行缓铸	八分八厘	湖南巡抚陈宝箴折 湖南巡抚锡良折
光绪二十五年（1899）	陕西	宝陕局	本年四月开炉鼓铸制钱		陕西巡抚端方折
光绪二十五年（1899）	甘肃	宝巩局	本省自咸丰三年设局开铸当十大钱，因工匠料物昂贵，时铸时停，光绪十三年复奏准缓办。铸钱每文以八分为准，约计每铸千钱须二千工本，赔贴颇巨，殊难开炉制造，仍从缓办理		
光绪二十年（1894）光绪二十四年（1898）	四川	宝川局	准户部咨（光绪十九年十月十三日），宝川局铸钱应每文铸重一钱，川省情况特殊，实难照办，仍按每文一钱二分鼓铸 遵户部咨，制钱每文按八分鼓铸	一钱二分 八分	四川总督刘秉章折 护理四川总督刘秉璋折
光绪二十年（1894）	广东		铜价高昂不能开铸		两广总督谭钟麟折
光绪二十年（1894）光绪二十四年（1898）	广西		本省自咸丰年间即已停铸，三十年来迄未开铸，核计铜价运脚工本过巨，折耗太多，俟经费充裕再行设法鼓铸 本省筹议鼓铸制钱，体察情形仍难举办		广西巡抚张联桂折 广西巡抚黄槐森折
光绪二十五年（1899）	贵州		本省停铸多年，遵旨筹备鼓铸一切无异创始		云贵总督崧蕃 贵州巡抚王毓藻折

钱法废弛近半个世纪后,在19世纪90年代国际银价暴跌、铜价暴涨的压力下,钱荒的局面正式形成。光绪十八年(1892),吉林制钱短少,"拟请由沿海等省购运制钱"。户部驳回,理由是"南省制钱同一短缺"。① 光绪十九年(1893),张之洞奏称:"湖北各府州县城乡市镇,不惟制钱短缺,即粗恶薄小之现钱亦甚不多,惟以一空虚纸条互相搪抵,民间深以为苦而无如之何,通省情形相同。近年鄂省商民生计维艰,市面渐形萧条,此实为一大端。"② 又过了四年,户部尚书承认形势之严重,"钱荒之弊,几于各省皆然。其见诸奏报者,如盛京、吉林、直隶、江苏、安徽、福建、浙江、广东、湖北、湖南、河南、山西、山东等省……推其缘故,实因铜缺价昂,私贩私销,迄无底止"。③ "铜的时价既然这么高昂,把铜钱熔成工业用铜也就有利可图了,这就加速了从流通领域剔除分量较重和较为完好的铜钱的过程。"④ 在向来流通优质制钱的直隶内地,私钱也大举入侵,如青县"光绪中复有鹅眼小钱与黄色钱次第出现,期间稍长,且每串内甚有掺入七百、八百者,币制之坏达于极点"。⑤ 在上海,一串大钱的重量在1892年时约有6斤(按:以每斤16两计,如果每文制钱重一钱二分,一串大钱应重7斤5两;即使轻至一钱,一串大钱应重6斤4两),1901年已不及5斤(按:平均每文重约8分)。⑥

私铸泛滥之下,必然钱分等级。用钱变成一件很复杂的事情。除了各种官钱之外,还有品质不一的私铸钱,其恶劣者有沙壳、风皮、鱼眼、老沙板、毛钱、灰板、鹅眼、水浮等名目,"盖皆薄而小,杂以土砂铜铅

---

① 吉林档案馆:《清代吉林档案史料选编:上谕奏折》,内部印行,1981年,第243页。
② 《湖广总督张之洞等折——请准在鄂铸造银元》,光绪十九年八月十九日,载于《中国近代货币史资料》,中华书局1964年版,第680页。
③ 《户部尚书麟书等折——钱荒由于私销请饬防止》,光绪二十三年十二月十六日,载于《中国近代货币史资料》,中华书局1964年版,第551页。
④ 《江海关十年报告(1892—1901)》,载于《上海近代社会经济发展概况(1882—1931)》,上海社会科学院出版社1985年版,第70页。
⑤ 民国《青县志》卷15《故实志》,转引自郑起东《晚清私铸及其影响》,《近代史研究》1990年第2期。
⑥ 《江海关十年报告(1892—1901)》,载于《上海近代社会经济发展概况(1882—1931)》,上海社会科学院出版社1985年版,第70页。

锡而铸造者也"。小钱与制钱掺杂行使，"而钱之市价，钱之名称，亦因此私钱混杂之多少而大分别"。如大钱、清钱（尽制钱也）、卡钱（悉制钱，纳税厘之用者也）、典钱（大钱，当铺中所用者）、冲头（百中私钱五六个）、衣牌（衣服店用）、酱钱（酱油商用）、红钱（紫大钱）、青果钱（形其两头尖小也）、当头炮（每串两头夹小钱两三个）、冲头（百中私钱五六个）、毛钱（千中夹百个私钱）、一九钱（夹私钱一百）、二八钱（千中私钱二百）、三七钱、四六钱、对开钱、倒四六钱等。① 当时天津市面流行九七四钱，每吊974文，即算一千足数，"其中八串（按：当地每串百文），每串九十八文。又二串，每串九十五文。合计如上数。且每串照例必杂入私铸之劣钱二三文，有时或不止此数。市面上私铸劣钱甚夥，每另束成串，亦另有市价，则系按其实值计算者。譬如赤铜私铸之伪钱，质地比较最优者，每几百文换一千文。次等者，八百文换一千文。最劣等者，七百文换一千文。市面上伪钱之品质不一，其兑价亦极之纷歧也"。②

不同类别的钱，价格不同，用途不同。纳税必须都用制钱，日常支付用何种钱，要视本地习惯、交易内容而定，"譬如在河南省等数区域，凡入市场购物取货物，必同时携带二种不同之铜钱，一为普通优劣二种相杂者，一则纯粹劣钱，某种货物专以劣钱付值，某种则以优劣相杂者付之"③。授受之际，还要为优劣相杂的比例、劣钱的"劣度"讨价还价。

私钱的泛滥程度存在地区差异。如广西浔（今桂平县）、梧一带是用净钱，不用薄皮、鹅眼等烂板；桂林用六成钱，即100文中60净钱40烂板；庆远及贵州交界一带，纯用烂钱。其他地区的市场惯例是每100文搭用10分至20文的烂板。④ 在某些封闭、落后的乡村，钱质可能很好。如江西安福县西乡的严田，到民国初年的时候还专用清钱，顺治、康熙等大钱不少，要收集一套（20种）康熙钱并不是难事，乾隆、嘉庆、道光

---

① 张家骥：《中华币制史》第2编，民国大学1926年版，第98页。
② [奥]耿爱德：《中国货币论》，蔡受百译，商务印书馆1933年版，第387页。
③ 同上书，第388页。
④ 郑家度：《广西近代货币史》，广西人民出版社1981年版，第26页。

钱也很多。①

钱荒的影响还表现为减陌。在中国货币史上，每当铜钱短缺时，必然流行减陌（省陌）。各地减陌习惯不同，又依当地习惯掺和不同数量、不同种类的劣钱，"掺和私铸，留底短陌，折扣大钱，郡异而县不同"。卫挺生将清季中国各地用钱的计数法分为"长钱""中钱""小钱"。"长钱"（"老钱"）以一枚铜钱为一文，又分千吊一文的足钱和减陌的"虚头钱"，如九九钱、九八钱、九七钱等。"中钱"又称"京钱""津钱"，以一枚铜钱为二文。如果"中钱"减陌，则九九钱实为495文，九八钱实为490文。"小钱"以16枚铜钱为100文，160枚为一串；或以10枚铜钱为100文，100枚为一串。② 有学者认为京钱只是一种虚钱本位的计数法，不算减陌。事实上，京钱本身也可减陌使用。③

表5—11　　　　　　　　全国各地制钱每吊枚数及名称④

每吊枚数	名称	行使地区	每吊枚数	名称	行使地区
998文	九九八钱	南方	900文	九扣钱	宜春
997文	九九七钱	长沙、岳州	880文	八八钱	丰镇之西北地方
996文	九九六钱	安徽屯溪	820文	八二钱	太原
995文	九九五钱	江西清江	720文	七二钱	龙驹寨
994文	九九四钱	山西	700文	七扣钱	陕西
986文	九八六钱	安徽歙县	500文	中钱	直隶、山东、吉林
984文	九八四钱	重庆	494文		长春
980文	九八钱	长江一带最为流行	330文		直隶怀来

① 彭信威：《中国货币史》，上海人民出版社1958年版，第884页。
② 卫挺生：《清季中国流行之货币及其沿革》，《清华学报》第1卷第2期，1924年。
③ 参见彭凯翔：《近代北京货币行用与价格变化管窥——兼读火神会账本（1835—1926）》，《中国经济史研究》2010年第3期。
④ 魏建猷：《中国近代货币史》，群联出版社1955年版，第60—64页。

续表

每吊枚数	名称	行使地区	每吊枚数	名称	行使地区
974 文	九七四钱	九江、芜湖	320 文		张家口
970 文	九七钱	湖北	160 文	小钱	东三省
960 文	九六钱	丰镇	100 文	小钱	京兆、直隶
950 文	九五钱	南昌			

表 5—12　　　　　　　　　　清季全国各地每吊枚数①

地方		每吊含制钱枚数（"吊"或称"串"）
直隶	北京	98（九八制钱，一文当十文）
	怀来	330
	天津	490（九八满钱，一文当二文，作980文使用），488（九七六钱，一文当二文，作976文使用），480（九六钱，一文当二文，作960文使用）
	张家口	320
山西（"吊"在山西境内皆称"串"，一"串"中有数"缗"）	太原	820
	丰镇	960
	榆次	970
	太谷	990
	平阳	994
	阳高	320（称一"缗"，不称一"吊"）
	天镇	960（一串三"缗"）
	宁武	900（一"串"文，作一吊）
	朔平	800（一"串"）
	归化城	"短钱"以220为一"缗"，又满钱以500为一"缗"，以1000为一"串"
山东		490（一钱当二，九八制钱）
陕西		700

① 卫挺生：《清季中国流行之货币及其沿革》，《清华学报》第1卷第2期，1924年。

续表

地方		每吊含制钱枚数（"吊"或称"串"）
四川	重庆	984，980
湖南	长沙	997
	岳州	960
	湘潭	980
湖北	武昌	980
	兴国	980，970
	武穴	960
	枣阳	990
河南	南阳	990
江西	九江	974
	景德镇	980
	萍乡	980
	南昌	950
安徽	祁门	980
	屯溪	996
	歙县	986
	芜湖	974
	池州	990
江苏	南京	980
	清江	995
福建		1000（称"一千"，不称"吊"）
东三省	奉天	160
	营口	160
	黑龙江	100

各地使用铜钱的计数和减陌习惯如此复杂。在同一地方，也会行着几种不同的计算法。清末，天津即有满钱、津钱（中钱）、九六钱、九七四钱。总之，"制钱之授受，全无确数可凭。谓为千文或百文，而确数并非一千或一百，而为一千或一百以下之某数。其数究竟为何？惟精于此道、有经验者始能知之。又于某地有一钱作为二文者，某君得钱500文，实际彼只行钱250文，并须再扣去当地之贴水，其贴水数额，则又随地不

同。凡成串之钱，其间必有小钱或私铸之钱杂入，授受时争执每不能免"。①

铜贵钱荒的另一个结果是增加了民众的负担。当时，大部分地区的田赋皆折成制钱缴纳，再到银炉换成银锭上缴。厘金和盐税附加等直接收取制钱。随着钱价持续上涨，市场上通行的铜钱掺杂私钱或短陌的情形越来越严重，然而纳税的制钱必须是官板大钱，其市价高于通行的（掺杂的私钱的）铜钱，也不允许短陌。这样，民众的纳税负担更加沉重。更有甚者，有些地方专征某种较稀缺的铜钱，如湖北漕折厘金专征青钱，"凡红黄、制钱虽轮廓完善，概行挑剔"。如商民交不出，"借名抑勒，或以红、黄制钱折算，加半加倍，或以台票抵收，贵出贱入。小民苦于青钱难办，予取予求，昔敢谁何"。② 由于钱价持续上涨，从前制定的纳税折钱价格过高，成为一种普遍的负担，如19世纪60年代，安徽各地地丁钱粮折银定为一千六七百文至一千八九百文，③ 江苏民间完纳丁银定为每两折片制钱2200文（后减去200文），④ 30年后，钱价涨至1200多文，完纳钱粮的折价一仍其旧，与市价大相悬殊，民众纳税负担大增。

在中国货币史上，每次钱荒都会推动币制的变革，这一次也不例外。在钱荒酝酿到形成的过程中，钱票起到了替代品和缓冲的作用，对铜钱制度是一个支撑。⑤ 19世纪下半叶，制钱流通的主要区域还是北方，但在

---

① ［奥］耿爱德：《中国货币论》，蔡受百译，商务印书馆1933年版，第387页。
② 《御史林步青折——湖北税吏专收青钱朘削图利》，光绪十三年七月十三日，载于《中国近代货币史资料》，中华书局1964年版，第584页。
③ 《安徽巡抚福润折——钱价日涨地丁折钱应酌减》，光绪二十二年十一月二十六日，载于《中国近代货币史资料》，中华书局1964年版，第585页。
④ 《御史徐士佳片——地丁折钱过重请大加覈减》，光绪二十四年四月三十日，载于《中国近代货币史资料》，第585页。
⑤ 19世纪末，各省官银钱局开始设立，如奉天华丰官帖局（1894）、陕西官银钱号（1894）、山西晋源裕官钱局（1896）、吉林永衡官帖局（1896）、河南豫泉官银钱局（1896）、湖北官钱局（1896）、湖南阜南官钱局（1896）、四川蜀通官钱局（1896）以及较早设立的新疆官钱局（1889）、伊犁官钱局（1889）和喀什官钱局（1888）。各官银钱局也发行钱票，但在设立之初，资本有限，发行很少。直到20世纪初大量铸发铜元时，发行铜元各省的官银钱局以铜元为准备金，大量发行官钱票。

钱荒的推动下，有向南蔓延的趋势。19世纪末，"湖北各府州县城乡市镇，不惟制钱短缺，即粗恶薄小之钱现亦不多，惟以一纸空虚钱条互相搪抵，民间深以为苦而无如之何，通省情形相同"。① 沙市一些经营棉花的商户，因现金缺乏，"多暂出市票，藉作筹码"。② 在铜钱特别短缺的地区，钱票是维持民间钱本位金融的关键因素。东北地区"现钱现银并缺，不得不以纸币相周转"。③ 几乎成了纸币的世界。东北私票有凭帖与抹兑（过账钱）之分。凭帖是"见票即付"的钱票，抹兑则无现钱，可在本地使用，本地商家定期集会结算，各家所出所收的抹兑互相抵消，余额付现。抹兑兴起于光绪初期，如吉林省"街市行使凭帖，本因现钱稀少，藉资周转，然亦须量成本之多寡以为开使，帖到即须付钱，各省皆然，从未闻有抹兑钱帖者。乃吉省创此名目，始犹不能畅行，近自光绪五、六年，凭帖多改为抹兑，现钱掯不开发"。④ 东北所有城市都使用抹兑，为防止商家滥发，各地成立了"公议会"民间组织进行管理。⑤ 钱票是北方地区金融体系的重要组成部分。在京城，火神会账本显示，从道光年间到1920年"出现的主要是各种钱及钱票，其中的票类比重有增长之势，在咸丰四年前后、同治末年、光绪年间比重尤大，至宣统、民初则均为全钱票"。⑥ 在华北商业和金融中心天津，1900年时可用现款或信用取得的资金大约为6000万两，其中钱票（据保守的估计）有1000万两。⑦

在西潮东渐的新时代，钱荒产生了与历代不同的结果。清政府在无

---

① 《湖广总督张之洞等折——请准在鄂铸造银元》，光绪十九年八月十九日，载于《中国近代货币史资料》，中华书局1964年版，第680页。

② 张通宝：《湖北近代货币史稿》，湖北人民出版社1994年版，第98页。

③ 吉林省档案馆：《清代吉林档案史料选编》，内部印行，1981年，第124页。

④ 《吉林将军铭安片——吉林禁止私帖情形》，光绪九年三月二十四日，载于《中国近代货币史资料》，中华书局1964年版，第1030页。

⑤ [日]仓桥正直：《营口的公议会》，载于《中国近代经济史论著选译》，上海社会科学院出版社1987年版，第205页。

⑥ 彭凯翔：《近代北京货币行用与价格变化管窥——兼读火神会账本（1835—1926）》，《中国经济史研究》2010年第3期。

⑦ [英]派伦：《天津海关1892—1901年调查报告书》，许逸凡译，载于天津社会科学院历史研究所编《天津历史资料》四，第60页。

奈之下，允许地方政府学习外国货币的经验，先后铸造银圆和铜元新币，并加以推广，给延续两千多年的"孔方兄"敲响了丧钟。①

第三节 从洋钱到龙洋——银圆势力的扩张

19世纪下半叶，银圆继续冲击着银两和铜钱的流通地位。洋钱扩张的势头有所减缓，直到自铸龙洋在广东出现并得到推广后，机制银圆开始向全国扩张。

一 洋钱流通的变化

19世纪下半叶，虽然洋钱的势力有所扩张，但这一舶来的市场化货币缺少政府的推动力，对银钱并用币制的冲击始终是局部的。

这一时期，在华流通的主要洋钱品种由本洋变成鹰洋。② 1821年，墨西哥独立，西班牙银圆停铸。1823年开铸墨西哥银圆，其重量、成色继承前者。Peso重417英厘，含纯银90%。正面镌墨西哥国徽，为一只鹰两翅奋飞，作侧视状，口衔一条蛇，站在仙人掌上。上端镌字，意为墨

---

① 光绪二十六年（1900），广东当局因"比年钱荒尤甚……然欲铸钱补救，非备两文之资本，不能成一文之制钱。铜价既贵，私毁愈多，无裨民生，徒亏库项"，"粤省地邻港澳，外洋当十铜仙，内地商民间亦搭用"，故于六月"饬局试铸（当十铜仙）以资周转"。同年，福建和江苏仿行。三省试验成功，"行销无滞，军民称便"。于是清廷在光绪二十七年底（1902年2月）发出上谕："近来各省制钱缺少，不敷周转，前经福建、广东两省铸造铜元，轮廓精良，通行市肆，民间称便。近日江苏仿照办理，亦极便利，并可杜私铸私销之弊。著沿江沿海各督抚筹款仿办，即就该省搭铸通行。至京师制钱亦应照办……期于利用便民，以维圜法。"此后，安徽、直隶（北洋）、湖南、湖北、吉林五省在光绪二十八年（1902）即投入鼓铸，1903年继起的有浙江、四川、江西、奉天、山东五省，1904年又有河南、江苏的苏州和清江，1905年有广西和户部（后改为度支部）造币总厂（设在天津），1906年有云南，最后加入的是新疆（1907）。有的在一省之内设立两厂（如浙江、湖南、河南），三厂（如湖北、福建），江苏竟设六厂。引进的铜元已经不是西方币制中的辅币，而是具有中国特色的可无限制使用的新式大钱，"新意"不过是取消方孔和机制而已。以当十铜元为主的机制铜元外观精美，难以私铸伪造，因而受到民众欢迎，各省铸局获得厚利，因而疯狂铸发，直到铜元贬值，造成严重的通货膨胀。由于"劣币驱逐良币"的作用，制钱大量退出流通。1911年1月，宝泉局停铸制钱，两千多年的方孔钱制历史宣告终结（参见《中国近代货币史论》，湖北人民出版社2007年版，第143—171页）。

② 参见张宁《墨西哥银元在中国的流通》，《中国钱币》2003年第4期。

西哥民主共和国，下为橡叶之圈。背面镌一"自由之帽"，中部有字曰LIBERTAD。帽周围是呈放射状的三十二道阳光。下端为币值、造币厂标记、发行年份。① 1903 年，墨西哥准备采用金本位，Peso 停铸。它流入我国后，因鹰徽图案被称为"鹰洋"（或讹称"英洋"）。

图 5—2　墨西哥银圆（鹰洋）②

由于中国人特别重视已经停铸多年的本洋，对其他银圆都持怀疑态度。"有时认其他银币皆系荒洋，拒绝接受，只能按分量计算。"③ 鹰洋入华之初，"非常缓慢地为人使用——而且只是折价使用"。④ 在鸦片战争前后的广州，本洋往往超出鹰洋的兑价百分之十二。⑤ 1853 年以前的 9 年内，本洋的镑价在 4 克令 2 便士到 5 先令 6 便士之间（实价为 4 先令 2 便士）⑥。太平天国战争爆发后，人们大量囤积本洋。1853 年，本洋价格涨到 6 先令 2 便士（升水 48%）之上。

由于本洋短缺和畸高的价格，鹰洋取而代之。1853 年 10 月，两广总督叶名琛谕令在缴纳关税、盐课和国家税收的各种项目上，准许鹰洋和

---

① ［奥］耿爱德：《中国货币论》，蔡受百译，商务印书馆 1933 年版，第 150 页。
② 墨西哥银圆图片来自廖扬根《中国银元图集》，天津古籍出版社 2008 年版，第 295 页。
③ 《外国银元在广东行使情况》，载于《中国近代货币史资料》，中华书局 1964 年版，第 56 页。
④ ［美］郝延平：《中国近代商业革命》，陈潮等译，上海人民出版社 1991 年版，第 44 页。
⑤ ［英］莱特：《中国关税沿革史》，姚曾廙译，商务印书馆 1963 年版，第 23—24 页。
⑥ 《外国银元的流通情形和影响》，载于《中国近代货币史资料》，中华书局 1964 年版，第 58 页。

本洋按其含银量等价流通。① 在上海，贸易记账单位在1857年初由本洋改为虚银两——上海规元。1856年11月，上海道台成立三家钱店收兑鹰洋，又令各布店向农民兑出鹰洋。② 同年，福州官方同意按百分之二的折扣以墨西哥银圆缴税。③

此后，鹰洋成为华东、华南地区流通的主要洋钱。香港殖民地总督卡利斯·鲁宾逊1863年谈道，鹰洋既在广州也在上海通行，"在中国中部的产丝区付款，必须用没有磨损的墨西哥银圆，它有很高的升水"。当时，鹰洋也是香港唯一的法偿货币。④

鹰洋继承了西班牙银圆在太平洋地区的地位，是墨西哥产白银的主要出口形式。据彭信威估计，"鹰洋的输出额，在铸造总额中大概要占八成以上，约九亿六千万元。流入中国的总不下于三亿元"。⑤ 在中国，鹰洋也继承了从前本洋的地盘，上海、江苏南部、浙江、安徽芜湖到徽州一带、江西茶产区、湖南南部、广东、福建、台湾是它的主要势力范围。在上海以北的沿海通商口岸和芜湖以西的长江通商口岸，逐渐也有鹰洋的踪迹，但流通很少。

19世纪70年代以后，又有几种外国银圆相继进入中国，其重量、成色都模仿鹰洋。包括：

日本银圆（Yen，日本龙洋）：重416英厘，成色90。1871年开铸，1897年停铸。前后发行1.65亿元，出口1.1亿元。到1898年7月，有2600余万元未收回。⑥ 1895年以前，它是马来半岛和新加坡的主要货币。

---

① ［英］莱特：《中国关税沿革史》，姚曾廙译，商务印书馆1963年版，第24页。
② ［美］马士：《中华帝国对外关系史》第1卷，张汇文等译，商务印书馆1963年版，第525—530页；李必樟译编：《上海近代贸易经济发展概况：1854—1898年英国驻上海领事贸易报告汇编》，上海社会科学院出版社1993年版，第41、42、55、56页；《中国近代货币史资料》，中华书局1964年版，第60—63页。
③ ［英］莱特：《中国关税沿革史》，姚曾廙译，商务印书馆1963年版，第24页。
④ ［美］郝延平：《中国近代商业革命》，陈潮等译，上海人民出版社1991年版，第44页。
⑤ 彭信威：《中国货币史》，上海人民出版社1958年版，第543页。
⑥ ［奥］耿爱德：《中国货币论》，蔡受百译，商务印书馆1933年版，第145—146页；《中国近货币史资料》，第722页。

日洋只在福建沿海、广东潮汕和琼州等地流通，数量有限。①

美国贸易银圆（Trade Dollar，1873—1877）：重420英厘，成色90，铸造3474万余元。1887年收回7689036元。曾流入新加坡、香港、安南及中国各主要商埠，其含银量比鹰洋高，市价却比鹰洋低，故多被熔解。清末，已近绝迹。②

西贡银圆（Saigon Dollar）：法属安南殖民地为抵制鹰洋和美国贸易银圆，1885年发行西贡银圆，重420英厘，成色90，因含银稍多，被熔解或藏匿。1895年铸新币，减重至416.66英厘，至1903年共铸6800多万元。新币淘汰了安南的鹰洋，且流入中国广西和云南的边境地区，人称"法光"。③当地"凡大宗交易甚至通婚受聘，都是讲多少法光"。清末在广西云南流通的法光或有二三千万元。④

此外，1895年印度造币厂开铸的香港银圆（重416英厘，成色90，人称杖洋或站人）也输入内地（多在20世纪初输入华北）。⑤从前的本洋继续在东南沿海地区流通，光板本洋的市价仍高于其他银圆，如芜湖流通着40多万枚光板本洋，升水40%以上。⑥

洋钱供应的增加依赖进口，在中国的流通全凭市场力量。经过长时间流通，一些反复易手、打过戳记或被刮削的洋钱必然产生磨损，不能计枚使用，最后可能被熔铸为银两。《瓯海关十年报告》提供了一些信息：

> 福鼎、福宁、桐山和靠近福建边界其他地方的商人，既和福州又和本口岸主要交易棉花和明矾获得银圆，以交换其货物。他们刮去银圆两面少许白银，将此银粉作纯金属出售。他们然后来温州购

---

① ［奥］耿爱德：《中国货币论》，蔡受百译，商务印书馆1933年版，第145—146页；《中国近货币史资料》，第722页。

② 同上书，第141—142页。

③ 同上书，第142—144页。

④ 朱宏源：《近代广西货币的变革（1662—1937）》，《"中央研究院"近代史研究所集刊》第19期，第10—11页。

⑤ ［奥］耿爱德：《中国货币论》，蔡受百译，商务印书馆1933年版，第146—149页。

⑥ ［美］马士：《中华帝国对外关系史》第1卷，商务印书馆1963年版，第250页。

货使用这种刮洋按重量折算，以刮洋重漕平银100两，合光边银圆132—134元。一旦积累足够数量刮洋时，就送到上海仍可按100两重，获得134—138花边银圆，可赚取3%左右。然而这种银圆每重1000两，出口商要付运费5两，保险费1.6两。此外，还有一个并税3.80两（扣去杂质低头等），再加上驳船和搬运工费用，就减去利润的一半，有时兑换率低，甚至还要蚀本。大多数银圆送到上海熔化为银锭，在熔化过程中提炼约4%的铜和其他杂质。银锭制成"元宝"以100两售价144—146元。①

除了闽广等流行烂板洋钱的地区，银圆严重磨损后的最终去向是被熔铸成银锭。在银圆流通区，大量用于缴税的银圆也会变成银锭，如"广州税收均用银圆支付，须将其铸成银锭。为获得这种特权，银号必须付出一笔相当大的'黑钱'"。②此消彼长，洋钱供应的增量远比数字上显示的要低。③

由于洋钱供应的增量不能满足洋钱流通区的需求，加之烂板和光板银圆的价差，在鸦片战争前出现的华南烂板银圆流通问题进一步恶化，烂板洋钱流通的范围也扩大了。因而，洋钱流通区分化为两部分：光板银圆流通区和烂板银圆流通区。

烂板主要流行于广东和福建。同治五年（1866），两广总督和广东巡

---

① 《瓯海关十年报告（1882—1891）》，载于杭州海关译编《近代浙江通商口岸经济社会概况——浙海关、瓯海关、杭州关贸易报告集成》，浙江人民出版社2002年版，第418页。

② 《广州史志丛书》编审委员会：《近代广州口岸经济社会概况——粤海关报告汇集》，暨南大学出版社1995年版，第890页。

③ 在东南沿海的通商口岸，一些本土金融机构和外资银行发行银圆钞票，是一种银圆本位的纸币。在19世纪末的福州，当地银行（按：指大钱庄）发行纸币的金额达20万元，小钱铺发行6000元（《闽海关十年报告（1892—1901）》，载于《近代福州及闽东地区社会经济概况》，华艺出版社1992年版，第401页）。在厦门，汇丰银行发行的银圆票六七十万元，几乎成为标准货币，出口茶叶和华侨汇款多以汇丰银圆票支付（张宁：《中国近代货币史论》，湖北人民出版社2007年版，第97—98页）。两地流行银圆票的一个重要原因大概是当地多烂板银圆，用银圆票可免使用烂板的麻烦。从这两个大口岸的银圆票发行量推算，19世纪末东南沿海通商口岸流通的银圆票总量并不多。内地第一家发行银圆票的金融机构是成立于1896年的湖北官钱局，以湖北银圆局铸造的大小银圆为准备金发行银圆票。

抚的一份奏折称:"即如银钱样式,闽、广行用烂板,而江、浙、宁波、上海等处,则必轮廓光洁而后行使。"① 这一状况成了闽粤货币流通的一大特色,张之洞任职广东,也发现"粤省所用洋钱,皆系旧洋烂板,破碎微黑"。② 在闽南最大的商埠厦门,"经过戳记的各种银圆,不以枚计价,而以重量计价"。③ 影响所及,台湾也用烂板,"台湾向使用烂板洋银,与内地市价不同"。④ 闽粤地区的烂板流通如此有名,以至被写入小说。《老残游记》第9回写道:"譬如扬州人在福建做生意,得的钱都是烂板洋钱,汇到扬州就变成英洋,不过稍微折耗而已。北五省用银子,南京、芜湖用本洋,通汇起来还不是一样吗?阴世亦复如此,得了别省的钱,换作本省通用的钱,代了去便了。"⑤《二十年目睹之怪现状》第59回也有一段生动的描述:

> 广东用的银圆,是每经一个人的手,便打上一个硬印的。硬印打多了,便成了一块烂板,甚至碎成数片,除了广东、福建,没处行用的。此时我要回上海,这些烂板银,早在广州贴水换了光板银圆。此时在香港买东西,讲好了价钱,便取出一元光板银圆给他。那店伙拿在手里,看了又看,掼了又掼,说道:"换一元罢。"我换给他一元,他仍然要看个不了,掼个不了,又对我看看。我倒不懂起来,难道我贴了水换来的,倒是铜银。便把小皮夹里十几元一起拿出来道:"你拣一元罢。"那店伙又看看我,倒不另拣,就那么收了。再到一家买东西,亦复如此。买完了,又走了几处有往来的人家,方才回船上去。

---

① 《瑞麟蒋益澧奏议覆奕䜣等英国呈递议论折》,同治五年六月十九日,载于《筹办夷务始末(同治朝)》卷42,中华书局2008年版,第589页。

② 《两广总督张之洞片——请许试铸银元》,光绪十三年正月二十四日,载于《中国近代货币史资料》,中华书局1964年版,第672页。

③ 《厦门海关十年报告(1882—1891)》,载于厦门市志编纂委员会、《厦门海关志》编委会编:《近代厦门社会经济概况》,鹭江出版社1990年版,第287页。

④ (清)沈葆桢:《奏覆唐定奎被评折》,载于《台湾文献史料丛刊第九辑(181)福建台湾奏折》,台湾大通书局1987年版,第67页。

⑤ (清)刘鹗:《老残游记》,华夏出版社2016年版,第219页。

停泊了一夜，次日便开行。在船上没事，便和理之谈天，谈起我昨天买东西，那店伙看银圆的光景。理之笑道："光板和烂板比较，要伸三分多银子的水；你用出去，不和他讨补水，他那得不疑心你用铜银呢。"我听了方才恍然大悟。①

由此可见，烂板的使用还影响到香港，店铺的物价是以烂板洋钱计价，如果顾客用光板，应向店家讨要每元3分多银子的申水。

烂板银圆需称重使用，好像另一种称量银币，但它成色固定（当时流行的银圆，基本上都是九成成色），无须鉴定和折算成色。当时的烂板也可用于纳税，"闽粤海关收烂板洋，仍收库平，论两不论圆，每百贴色十两"。② 因为九成与足色间的一成差异，所以贴色十两。

由于使用烂板银圆确实不方便，所以福州和潮汕的金融机构等地发明了袋装烂板，用于大额交易支付。

福州的银圆有一个特点，就是上面打有各种戳记，凹下去的、刮皮的、切截的、打洞的都有。这种做法很不好。会把银圆原来的标记消除掉，改变它的形状，并在上面弄出许多麻点。显然，硬币是通过重量检查的，当地商业部门都这样做。例如：一千块银圆的重量是有规定的，不是说一千块银圆就具有一千块银圆的价值。外国银行规定一千块银圆重量要等于717洋平两；当地银行规定一千块银圆重量秤入等于741.60新厘两，秤出等于740.66新厘两，海关银行规定等于742新厘两。洋平与新厘的比率为717比741.60、每一千块银圆装成一袋，每袋里面至少可以发现多至十四种的银圆——墨西哥、香港、海峡殖民地、印度支那的银圆，菲律宾的比索和日元等。③

---

① （清）吴趼人：《二十年目睹之怪现状》，山东文艺出版社2016年版，第279页。
② （清）盛宣怀：《愚斋存稿》卷34 电报11，《寄香帅》，光绪二十五年十一月十六日，民国刻本。
③ 《闽海关十年报告（1902—1911）》，载于吴亚敏、邹尔光等译编《近代福州及闽东地区社会经济概况》，华艺出版社1992年版，第409页。

与福州相比，潮汕地区的袋装银圆仅重70两，更为适用。当地移民出洋者众，从境外带回、汇入各式各样的洋钱，分辨复杂，易起争执。因此，本地金融机构发明"直平七兑银（洋）"，每70两为100元。具体方法是一些"信用素孚"的商号将各种银币进行配伍，"每十枚银币中，重七钱二分五厘（如墨西哥、日本、安南、香港等地银圆）的四枚，重六钱七分（如西班牙、葡萄牙、菲律宾等地银圆）的六枚；组成了每十元银币重七两，平均每枚七钱的银封，每封五十元（后则十余元、二三十元不等），最后在每一封的包装纸上标明重量并骑缝盖章。这些七兑银投入商界流通时，每次转手都须在封皮上加盖付款商号的印鉴以示负责。一旦收款商号发觉封内银圆有些不妥，可以要求将其退还原付款者，从而以'多米诺骨牌'的形式逐个追究，直至封发该封银圆的商号，由后者负责填补"。①

在上海、江苏南部和浙江等光板银圆流通区，烂板银圆完全不能流通。在温州，"许多'烂板'鹰洋从福建省过来，此地并不流通，收到后立刻运走"。②继本洋之后，墨西哥银圆长期持续输入，洋钱继续挤压银两和铜钱（大数用钱）的空间。以1837年至1886年苏州性善公所三次捐助修葺的碑刻记载为例，可以看出一趋势。

道光十七年（1837），"设立性善公所房屋一所"，各商号共捐洋钱133元，钱28千885文；共交过洋钱129元，钱19千447文；2月15日起至5月26日止，同事13位经费10千零475文。镌碑刻字735个，计钱1838文。③

光绪三年（1877），修葺性善公所，共收洋162元正。付万年宝鼎两座，计洋56元，钱380文；付川堂木料连漆工彩画，计洋44元，钱10

---

① 陈景熙：《清末民初地方虚位币制研究——潮汕"七兑银·七兑票"为个案》，《汕头大学学报》（人文社会科学版）2003年增刊。

② 《瓯海关十年报告（1902—1911）》，载于杭州海关译编《近代浙江通商口岸经济社会概况——浙海关、瓯海关、杭州关贸易报告集编》，浙江人民出版社2002年版，第436页。

③ 《道光十七年性善公所捐助碑》，载于王国平、唐力行主编《明清以来苏州社会史碑刻集》，苏州大学出版社1998年版，第376—378页。

千零802文；付神袍帽鞋玉带内衣一套，计洋33元，钱760文；付零用洋五元，钱25千597文；共付出洋138元，钱37千989文；寿康老会共敬。二年9月16日，余洋4元；叶芝棠等捐款，共入洋25元5角，钱4千文；大殿明瓦窗，计洋4元；旱船明瓦窗，计钱10千560文；桥坯子两只，计洋13元；共出洋17元，钱10千560文。①

光绪十二年（1886），性善公所再次修葺，各店户共170号，收足钱34千文正，统共操作下各司事英洋44元正，捐广漆8斤。付广漆20多斤，付洋7元正；付徐同兴水木作料，洋30元正；付灯会人工饭酒茶钱10千文；付明瓦添修，计洋2元正；付刻碑印工料钱10千文；付堂 名茶担香烛；又另用糕团酒菜，计钱1700文。总共用洋39元正，钱32千700文。②

从19世纪30年代到80年代，苏州的日常经济活动基本上是洋、钱并用，几乎不再用银两，此前苏州碑刻中的元银（元丝银）消失了。到光绪年间，铜钱基本上只作零用和小额支付，金额稍大的开支都是用洋钱。

在东南沿海的很多地方，银两正在退出民间金融，或只剩极其有限的流通空间，只有政府支出仍以银两计算。19世纪80年代，在浙南最大的商埠温州，"白银，即银锭并不使用，温州的货币是光边的墨西哥银圆"。③ 在闽南经济中心厦门，19世纪80年代时，市场上流通着汇丰银行的银圆票和烂板银圆，"银两是极少在商品交易中使用的"。④ 在皖南的徽州地区，19世纪80年代前期（1880—1885）的71份借贷契约有54份用洋钱（其中标明英洋的29份），17份用铜钱，已无银两。⑤

---

① 《光绪三年性善公所修葺捐助碑》，载于《明清以来苏州社会史碑刻集》，苏州大学出版社1998年版，第378—380页。

② 《光绪十年性善公所修葺捐助碑》，载于《明清以来苏州社会史碑刻集》，苏州大学出版社1998年版，第380—382页。

③ 《瓯海关十年报告（1882—1891）》，载于杭州海关译编《近代浙江通商口岸经济社会概况——浙海关、瓯海关、杭州关贸易报告集成》，浙江人民出版社2002年版，第418页。

④ 《厦门海关十年报告（1882—1891）》，载于厦门市志编纂委员会、《厦门海关志》编委会编《近代厦门社会经济概况》，鹭江出版社1990年版，第269页。

⑤ 吴秉坤：《清至民国徽州民间借贷利率资料汇编及研究》，上海交通大学出版社2015年版，第118—126页。

虽然墨西哥银圆源源不断地输入中国,直到19世纪80年代,外国银钱对银钱并用币制的冲击大体上仍限于60年前的那些地区。而且,输入中国的洋钱基本上是大银圆,对银两替代作用显著,很难冲击日常使用多从数文、十数文到数百文的铜钱。因此,只有中国自铸大小银圆,才能彻底改变货币流通的状况。

二 自铸银圆

在铜贵钱荒的压力下,清政府必需在"钱法"上有所作为。当时,一些省份在兴办洋务工业期间开办了新式机器厂,于是有了以机器铸造银币的尝试。

光绪十年(1884),吉林将军希元报告"变通钱法试铸银钱"一事,为中国机制银币之始。此前,吉林创办了东北地区第一家近代工业,也是清末"洋务运动"中东北地区唯一的兵工厂——吉林机器局。因吉林制钱短缺,民间流行各种私票,官方决定"铸造银钱以济现钱之缺,以代凭帖之用"。拨出现银五千两"饬交机器局制造足色纹银一钱、三钱、五钱、七钱、一两等重银钱,一面镌刻监制年号,一面镌刻轻重银数、吉林厂平清汉字样。盖吉林地方俗呼船厂,厂平二字实从俗也"。[①] 虽然厂平银币并未大量流通,但这一"试铸银钱"之举获准,说明地方政府对于货币改革有很大的自主空间,只要设计周详,中央政府也不反对地方的创新。

自铸银圆的创新由两广总督张之洞变为现实。光绪十三年(1887),清廷开铸光绪通宝制钱,命各省在一年内开局鼓铸。张之洞决定在订购铸钱机器时,购买铸造银圆的机器,"拟即选募西人善铸银圆者来华试造"。他陈述的理由是维护利权,认为洋钱在广东和沿海、沿江通商口岸流通,"利归外洋,漏卮无底"。铸造"银钱"与铸造"铜钱"一样,都是"国家自有之权利",不应听任洋钱充斥市面,"皆应我行我法,方为得体"。而且,广东流通的洋钱大都是"旧洋烂板","尤为隐受其亏"。

[①] 《吉林将军希元片——报告已试铸银钱行用》,光绪十年十二月初十,载于《中国近代货币史资料》,中华书局1964年版,第671页。

按照他的筹划，在钱局内附铸新式银圆（光绪元宝）。除民间交易外，新币可用于支放各种饷需官项以及征收厘捐、盐课、杂税及粤海关关税，还可用于京饷、各种协饷、解款、完纳华洋厘税。先试铸一百万元，视流通情形陆续添铸，"多至五百万元而止"。①

此时，张之洞显然还不了解洋钱的成分、成色和铸造费用等细节，因此计划较为粗略。他与当时大多数谈论自铸银圆的官员一样，只是听闻"外洋银圆颇有赢余"。于是为了与洋钱竞争，拟定新币比洋钱加重一分五厘，"不拘成数银色，务与外国上等洋银相等"，而作价补水均与洋钱相同，以吸引商民使用。他认为加重后仍会有赢余，"虽每元加重一分五厘，断无亏折"。② 显然，他只是受到"利权"意识的驱动，拍脑袋决策，并未进行细致的调查。

如此马虎的计划当然不能说服户部。对张之洞的设想，户部在议覆内承认"臣等目击时艰，亦思兴铸银钱，权衡国用"，不反对自铸银圆，"但恐办理不善，必有四弊"：国内白银"只有此数"，铸银币耗费白银，使银两"价贵源涸"；小民私铸私销；铸本不敷，官帑有亏；仿洋钱减成取利，"用必不畅"。清廷从户部之议，认为"事关创始，尚须详慎筹画，未便率尔兴办，著听候谕旨遵行"。③ 于是，试铸银圆一事搁置下来。

张之洞办洋务，批评者认为过于大胆、浪费，但他最大的优点是百折不挠。两年后，汇丰银行听说广东将铸造银圆，希望将进口纯银条交给铸币厂，"欲求代为附铸，按月陆续交来，多则十余万两，少亦四五万两"，铸成后，"愿在中国各口一体行用，每铸银百元，补工火银一元"。借此机会，张之洞再次奏请自铸银圆，这一次做了充分的调查和准备，针对户部的四点疑虑做出答复：其一，试铸银圆的银条由汇丰银行从国外进口，"于中国原有纹银并无消耗，且可使外洋纹银充牣中华，则源涸之疾风弊无矣"；其二，"搀和之弊最易辨识，闻声辨色，皆可不爽"，只

---

① 《两广总督张之洞片——请许试铸银圆》，光绪十三年正月二十四日，载于《中国近代货币史资料》，中华书局1964年版，第672页。

② 同上。

③ 《户部尚书阎敬铭等折——议覆张之洞请铸银元》，光绪十三年三月初五，载于《中国近代货币史资料》，中华书局1964年版，第673—674页。

要管理章程周密，经理得人，自然无此弊端；其三，私销银圆无利可图，不必担心。银圆"轮廓花纹均极精致"，如有私剪，极易辨别。新铸银圆有多种小银圆，便于零用，私剪银圆也无必要；其四，对于成本和成色问题，他已知道大洋钱成色在九成，"始知从前有谓只七成者，其说不实"，而各国小洋钱"通例皆逐次递减成色，最少者亦有八成左右"。广东新铸银圆"较之外洋所铸成色相符"，民间流通自无减成之弊。而大小银圆兼铸，"核计成本，足可通融抵补，不致有亏"。至于汇丰附铸的银圆，"已议定酌补工火"，无亏折之虞。综上，他认为自铸银圆"并无窒碍"，不但能抵制洋钱，甚或能在南洋一带行用，将"大有裨于国体"。为了增强说服力，以免口说无凭之讥，又将"广东钱局试铸银圆式样大小五种，分装两匣，开单恭呈御览"。①

对于自铸银圆，户部站在维护利权的立场上，持开通的态度，"兴铸银钱，实为中国现在应办之事。盖洋钱充斥各省，几于无可挽回。及今中国自铸银圆以敌之，未始不可转风气而崇国体"。此次张之洞筹划细致，针对之前户部的四点疑虑，一一解释清楚，"保其必无"。因此，户部表示同意，"允准试办"。新铸银圆的流通，"先由粤省行用"，如果畅行无滞，再向各省和各海关推广行用。②

光绪十六年四月初二（1890年5月20日），广东的铸币厂正式开铸光绪元宝银圆，开启了中国币制近代化的进程。③

新铸光绪元宝的大银圆最初设计是"银圆上一面铸光绪元宝四字，清文汉文合璧；一面铸蹯龙纹，周围铸广东省造库平七钱三分十字，兼用汉文、洋文，以便与外洋交易"。正式铸造时，遵照户部意见，"广东省造库平七钱三分"改为"广东省造库平七钱二分"，并置于正面，英文

---

① 《两广总督张之洞折——请准令汇丰银行代铸银元》，光绪十五年八月初六，载于《中国近代货币史资料》，中华书局1964年版，第674—677页。上呈的银圆"系照光绪十三年原奏每元七钱三分，依次递减"，但此次已决定完全按照洋钱重量成色，"拟改为每元重七钱二分，二号以次按照递减"。

② 《户部尚书张之万等折——汇丰银行代铸银元请允准试办》，光绪十五年十一月初五，载于《中国近代货币史资料》，中华书局1964年版，第678页。

③ 此时，张之洞已调任湖广总督，两广总督由李瀚章接任。

改列蟠龙纹之外。① 小银圆的样式外观相同，只更改纪重文字。因币面有龙纹，光绪元宝银圆俗称"龙洋"。

新币的重量、成色、形制"与向有洋钱一律"，共分为 5 等：一号银圆（1元）每元重库平 7 钱 2 分，成色 90%；二号银圆（半元，又称对开，俗称 5 角）重 3 钱 6 分，成色 86%；三号银圆（又称四开，俗称 2 角、双毫）重 1 钱 4 分 4 厘，成色 82%；四号银圆（又称八开，俗称 1 角、单毫）重 7 分 2 厘，成色 82%；五号银圆（5 分）重 3 分 6 厘，成色 82%。②

图 5—3 广东省造光绪元宝七钱二分银圆③

走出自铸银圆第二步的还是张之洞。光绪十九年（1893），时任湖广总督的张之洞奏称钱荒日益严重，"商民生计维艰，市面渐行萧索"，"补救无方，不得不亟筹一变通利济之法"。既然广东铸造银圆"利用便民，成效昭著"，要求"援照广东成案，开铸银圆，庶可以补制钱之不足"。银圆大小式样轻重及行用之法，"一切均拟仿照（广东）成案办理"。此议获准，次年在湖北银圆局开铸"湖北造"的光绪元宝龙洋。④

自铸银圆的第三步是向各省推广。甲午战败后，在自强和钱荒的双

---

① 户部认为"将洋文列于中国年号之内，体制尚有未合，应请饬令该督将洋文改錾蟠龙之外，以广东省造库平七钱二分汉文十字改列正面"。

② 《两广总督李瀚章折——广东已开始铸造银元》，光绪十六年五月十五日，载于《中国近代货币史资料》，中华书局 1964 年版，第 679 页。

③ 广东龙洋图片来自袁水清《中国货币史之最》上，三秦出版社 2012 年版，第 161 页。

④ 《湖广总督张之洞折——请准在鄂铸造银元》，光绪十九年八月十九日，载于《中国近代货币史资料》，中华书局 1964 年版，第 680—681 页。

重压力下，要求自铸银圆的呼声高涨，户部提出两个方案：一是"仍就广东、湖北两省已成之局加增成本，竭力扩充"；二是"沿海、沿江各省亦可自行设局"。为补救钱荒，又从广东、湖北的实践中看到有利可图，四五年内，奉天、直隶、吉林、江苏、浙江、安徽和福建先后要求开铸龙洋，清政府一概批准。

表5—13　　　　　　　钱荒与自铸银圆关系简表①

时间	省份	事由	具奏人
光绪十九年（1893）	湖北	援照广东成案开铸银圆，可以补制钱之不足……以便民用，以保利权	湖广总督张之洞
光绪二十一年（1895）	奉天	民间缺钱，只得互出凭帖……今欲整顿钱法，计惟购机设局，鼓铸大小银钱，最惟有利无弊	盛京将军依克唐阿
光绪二十二年（1896）	直隶	北洋系通商口岸，现值此钱省银贱之际，市面颇行拮据，若能鼓铸大小银圆，流通行使，便宜民生，实非浅鲜	直隶总督王文韶
光绪二十二年（1896）	吉林	吉林现钱奇绌，自非遵造部中通行设局鼓铸银圆，不足以资补救	吉林将军长顺
光绪二十二年（1896）	江苏	以制造银圆之盈余，补鼓铸制钱之亏耗	两江总督刘坤一
光绪二十二年（1896）	浙江	因制钱日绌，拟仿照粤章，遵旨推广鼓铸	浙江巡抚廖寿丰
光绪二十三年（1897）	安徽	安徽省因制钱缺少，筹议购机建厂，铸造银圆，以便民用	安徽巡抚邓华熙
光绪二十四年（1898）	福建	闽省制钱缺乏，商铸小银圆奏明改归官办	闽浙总督许应骙

资料来源：丁进军：《晚清各省自铸银元史料选辑》上，《历史档案》1997年第1期。《中国近代货币史资料》，第688—691页。

龙洋使机制银币的流通范围迅速扩张。自光绪二十二年（1896）起，出现了一个设立银圆局的高潮。到光绪二十五年（1899），共有广东、湖

---

① 张宁：《中国近代货币史论》，湖北人民出版社2007年版，第124页。

北、奉天、吉林、直隶、江南、福建、安徽、新疆、湖南、浙江等11省奏准设局铸造银圆。在政府的推动下，银圆的流通地域从东南沿海向华北、东北和内地迅速扩张，开始成为全国性的货币。

自铸银圆开启了币制改革的进程。大小龙洋一进入流通，就显示出对银两和铜钱的压力，特别是小银圆对铜钱的替代功能。广东省铸光绪元宝银圆面世后，大获成功，而且是出乎设计者意料之外的成功。最初设想自铸银圆时，张之洞以为洋钱（几乎都是大银圆）溢价很高，有厚利可图。后来才知道并非如此。广东民众长年被烂板洋钱困扰，光绪元宝大银圆"刻缕精工，成色有准"，"市面商情佥称适用"。由于七钱二分、成色九成的光绪元宝的市价不能超过鹰洋，往往还略低，虽然能抵补铸造费用，利润甚微。但是，成色更低的小银圆大受欢迎，这是始料未及之事。

二角、一角的小银圆币值较低，在日常交易中能部分地替代铜钱，起到缓解钱荒的作用。"售物品者无论其物不及两角、一角、半角之值，亦仅知索两角、一角、半角之银，市中几无畸零之数矣。买物者又恐找换受亏，虽不必买两角一角者亦买足两角一角矣。"① 因此广东银圆局主要生产银色稍低的小银圆，获利甚巨。

广东的小银圆迅速输往他省。在福州，"以前兑换零钱的笨拙做法现在已改善。在十年后期，从广东运来一批在广东铸造的银辅币，受到人们的欢迎。在市面上普遍流通"。② 在闽东的福宁府，"福州铸币厂铸造的小银角在当地钱铺打15%的折扣使用，广东和香港的10分和20分银币在当地都十分流行"。③ 在钱荒严重的地区，银角尤其受欢迎，铸币厂以铸造银角为主，获利不赀。以吉林为例，从光绪二十二年十一月开铸龙洋，到二十五年五月的两年半左右时间里，净利达吉平银345725两。光绪二十三年十一月开始的一年半时间里，共铸16190570枚银圆，平均每枚重量仅0.2钱，可见基本上都是1角和2角的小银圆。

---

① （清）徐珂：《清稗类钞》第5册，中华书局1985年版，第58页。
② 《闽海关十年报告（1882—1891）》，载于吴亚敏、邹尔光等译编《近代福州及闽东地区社会经济概况》，华艺出版社1992年版，第366页。
③ 同上书，第548页。

19世纪末到20世纪初，在自铸银圆（大银圆和银角）大量流通的地区，制钱的流通地位被大大压缩了。以苏州《西白塔子桥重修记》反映的货币流通状况为例：

> 光绪三十一年（1905）重修西白塔子桥，共收捐款洋418元正。付项：石作一应洋355元4角3分；石匠合龙喜钱洋8元；石匠赁管姓房租洋5元；修街石片选日另用洋2元5角3分；长元二图地保照料洋3元；完税驳船洋2元2角；夜用路灯烛洋1元4角；木工修巷门工料洋1元8角；募启禀件拓旧碑工洋6角；作坝各处标题知照行船洋6角；投牙厘局禀及信洋6角3分；到金山催石料洋4角4分；刊刻重修碑记工料拓资洋37元。共付洋418元6角3分。①

以上账目完全以元、角、分计值，再无铜钱的踪影。当时，各省所铸银角在江南通行，便于零用，对钱质参差的铜钱和不断贬值的铜元起到了显著的替代作用。虽然"3分"的零头仍需用铜元或铜钱找零，但以银圆的单位"分"（不同于银两的"分"）计值，说明当地日常交易支付已经确立了银圆本位。

19世纪最后十年，龙洋对银钱并用币制的冲击才开始。到清朝结束时，龙洋大银圆的发行量在2亿元左右。② 小银圆发行量超过2亿元，彭信威的估计是2.5亿元。③ 龙洋合大银圆和银角的总数在4亿元上下，至少需改铸银锭银块2.5亿两。龙洋的铸造和流通削弱了旧式货币（银两、制钱）的势力，有力推动了中国的货币制度从称量到计数、从银钱平行

---

① 《西白塔子桥重修记》，光绪三十一年，载于《明清以来苏州社会史碑刻集》，苏州大学出版社1998年版，第353—355页。

② 彭信威：《中国货币史》，上海人民出版社1958年版，第595页。

③ 彭信威的数字见《中国货币史》第595页。仅从发行银角最多的广东省的数字看，龙洋银角的实际数量不会少于2亿元。至宣统元年底（1910年初）止，广东铸币厂共铸造1元银币近1580万枚（15782427枚），半元银币近23万枚（228568枚），2角银币达6亿多枚（631214496枚，合大银圆126242899元），1角银币近1.2亿枚（119494896枚，合大银圆11949490元），5分银币260余万枚（2616000枚）。据此，广东省铸币厂发行的银角合银圆超过1.46亿元（经济学会编：《广东全省财政说明书》，"岁入部"之"官业收入"，第87页）。

本位向银本位的转变。

第四节　银、钱流通地位的局部变化

19世纪下半叶，中国的货币流通格局没有发生重大变动，始于自铸银圆的币制改革在世纪末的十年尚未产生颠覆效应，但银、钱流通地位还是有一些局部的变化。

随着沿海、沿江通商口岸的增加，埠际贸易和中外贸易迅猛增长。银两是远程贸易的记账单位和支付手段，也为洋行和外国银行所通用，因此在北方地区金融体系中的地位有所上升。以天津和牛庄（按：即营口）两大口岸为例：

> （天津）本地银钱商家估计在一九〇〇年前本地市场资金——如果这个词可以这样用的话——大约为六千万两左右；换句话说，这样一笔资金可以以现款或信用取得，以推动商业的车轮前进。据说这笔资金分配如下：山西票号二千万两，外国银行与政府官员在征收与交库期间留备流通的政府款项为一千万两，富商及高等人的周转金为一千万两，另有一千万两（据保守的估计）为钱票；其余的一千万两是本地商人赖以从上海赊购购物的……先前购物是以通称为"本地银号期票"来支付的。这种期票，如果由信用良好的银号发出，可以等价流通并且以同等的现款为外国银行接受。期票为两种：一种有实际的现银储存准备，可以十足兑现；另一种只不过是转账期票，不能兑现，只是使持有人在银号账户取得指定数额的债权。[1]

显然，用于商家大宗贸易的"本地市场资金"并不包括民众日常使用的制钱，在生意场上，只有一种制钱本位货币——金额较大的钱票被

---

[1] [英]派伦：《天津海关1892—1901年调查报告书》，载于天津社会科学院历史研究所编《天津历史资料》四，第62页。

接受，其所占比例只有六分之一多。

牛庄是东北地区最早开放的通商口岸。第二次鸦片战争后，牛庄开埠，渐由制钱本位改为银两本位（九九二营平，虚本位）。因外埠流入的银两种类杂乱，本地开设银炉，将各种现银改铸为营宝（九九二营平现货），称过炉银。后因营宝供不应求，且用现银交易不便，商家遂将现银存入银炉，扣去费用后，折成营宝的分两，得一凭条（相当于开立一个账户）。交易时开支票给对方，对方可凭票取现。进而商家都在各银炉开立往来账户，收付只需转账，无须现银。银炉业在每年的 9 个卯期结账，清算所有往来户，账户透支的一方须"加色"（付利息）。至此，过炉银变成信用通货。到 20 世纪初，本埠每年进出口贸易达 4000 万两之巨，市面上流通的现银、制钱、铜元等现金合计不过 20 万两营平银左右。[①] 与过炉银类似的拨兑银、转账银，也在归化、绥远、多伦等商埠流行。[②]

当然，也不宜高估这一变化。在通商口岸及附近地区以外，从前钱本位占优势的广大地域内，民间金融仍以制钱本位为主。在曲阜孔府，19 世纪下半叶，孔府账簿显示的货币流通特点一直是制钱本位。同治十一至十三年、光绪五年至七年的司房支销食用杂项账各种账目开支皆用钱，[③] 只有两处赏银例外，一次是赏戏荷包两对时"装荷包银三钱"，另一次是加官上寿的三个赏封共装银三钱。[④] 如前所述，在钱荒酝酿到形成的过程中，钱票有力支持了制钱本位，弥补了铜钱供应之不足，也有效地减少了用钱时的挑拣争执。在私帖抹兑盛行的东北，一些地方税收和兵饷搭放也用钱票，如吉林"所征烧锅票、七厘捐均系抹兑……以之搭放兵饷"。[⑤]

---

① 《营口炉银沿革与种类》，《银行周报》第 171 号，转引自《中国近代货币史资料》，中华书局 1964 年版，第 612—616 页；佟静：《近代营口的地方性货币——过炉银》，《辽宁师范大学学报》1994 年第 5 期。

② [日] 吉田虎雄：《中国货币史纲》，中华书局 1934 年版，第 84 页。

③ 《曲阜孔府档案史料选编》第 3 编第 4 册，齐鲁书社 1981 年版，第 278—323 页。

④ 《光绪六年司房支销食用杂项账》，《曲阜孔府档案史料选编》第 3 编第 4 册，齐鲁书社 1981 年版，第 301、303 页。

⑤ 《吉林将军长顺折——私帖流弊》，光绪十四年十一月十九日，载于《中国近代货币史资料》，中华书局 1964 年版，第 1030—1031 页。

在东南沿海地区，由于流通铜钱的质量逐渐劣化，加之墨西哥银圆持续输入，铜钱的流通地位有所下降。在浙南山区的石仓村，嘉庆年间，"典当土地的货币不再用银，而用铜钱"。至光绪年间，"全部当田契分两类，一类是借铜钱，一类是借英洋"，而且英洋所占比例更高。① 经济较落后、流通铜钱质量较好的山区村落尚且如此，大小城市，特别是流通铜钱质量每况愈下的通商口岸及其附近地区，铜钱的用途基本上限于日常零用，如"汕头流通的铜钱的质量极差，只使用于零售商业与较贫困的阶层中。所有批发贸易通用的媒介是墨西哥（银）元"。② 即使是在从前流行钱票的福州，私票也改为银圆票，19世纪末，"这里（福州）有各种银行、钱铺三十多家，其中七、八家是第一流的。大多数银行根据自己的财政情况印发纸币，银行发行纸币的金额达20万元，小钱铺发行6千元。常关税收都收银圆，但特别税收纸币"。③

总之，在全国范围内，制钱的地位确实有所下降。在从前钱本位占优势的地区，银两在城市商业活动中的地位提高了。在东南沿海地区，洋钱同时侵蚀银两和铜钱的流通地位，对铜钱的影响更大。但也有例外，在有用银传统的贵州，黔东南锦屏文斗寨契约从咸丰年间出现用钱增加的现象，同光宣年间39件契约中的14件用钱。在锦屏西面不远的清水江流域，铜钱渗透更广，九南契约在咸丰以后一变而为几乎都用铜钱。④

邓华熙在同治和光绪年间两次从京城到南方的旅程的日记，多有在各地使用货币的记载，从中可见从华北、华中到华南、西南的货币流通差异及变化。

同治十二年（1873）邓华熙回广东顺德丁忧，其南旋日记以及之后在广东和从广东返京的日记，记载了在各地的一些货币开支。

---

① 曹树基、李霏霁：《清中后期浙南山区的土地典当——基于松阳县石仓村"当田契"的考察》，《历史研究》2008年第4期。

② 《潮海关十年报告（1882—1891）》，载于中国海关协会汕头海关小组、汕头市地方志编纂委员会办公室《潮海关史料汇编》，1988年印行，第10页。

③ 《闽海关十年报告（1892—1901）》，载于吴亚敏、邹尔光等译编《近代福州及闽东地区社会经济概况》，华艺出版社1992年版，第401页。

④ 陈金全等：《贵州文斗寨苗族契约法律文书汇编》，人民出版社2008年版；高聪等：《贵州清水江流域明清土司契约文书（九南篇）》，民族出版社2013年版。

七月十九日（9月10日），雇车单套一辆到通州。每辆京票钞十七千……戌刻至通州。天晚，雇船未妥，住恒东店。每间房加三百文京制钱……食外饭，二上四下，食用京钱一千一百八十文……三家店，用京票钱四千四百文。通州钱价每两约换京制钱三千四五百文。

二十日（9月11日），雇黄刽子船一张往天津，京制钱十四千。

廿二日（9月13日），午刻到紫竹林……赏黄刽子水手酒钱五百文。京钱。

廿五日（9月16日），写船票三张，每人十五两，共四十五两。

（廿六日乘轮船从天津至上海，三十日到。八月初二（9月23日），乘轮船从上海至九江，初五到）

八月初八（9月29日），由巨源搭有记海味船往吴城。午刻登舟，船钱二千文。

十二日（10月3日），辰刻至吴城……雇一小舟至南昌再觅船，船钱一千三百文。觅上南安船，赏水手酒钱一百三。

十四日（10月5日）早，到黄其中船行，雇天官翎船上南安……言定船价十五千……水手神福二次，每次六百文。

九月初五日（10月25日）……由惠来行雇兜度岭，有夫四名，一千四百八十文。二仆各用二名，每轿一千二百二十文。行李每斤五文，共行李四百三十二斤。每轿到南雄，给茶钱二十四文。谢惠来行银一两七钱四分，小伙酒钱五百。

初六日（10月26日），由茂记行搭始兴驳船，包舱二个，银三两四钱，到韶关交卸。酉刻下船。船户刘兆恩。谢茂记行银一两七钱八分，赏小夥五百文。查得该行只给船银一两二钱。

初九日（10月29日），申刻到韶关。

初十日（10月30日），辰早，张星岩到驳船晤话，云已雇得一度马门船一只，言明至龙山交卸，船价银十九元七钱，兑先在韶交银十六元，余三元到乡交。

十五日（11月4日），午刻到乡。

廿九日（11月18日），雇艇开狮前上排涌渡往省。艇钱三百六。渡船包舱二个七钱二分，另计客一住一钱二分。因跟随者二仆，共三人也，银八钱四分。另菜饭二钱四分，共用银六两。

十月廿七日（12月16日），寄肇京信一函，汇银二百两京平。另水七两十（钱），由安荣汇。

十一月初一日（12月20日），署运司冯子立属盐务公所送关书，请予襄办外场事务，每月送修金夫马银三十两。

初七日（12月26日），子刻，万安渡至沙头泊。晨早挑行李过基，即雇小艇三百文，巳刻到排涌。

十二日（12月31日），雇紫洞艇，每日一两零五分。

同治十三年（1874）

八月初六日（9月16日），由万安渡往省，寓高弟街番邑绸缎会馆。该陈少泉显勋值事系吴立卿荐租，每月银六元，另头一月打扫银二元。

九月廿五（11月3日），定李阿兴河头船，言明到南雄船银三十三元，另神福二次，银二元，共三十五元。说共重二十四两五钱，即交定银十四两。

十月初一日（11月9日），午刻登舟，泊静海门外……是日交船银廿元，重十四两，下余十三元，九两一。

初三（11月11日）早……退船登岸。

初五（11月13日）早元兰启琨回乡。八点钟，绍宗由省来，雇得钟二河头船一张，至南雄船价三十四元，在省先交定银三元，在禅乡又交银十八元，共交廿一元，下余十三元。

廿二日（11月30日），申刻至南雄，寓茂记行……谢行四元（二两四）。

廿四日（12月2日）……天官赐一度马门船，到南昌，船价廿六两。在南安先交廿一两，余五两后交。神福二次，每次水手每名一百文。谢行四元，二两八。

十一月十四日（12月22日）……戌刻至南昌泊。

十八日（12月26日），仍泊。午刻，雇得湖北瓦杪船一支，至九江交卸。船价钱十九千文，先交定金一千。

（到九江后，乘轮船至上海）

光绪元年二月初三日（1875年3月10日），由太古洋行上恰便轮船……每位十五两，小孩半之。

初八（3月15日），申刻至天津。

初九日（3月16日），在佛照楼雇黄舲子船一只上通州，钱七千五百文。

十四日（3月21日）返京。①

从京城到江西，除了坐轮船用银两外，几乎都用铜钱，船费十几千折算成银子有十余两，是大数，也用钱，可见一路上带着沉重的钱箱。一入广东，就是另一个世界，基本上是用洋钱，只有两次雇小艇用铜钱。在广东期间几次似乎用银两的记载，可能也是用洋钱（烂板），因为烂板需秤称，所以称"两"，比如"交船银廿元，重十四两，下余十三元，九两一"。

光绪四年（1878），邓华康被任命为云南大理府知府，从京城到云南的日记也有些使用货币的记载。

五月初五日（6月5日），辰早，雇定胯子船二只，通钱十八千。

初六日（6月6日），饬作周升回通州添雇胯船一只，十六千。

十三日（6月13日），至生和泰号取来京平元宝银三百两，又托其汇上海银七百两。

乘轮船至上海。

六月初七日（7月6日），由谦益客寓上江靖轮舟往汉口，每人

---

① （清）邓华熙著，马莎整理：《邓华熙日记》，凤凰出版社2014年版，第69—95页。

船价六两。

十一日（7月10日），早九点钟到汉口。即遣人雇得巴杆船一只，船价四十四两。

七月十二日（8月10日）……辰刻，六里到常德府。午刻，饬人雇得麻阳船一张，神福六次，每次一千文。至贵州镇远府船价银五十两。

八月十九日（9月15日）……申刻至镇远府。

廿八日（9月24日），自同兴栈陆行，辰刻升舆……夫每名价五两三钱，马每匹价银八两零五分，全呢轿十五两，半呢轿六两，小轿二两，兜架七百廿文。

廿九日（9月25日）……抬夫领包封一个，每名二钱。

九月到云南。①

此次南行期间，坐江轮与海轮一样用银。在汉口雇一艘前往湖南常德府的巴杆船，用银两；到常德府再雇船去贵州，还是用银两。这大概由于常德是"川黔咽喉，云贵门户"，受川云黔的影响，用银也较多。到贵州境内，日常用银（两）立即增加了，雇马及马夫、雇轿及轿夫都要用银两，赏银也用银两，可见西南地区延续着日常交易用银较多的传统。

1900年以前，货币流通的变化是缓慢的，总体上还是延续着清中叶形成的货币流通格局。直到1904年，以善于理财著称的湖广总督张之洞还说："内地土货，无论巨细，卖买皆用铜钱积算，虽大宗贸易间用生银折算，然总以钱为本位。大率两广、滇、黔及江、浙之沿海口岸市镇，则用银（银两与银圆）者什之八九，用钱者什之一二；其上游长江南北之口岸市镇，则已银钱兼用；若长江南北之内地州县，则银一而钱九；至大河南北各省，则用钱者百分之九十九，用银者百分之一二……大率中国国用皆以银计，民用仍多以钱计。"②

---

① （清）邓华熙著，马莎整理：《邓华熙日记》，凤凰出版社2014年版，第121—131页。
② 《湖广总督张之洞折——驳精琪虚金本位及用洋司泉官》，光绪三十年八月二十九日，载于《中国近代货币史资料》，中华书局1964年版，第1191页。

结　　语

15世纪至19世纪，中国传统社会的币制演变进入最后一个阶段。15世纪，宋金元至明初的古代纸币发行时代终结，银钱并用币制取而代之。此后，直到19世纪末，银两和铜钱一直是主要的流通货币。20世纪初，在自铸银圆和铜元的强大冲击下，银钱并用币制迅速走向没落。1910年，清政府颁布《币制则例》，在法律上废除了银两和铜钱并用的旧币制。

本书围绕货币流通研究银钱并用币制的形成和演变，是中国货币金融史研究的一个创新。

以往的中国货币史著作，或是通史，或为断代。前者着眼于"通"和"变"，但涵盖的历史时期太长，难以深入探讨某个阶段的货币制度和货币流通状态；后者聚焦于某一朝代，更专更细，但未免为断代所束缚，对于当时货币制度的历史由来和后世走向，只能简单追溯和展望。货币制度的演变，是跨越朝代的历史现象。历史上某一币制由始而终，前后相续往往几个世纪。为了充分把握币制演变的历史周期，亦有学者尝试在通史和断代之间另辟蹊径，如陈彦良以"通货紧缩与膨胀的双重肆虐"为主题，"探究魏晋南北朝四百年的货币发展变革，以及货币制度和政策如何对社会经济造成冲击。时间约自汉末董卓之乱（189）迄于隋末唐初，即公元二世纪末到七世纪前期"。这一研究"澄清许多魏晋至隋唐货币史的盲点和误解"。[1] 又如高桥弘臣"通过将金、南宋时代也纳入视野来分析元朝货币政策之确立过程"，研究从钱钞并行到纸币本位的演变。

---

[1] 陈彦良：《通货紧缩和膨胀的双重肆虐：魏晋南北朝货币史论》，台北"国立清华大学"出版社2013年版。

他认为"元朝的制度、政策在金、南宋时代已可见其萌芽,在不少方面深受金、南宋制度、政策之影响",因此"将金、南宋,特别是后者纳入视野,以探求与其关联的方式来开展的研究",可以弥补断代史式的元代货币史研究在方法上的缺陷。①

银钱并用币制的形成和演变,是明清货币金融史的主题,跨越几个世纪。研究其中的关键问题,必须瞻前顾后,剖析其始末由来。因此,打通明清的断代界限,才能厘清其中的延续和变异,准确把握和理解这一历史时期的货币历史。但这并不能解决另外两个中国货币金融史研究的老大难问题,即古人到底是怎样使用货币的?各地货币流通状况有什么差异?从"纹银是满清法定的一种银两的标准成色,其成色约为935.374‰"这一谬说的广泛流传,可见以往的研究对于货币实际流通状态的认识多有粗疏之处。

在货币金融史研究中,主流的研究方法是自上而下式的,瞩目于国家货币政策的制定和实施过程。这种方法的优点是比较宏观,史料相对集中,但货币史并不等于货币政策史,还必需了解某个时期的货币政策在实际的社会经济中到底产生了何种影响。因此,强调地域差异和地域特色,关注民间货币流通的实际状况,自下而上地进行研究,是近年以来中国货币史研究新的发展方向。然而,过分强调自下而上,研究的落脚点太小,也容易失去全局感。对某一地区某一时期某个货币问题的探讨,如果缺少地域比较的宽广视野,未能在币制演变的整体进程中找到合适的定位,就难以准确抓住其中要害。

本书以货币流通为中心线索,将自上而下和自下而上两种方法结合起来。在分析银钱并用币制的形成时,强调明初"钞法"和救钞政策的缺陷破坏了宝钞的流通,正统以降的财税折银和铜钱短缺共同促成了白银的过度流通。在研究银钱并用币制的演变时,强调银两和铜钱作为流通货币,各有优劣,反对重银轻钱的传统观点。银、钱流通地位竞争的关键变量是政府的"钱法",特别是铸钱政策。明代铸钱少,铜钱流通处

---

① [日] 高桥弘臣:《宋金元货币史研究——元朝货币政策之形成过程》,林松涛译,上海古籍出版社2010年版,第1—3页。

于危机之中，私铸泛滥，全国近半地区不流通铜钱，白银遂以落后的称量货币形态过度流通，以至小数（分厘）用银。因此，银钱并用币制在当时只是存在于"行钱之地"。在"不行钱之地"（"行银之地"），是一种银两和实物交易媒介并用的货币流通状态。这是银钱并用币制第一阶段的特点，其影响直达清代早期。入清以后，清政府重视铸钱，铜钱的流通范围不断扩大。18世纪西南地区铜铅矿藏的大开发，造就了一次铸钱大跃进。因此，制钱作为铸币的（相对于称量货币银两的）优势显现出来。在全国绝大部分地区，相继出现了不同程度的"以钱代银"的货币流通大变动，银钱并用币制演变至第二阶段。制钱不但成为民生日用的主要货币，从长江中下游、淮河和黄河流域直到东北、归化城土默特的广大地区，小数用钱、大数银钱兼用是货币流通的普遍状态，（主要在北方地区）以私人商家发行钱票为标志的制钱流通信用化趋势在一定程度上缓解了贱金属铸币的先天弱点，也促进了大数用钱。在东南沿海地区，外国机制银圆（洋钱）从18世纪中叶起成为货币流通的新力量，可以计枚流通，以至溢价流通，是异于银两的新式货币。从洋钱与银、钱之间的流通竞争入手，才能够理解它产生的影响。在某一地区，洋钱势力的增长，必然抑制大数用钱，也减少了银两的流通。到19世纪上半叶，除了西藏、新疆和（归化城土默特之外的）蒙古地区以外，全国大致形成4大货币区。19世纪下半叶，因制钱停铸减铸，铜贵钱荒的局面逐渐形成；钱票流通继续增加，部分缓解了铜钱的供应短缺；洋钱继续大量流入中国，1890年以后又有自铸龙洋进入流通，银圆的流通地位进一步扩张。但总体而言，货币流通的大格局未有根本变化。

  政府的货币发行政策是影响这一历史时期货币流通大局的关键变量。白银的供应，尤其是海外白银的内流，对于银钱并用币制的维系固然重要，但以往的研究高估了其重要程度。早在海外白银大量输入中国之前，银钱并用币制第一阶段的特点已经形成。在晚明、18世纪到19世纪初，19世纪下半叶三个巨量海外白银内流的时期，以及清初和19世纪20年代至50年代的两个"银荒"时期，除了（18世纪以后）机制银币——洋钱部分改变了东南沿海地区的货币流通格局，白银流动的变化对中国货币流通格局的演变并未产生重大影响。其原因在于，白银主要以银两的形态进入流通。作为一种在世界货币史上罕见的市场化贵金属称量货币，银两的进化空间非常有限，这削弱了白银时代的进步意义，也妨碍了货币制度的进化。

以货币流通为中心线索，去研究长达5个世纪的货币史，是一项艰巨的任务。要完成这一研究，必须能够自下而上地探讨各地区货币流通的差异及变化，揭示民间使用货币的具体方式。历史学研究是"一分材料出一分货，十分材料出十分货，没有材料便不出货"（傅斯年语）。货币史之所以是冷门，史料零星分散是重要原因。货币流通的研究，建立在大量地方性货币史料和一手货币史料的基础上，难度更大。20世纪90年代以来，各种档案史料、地方志、契约文书、碑刻、日记大量出版印行，其中有丰富的货币流通信息。从中梳理出众多地区货币流通演变的史料序列，与从各类正史、政书、文集、笔记中整理出的货币史料相互补充，足以完成这一自下而上的研究。

在较为扎实的史料基础上，本书对"大数用银，小数用钱"的金融史成说提出有理有据的质疑。在银钱并用币制的两个阶段，这一说法都不是普遍规律，只在很有限的范围内勉强成立。此外，也澄清了某些广泛流传的误说，如纹银成色。对于15—19世纪中国货币流通变革的各个重要问题，都做出了或详或略的解释。这是本人十几年以来明清货币史研究的小结。

作为一次新的尝试，本书的研究肯定有许多不足之处。已搜集和使用的各地一手货币史料仍嫌不够，需要密切关注各地契约文书、碑刻、日记等史料的刊印出版动向。从各种古籍数据库和近代报刊数据库挖掘货币史料的工作还处在初级阶段，应使用更多的数据库，探索更多更好的检索技巧。对地方志中的货币史料使用较少，需充分利用中国方志库等数据库资源。货币史与钱币学的结合还有很大的开拓空间，尤其需要强化对银锭演变的研究。目前的研究只是大致勾勒出明清时期货币流通变革的轨迹，对货币区形成和演变的划分比较粗略。解决这些问题，是进一步深化明清货币史研究的关键所在。

参考文献

一 史料

中国第一历史档案馆藏：清代档案文献数据库·宫中档案全宗·朱批奏折。

中国第一历史档案馆：《康熙朝汉文朱批奏折汇编》，中国档案出版社1985年版。

中国第一历史档案馆：《雍正朝汉文朱批奏折汇编》，江苏古籍出版社1991年版。

《明实录》，台湾"中央研究院"历史语言研究所校印，1962年版。

《清实录》，中华书局1987年版。

郭成伟点校：《大元通制条格》，法律出版社2000年版。

（明）申行时：《大明会典》，《续修四库全书》第789—792册，上海古籍出版社2002年影印本。

（明）张学颜等：《万历会计录》，书目文献出版社1988年版。

（明）戴金：《皇明条法事类纂》，载杨一凡主编《中国珍稀法律典籍集成·乙编》第5册，科学出版社1994年版。

（明）王圻：《续文献通考》，齐鲁书社1997年影印本。

（清）乾隆官修：《续文献通考》，浙江古籍出版社2000年影印本。

（清）乾隆官修：《清朝文献通考》，浙江古籍出版社2000年影印本。

（明）陈子龙：《明经世文编》，中华书局1962年影印本。

（明）张燮著，谢方点校：《东西洋考》，中华书局1981年版。

（明）胡我琨：《钱通》，台北商务印书馆1983年版。

（明）徐弘祖著，朱惠荣校注：《徐霞客游记校注》，云南人民出版社1985年版。

（明）王佐：《新增格古要论》，中华书局1985年版。

《居家必用事类全集》，载《北京图书馆古籍珍本丛刊》61，书目文献出版社1988年版。

（明）张应俞：《杜骗新书》，上海古籍出版社1990年版。

《新刻天下四民便览三台万用正宗》，载《中国日用类书集成》第4卷，东京汲古书院2000年影印本。

（明）谢肇淛：《五杂俎》，上海书店出版社2001年版。

（明）毕自严：《度支奏议》，上海古籍出版社2008年版。

（明）康海：《对山文集》，国家图书馆出版社2014年影印本。

（清）黄宗羲：《明文海》，中华书局1987年影印本。

（清）顾炎武著，陈垣校：《日知录校注》，安徽大学出版社2007年版。

（清）谈迁：《北游录》，中华书局1980年版。

（清）叶世昌著，来新夏点校：《阅世编》，上海古籍出版社1981年版。

（清）郑光祖：《醒世一斑录》，杭州古旧书店1982年影印本。

（清）屈大均：《广东新语》，中华书局1985年版。

（清）孙承泽：《春明梦余录》，北京古籍出版社1992年版。

（清）黄印辑：《锡金识小录》卷1《备参上》，载《中国方志丛书·华中地方》第426册，成文出版有限公司1966年影印本。

（清）王鎏著：《钱币刍言》，《续修四库全书》史部第838册，上海古籍出版社2002年版。

（清）松筠（穆其贤）著，赵令志、关康译：《闲窗录梦译编》，中央民族大学出版社2011年版。

（清）汪辉祖著，梁文生、李雅旺校注：《病榻梦痕录》，江西人民出版社2012年版。

（清）陈盛韶：《问俗录》，书目文献出版社1983年版。

（清）段光清：《镜湖自撰年谱》，中华书局1960年版。

（清）林伯桐：《公车见闻录》，载《丛书集成三编》，台北新文丰出版公司1997年版。

（清）施鸿保：《闽杂记》，申报馆印，光绪戊寅。

（清）邓华熙著，马莎整理：《邓华熙日记》，凤凰出版社2014年版。

（清）徐珂：《清稗类钞》第5册，中华书局1985年版。

（明）凌蒙初：《初刻拍案惊奇》，山东文艺出版社2016年版。

（清）西周生：《醒世姻缘传》，华夏出版社1995年版。

（清）夏敬渠著，黄克校点：《野叟曝言》，人民文学出版社2006年版。

（清）刘鹗：《老残游记》，华夏出版社2016年版。

（清）吴趼人：《二十年目睹之怪现状》，山东文艺出版社2016年版。

张传玺主编：《中国历代契约汇编考释》，北京大学出版社1995年版。

许檀编：《清代河南、山东等省商人会馆碑刻资料选辑》，天津古籍出版社2013年版。

刘文楷：《修武碑刻》，中国矿业大学出版社2013年版。

桑永夫：《洛阳明清碑志·孟津卷》，中州古籍出版社2014年版。

洛阳市文物钻探工作管理办公室：《洛阳明清碑志·偃师卷》，中州古籍出版社2015年版。

中国社会科学院历史研究所编：《曲阜孔府档案史料选编》，齐鲁书社1981年版。

中国社会科学院近代史研究所中华民国史研究室、山东省曲阜文物管理委员会编：《孔府档案选编》，中华书局1982年版。

晓克：《清代至民国时期归化城土默特土地契约》第一、二册，内蒙古大学出版社2011年版。

杜国忠：《清代至民国时期归化城土默特土地契约》第三册，内蒙古大学出版社2012年版。

云广：《清代至民国时期归化城土默特土地契约》第四册，内蒙古大学出版社2012年版。

铁木尔：《内蒙古土默特金氏蒙古家族契约文书汇集》，中央民族大学出版社2011年版。

冯俊杰：《山西戏曲碑刻辑考》，中华书局2002年版。

张正明、科大卫：《明清山西碑刻资料选》，山西人民出版社2005年版。

张正明、科大卫：《明清山西碑刻资料选（续一）》，山西古籍出版社2007年版。

张正明、科大卫：《明清山西碑刻资料选（续二）》，山西经济出版社2009年版。

张沛：《安康碑石》，三秦出版社1991年版。

董国柱：《高陵碑石》，三秦出版社1993年版。

张江涛：《华山碑石》，三秦出版社1995年版。

王忠信：《楼台观道教碑石》，三秦出版社1995年版。

张进忠：《澄城碑石》，三秦出版社2001年版。

刘兆鹤等：《户县碑刻》，三秦出版社2005年版。

刘兰芳等：《潼关碑刻》，三秦出版社2005年版。

赵康民等：《临潼碑石》，三秦出版社2006年版。

甘肃临夏回族自治州档案馆：《清河州契文汇编》，辽宁大学出版社1993年版。

张建民：《湖北天门熊氏契约文书》，湖北人民出版社2014年版。

安徽省博物馆编：《明清徽州社会经济资料丛编》，中国社会科学出版社1988年版。

上海博物馆图书资料室编：《上海碑刻资料选辑》，上海人民出版社1980年版。

上海市档案馆编：《清代上海房地契档案汇编》，上海古籍出版社1999年版。

江苏省博物馆编：《江苏省明清以来碑刻资料选辑》，三联书店1959年版。

苏州历史博物馆编：《明清苏州工商业碑刻集》，江苏人民出版社1981年版。

王国平等：《明清以来苏州社会史碑刻集》，苏州大学出版社1998年版。

王万盈：《清代宁波契约文书辑校》，天津古籍出版社2008年版。

张介人：《清代浙东契约文书辑选》，浙江大学出版社2011年版。

杨国桢：《闽南契约文书综录》，《中国社会经济史研究》1990年增刊。

福建师范大学历史系：《明清福建经济契约文书选辑》，人民出版社1997年版。

谭棣华、冼剑民编：《广东土地契约文书（含海南）》，暨南大学出版社2000年版。

邓永飞等：《广西恭城碑刻集》，广东人民出版社2015年版。

曾桥旺：《灵川历代碑文集》，中央文献出版社2010年版。

广西壮族自治区编写组《中国少数民族社会历史调查资料丛刊》修订编辑委员会：《广西少数民族地区碑文契约资料集》，民族出版社2009年版。

《清代地契档案史料》，内部资料，四川省新都县档案局印行。

自贡市档案馆等编：《自贡盐业契约档案选辑》，中国社会科学出版社1985年版。

四川省档案馆：《清代乾嘉道巴县档案选编》，四川大学出版社1989年版。

龙泉驿区档案馆：《成都龙泉驿区百年契约文书》，巴蜀书社2012年版。

林文勋：《云南省博物馆馆藏契约文书整理与汇编》，人民出版社2013年版。

陈金全等：《贵州文斗寨苗族契约法律文书汇编》，人民出版社2008年版。

张新民编：《天柱文书》，江苏人民出版社2014年版。

高聪等：《贵州清水江流域明清土司契约文书（九南篇）》，民族出版社2013年版。

陈训正、马瀛：《鄞县通志·食货志》第一册，上海书店1993年影印本。

上海人民出版社编：《清代日记汇抄》，上海人民出版社1982年版。

中国第一历史档案馆编：《清代档案史料丛编》第7辑，中华书局1981年版。

《耶稣会士中国书简集》第2卷，大象出版社2001年版。

中国人民银行总行参事室编：《中国近代货币史资料》第1辑，中华书局1964年版。

中国人民银行武汉市分行金融研究室编：《武汉近代货币史料》（内部发行），《武汉金融志》办公室，1982年。

严中平：《中国近代经济统计史资料选辑》，科学出版社1955年版。

李文治：《中国近代农业史资料》第1辑，三联书店1957年版。

中国社会科学院历史研究所清史研究室编：《清史资料》第1辑，中华书局1980年版。

中国第一历史档案馆编：《清代土地占有关系与佃农抗租斗争》上册，中华书局1988年版。

彭泽益选编：《清代工商行业碑文集粹》，中州古籍出版社1997年版。

刘芳辑，张文钦校：《葡萄牙东坡塔档案馆藏清代澳门中国档案汇编》，澳门基金会1999年版。

姚贤镐编：《中国近代对外贸易史资料》，中华书局1962年版。

曾兆祥主编：《湖北近代经济贸易史料选辑（1840—1949）》，湖北省志贸易志编辑室，1987年。

天津社会科学院历史研究所编：《天津历史资料》四，1965年印行。

吴弘明编译：《津海关贸易年报（1865—1946）》，天津社会科学院出版社2006年版。

青岛市档案馆：《帝国主义与胶海关》，档案出版社1986年版。

徐雪筠等译编：《上海近代社会经济发展概况（1882—1931）——〈海关十年报告〉译编》，上海社会科学院出版社1985年版。

李必樟编译，张仲礼校订：《上海近代贸易经济发展概况：1854—1898年英国驻上海领事贸易报告汇编》，上海社会科学院出版社1993年版。

中华人民共和国杭州海关译编：《近代浙江通商口岸经济社会概况——浙海关、瓯海关、杭州关贸易报告集成》，浙江人民出版社2002

年版。

厦门市志编纂委员会、《厦门海关志》编委会编：《近代厦门社会经济概况》，鹭江出版社1990年版。

吴亚敏、邹尔光等译编：《近代福州及闽东地区社会经济概况》，华艺出版社1992年版。

中国海关协会汕头海关小组、汕头市地方志编纂委员会办公室：《潮海关史料汇编》，1988年印行。

《广州史志丛书》编审委员会：《近代广州口岸经济社会概况——粤海关报告汇集》，暨南大学出版社1995年版。

二 专著

张家骧：《中华币制史》，民国大学1926年版。

余捷琼：《1700—1937年中国银货输出入的一个估计》，商务印书馆1940年版。

魏建猷：《中国近代货币史》，群联出版社1955年版。

严中平：《清代云南铜政考》，中华书局1957年版。

彭信威：《中国货币史》，上海人民出版社1958年版。

献可：《近百年来帝国主义在华银行发行纸币概况》，上海人民出版社1958年版。

杨端六：《清代货币金融史稿》，三联书店1964年版。

陈昭南：《雍正乾隆年间的银钱比价变动（一七二三—九五）》，台北"中国学术著作奖助委员会"，1966年。

王业键：《中国近代货币与银行的演进（1644—1937）》，台湾"中央研究院"经济研究所现代经济探讨丛书第二种，1981年版。

郑家度：《广西近代货币史》，广西人民出版社1981年版。

李洵：《明史食货志校注》，中华书局1982年版。

武新立：《明清稀见史籍叙录》，金陵书画社1983年版。

肖怀远：《西藏地方货币史》，民族出版社1987年版。

中国人民银行编：《中国近代金融史》，中国金融出版社1985年版。

中国人民银行编：《近代中国的金融市场》，中国金融出版社1989

年版。

王宏斌：《晚清货币比价研究》，河南大学出版社1990年版。

陈其田：《山西票庄考略》，山西人民出版社1990年版。

全汉升：《中国经济史研究》，稻乡出版社1991年版。

张通宝：《湖北近代货币史稿》，湖北人民出版社1994年版。

戴学文：《晚清传奇货币——云南牌坊锭考》，云南人民出版社1996年版。

叶世昌、潘连贵：《中国古近代金融史》，复旦大学出版社2001年版。

李飞主编：《中国金融通史》（第一、二卷），中国金融出版社2002年版。

王文成：《宋代白银货币化研究》，云南大学出版社2004年版。

王永生：《新疆历史货币》，中华书局2007年版。

张宁：《中国近代货币史论》，湖北人民出版社2007年版。

邵义：《过去的钱值多少钱》，上海人民出版社2010年版。

陈铨亚：《中国本土商业银行的截面：宁波钱庄》，浙江大学出版社2010年版。

林满红：《银线：十九世纪的世界与中国》，江苏人民出版社2011年版。

朱嘉明：《从自由到垄断：中国货币经济两千年》，台北远流出版事业股份有限公司2012年版。

王德泰：《清代前期钱币制度形态研究》，中国社会科学出版社2013年版。

姚继荣：《元明历史笔记论丛》，民族出版社2015年版。

万明、徐英凯著：《明代〈万历会计录〉整理与研究》，中国社会科学出版社2015年版。

吴秉坤：《清至民国徽州民间借贷利率资料汇编及研究》，上海交通大学出版社2015年版。

黄阿明：《明代货币白银化与国家制度变革研究》，广陵书社2016年版。

周卫荣、杨君、黄维：《中国古代银锭科学研究》，科学出版社2017

年版。

《中国钱币大辞典》编纂委员会：《中国钱币大辞典元明编》，中华书局2012年版。

吴筹中主编：《中国近代货币大系·清纸币》，上海书店1991年版。

王雪农、刘建民：《中国山西民间票帖》，中华书局2001年版。

石长有编：《清代地方私帖图录》，中华书局2006年版。

廖扬名：《中国银元图集》，天津古籍出版社2008年版。

袁水清编著：《中国货币史之最》上，三秦出版社2012年版。

严中平：《中国近代经济史统计资料选辑》，科学出版社1955年版。

汪敬虞：《十九世纪西方资本主义对中国的经济侵略》，人民出版社1983年版。

吴承洛：《中国度量衡史》，上海书店1984年版。

郑友揆：《中国的对外贸易和工业发展》，上海社会科学院出版社1984年版。

罗仑、景甦：《清代山东经营地主经济研究》，齐鲁书社1985年版。

李文治：《明清时代封建土地关系的松解》，中国社会科学出版社1993年版。

严中平：《中国近代经济史（1840—1894）》，人民出版社1987年版。

刘佛丁：《中国近代经济发展史》，高等教育出版社1999年版。

陈峰：《陈峰自选集》，华中理工大学出版社1999年版。

王笛：《跨出封闭的世界——长江上游区域社会研究》，中华书局2001年版。

梁方仲：《梁方仲读书札记》，中华书局2008年版。

陈春声：《市场机制与社会变迁——18世纪广东米价分析》，中国人民大学出版社2010年版。

［奥］耿爱德：《中国货币论》，蔡受百译，商务印书馆1933年版。

［日］吉田虎雄著，周伯棣编译：《中国货币史纲》，中华书局1934年版。

［美］马士：《中华帝国对外关系史》，张汇文等译，商务印书馆1963年版。

［英］莱特：《中国关税沿革史》，姚曾廙译，商务印书馆1963年版。

［英］马歇尔：《货币、信用与商业》，叶元龙等译，商务印书馆1986年版。

［美］马士：《东印度公司对华贸易编年史》第一、二卷，区中华译，张文钦校注，中山大学出版社1991年版。

［美］郝延平：《中国近代商业革命》，陈潮、陈任译，上海人民出版社1991年版。

［法］费尔南·布罗代尔：《15至18世纪的物质文明、经济和资本主义》第1卷，顾良、施康强译，三联书店1992年版。

［法］费尔南·布罗代尔：《15至18世纪的物质文明、经济和资本主义》第2卷，顾良、施康强译，三联书店1993年版。

［美］E. A. 罗斯：《变化中的中国人》，公茂虹、张皓译，时事出版社1998年版。

［德］弗兰克：《白银资本：重视经济全球化中的东方》，刘北成译，中央编译出版社2000年版。

［美］彭慕兰：《大分流：欧洲、中国及现代世界经济的发展》，史建云译，江苏人民出版社2004年版。

［日］加藤繁：《唐宋时代金银之研究——以金银之货币机能为中心》，中华书局2006年版。

［比利时］高华士：《清耶稣会士鲁日满：常熟账本及灵修笔记研究》，赵殿红译，大象出版社2007年版。

［美］黄仁宇：《十六世纪明代中国之财政与税收》，三联书店2007年版。

［日］黑田明伸：《货币制度的世界史——解读"非对称性"》，何平译，中国人民大学出版社2007年版。

［日］高桥弘臣：《宋金元货币史研究——元朝货币政策之形成过程》，林松涛译，上海古籍出版社2010年版。

［日］岸本美绪：《清代中国的物价与经济波动》，刘迪瑞译，社会科学文献出版社2010年版。

三 论文

李逸友：《元代草原丝绸之路上的纸币——内蒙古额济纳齐黑城出土的元钞及票券》，《中国钱币》1991年第3期。

沈伯俊：《文学史料的归纳与解读——元代至明初小说戏曲中白银的使用》，《文艺研究》2005年第1期。

全汉升：《明季中国与菲律宾的贸易》，《中国经济史论丛》，（香港）新亚书院1972年版。

泉州市文物管理委员会：《福建泉州地区出土的五批外国银币》，《考古》1975年第6期。

傅衣凌：《明代前期徽州土地买卖契约中的通货》，《社会科学战线》1980年第3期。

乔晓金：《明代钞币初探》，《中国钱币》1983年第2期。

岳麓：《明代窖藏白银之盛》，《中国史研究》1985年第1期。

李若愚：《从明代的契约看明代的币制》，《中国经济史研究》1988年第4期。

屠燕治：《谈洪武年间的钱币窖藏》，《中国钱币》1988年第1期。

叶世昌：《论大明宝钞》，《平准学刊》第四辑下册，光明日报出版社1989年版。

周卫荣：《"水锡"考辨》，《文物春秋》1992年第3期。

戴志强、周卫荣：《中国古代黄铜铸钱历史的再验证》，《中国钱币》1993年第4期。

庄国土：《16—18世纪白银流入中国数量估算》，《中国钱币》1995年第3期。

王玉祥：《明朝钞法述论》，《甘肃社会科学》1997年第5期。

唐文基：《论明朝的宝钞政策》，《福建论坛》2000年第1期。

陈支平：《从契约文书看清代泉州黄氏家族的工商业兴衰》，《中国经济史研究》2001年第3期。

王裕巽：《试论明中、后期的私铸与物价》，《中国钱币》2001年第3期。

王玉祥:《明代私钱述论》,《中国社会经济史研究》2002 年第 4 期。

孙兵:《明洪武朝宝钞的印造与支出探微》,《江西社会科学》2003 年第 8 期。

万明:《明代白银货币化的初步考察》,《中国经济史研究》2003 年第 2 期。

万明:《白银货币化视角下的明代赋股改革》,《学术月刊》2007 年第 5 期。

梁方仲:《明代国际贸易与银的输出入》,载《梁方仲文集》,中山大学出版社 2004 年版。

李隆生:《明末白银存量的估计》,《中国钱币》2005 年第 1 期。

赵善轩:《重评"大明宝钞"》,《江西师范大学学报》(哲学社会科学版) 2005 年第 1 期。

张瑞威:《足国与富民?——江陵柄政下的直省铸钱》,《明代研究》2005 年第 8 期。

张瑞威:《劣币与良币——论明宪宗一朝的货币政策》,载《全球化下明史研究之新视野论文集》第 2 册,台北东吴大学历史学系,2007 年。

刘利平:《赋役折银与明代中后期太仆寺的财政收入》,《故宫博物院院刊》2010 年第 3 期。

黄阿明:《明代赋税征银中的负面问题》,《史林》2007 年第 6 期。

黄阿明:《明代中后期的伪银流通与国家应对》,《浙江社会科学》2010 年第 1 期。

黄阿明:《明代西南地区的货币与流通》,《兰州学刊》2011 年第 10 期。

黄阿明:《万历三十九年留都铸钱事件与两京应对》,《中国钱币》2012 年第 2 期。

黄阿明:《明代前期的救钞运动及其影响》,《江汉论坛》2012 年第 2 期。

刘光临:《明代通货问题研究——对明代货币经济规模和结构的初步估计》,《中国经济史研究》2011 年第 1 期。

刘光临:《银进钱出与明代货币流通体制》,《河北大学学报》2011

年第 2 期。

陈昆、李志斌：《财政压力、货币超发与明代宝钞制度》，《经济理论与经济管理》2013 年第 7 期。

邱永志：《明代货币结构的转变及其原因——以白银的货币性质为分析视角》，《南京大学学报》2013 年第 5 期。

赵轶峰：《明代白银货币称量形态对国家——社会关系的含义》，《史学月刊》2014 年第 7 期。

卫挺生：《清季中国流行之货币及其沿革》，《清华学报》第 1 卷第 2 期，1924 年。

彭泽益：《1853—1856 年的中国通货膨胀》，见《19 世纪后半期的中国财政与经济》，人民出版社 1983 年版。

彭泽益：《鸦片战争后 10 年银贵钱贱波动下的中国经济与阶级关系》，见《19 世纪后半期的中国财政与经济》，人民出版社 1983 年版。

王光越：《清代乾隆初年钱价增昂问题初探》，《历史档案》1984 年第 2 期。

陈春声：《清代广东的银元流通》，《中国钱币》1985 年第 1 期。

陈春声：《清代广东银钱比价》，《中山大学学报》1986 年第 1 期。

郑友揆：《十九世纪后期银价、钱价的波动与我国物价及对外贸易的影响》，《中国经济史研究》1986 年第 2 期。

周广远：《1870—1894 年中国对外贸易平衡和金银进出口的估计》，《中国经济史研究》1986 年第 4 期。

林满红：《世界经济与近代中国农业——清人汪辉祖一段乾隆粮价记述之解析》，载《近代中国农村经济史论文集》，"中央研究院"近代史研究所，1989 年。

林满红：《中国白银外流与世界金银减产（1814—1850）》，载吴剑雄主编《中国海洋发展史论文集》第 4 辑，台北"中央研究院"中山人文社会科学研究所，1991 年。

林满红：《银与鸦片的流通及银贵钱贱现象的区域分布（1808—1854）》，《"中央研究院"近代史研究所集刊》1992 年第 22 期。

林满红：《与岸本教授论乾隆年间的经济》，《"中央研究院"近代史所研究集刊》1997年第28期。

林满红：《嘉道钱贱现象产生原因"钱多钱劣论"之商榷》，载张彬村、刘石吉主编《中国海洋发展史论文集》第5辑，台北"中央研究院"中山人文社会科学研究所，1993年。

朱宏源：《近代广西货币的变革（1662—1937）》，《'中央研究院'近代史研究所集刊》1990年第19期。

张正明：《清代丁村田契研究》，《中国史研究》1990年第1期。

袁一堂：《清代钱荒研究》，《社会科学战线》1990年第2期。

郑起东：《晚清私铸及其影响》，《近代史研究》1990年第2期。

刘小萌：《乾、嘉年间畿辅旗人的土地交易》，《清史研究》1992年第4期。

戴建兵：《中国近代币制的转折点——机制制钱研究》，《中国钱币》1993年第3期。

黄寿成：《外国银圆在中国的流通》，《中国典籍与文化》1994年第4期。

中国第一历史档案馆：《道光朝北京粮仓吏役舞弊史料》上、下，《历史档案》1994年第2、3期。

佟静：《近代营口的地方性货币——过炉银》，《辽宁师范大学学报》1994年第5期。

郑永昌：《明末清初的银贵钱贱现象与相关政治经济思想》，"国立"台湾师范大学历史研究所，1994年。

金德平：《论我国主币单位"圆（元）"之由来》，《中国钱币》1995年第1期。

戴学文：《云南牌坊锭的公估制度》，《中国钱币》1995年第3期。

汪敬虞：《1895—1927年外国在华银行势力的扩张》，《中国经济史研究》1995年第4期。

刘小萌：《从房契文书看清代北京城中的旗民交产》，《历史档案》1996年第3期。

唐晓辉：《咸丰朝户部钞票舞弊案》，《清史研究》1996年第3期。

张国辉：《晚清货币制度演变述要》，《近代史研究》1997年第5期。

郑永昌：《清代乾隆年间的私钱流通与官方因应政策分析——以私钱收买政策为中心》，《国立台湾师范大学历史学报》1997年第25期。

张小也：《18世纪中期中国各地囤积钱文的状况及其原因》，《清史研究》1998年第3期。

刘序枫：《清康熙—乾隆年间洋铜的进口与流通问题》，载汤熙勇主编《中国海洋发展史论文集》第7辑上册，台北"中研院"中山人文社会科学研究所，1999年。

张国辉：《晚清财政与咸丰朝通货膨胀》，《近代史研究》1999年第3期。

杜家骥：《清中期以前的铸钱量问题——兼析所谓清代"钱荒"现象》，《史学集刊》1999年第1期。

傅为群：《上海嘉定县清代银锭完纳规则残碑》，《中国钱币》2000年第1期。

杜恂诚：《中国近代两种金融制度的比较》，《中国社会科学》2000年第2期。

邓亦兵：《清代前期政府的货币政策——以京师为中心》，《北京社会科学》2001年第2期。

陈景熙：《清末民初地方虚位币制研究——潮汕"七兑银·七兑票"为个案》，《汕头大学学报》（人文社会科学版）2003年增刊。

李强：《论雍正时期的铜禁政策》，《学术界》2004年第1期。

卞利：《清代江西安远县土地买卖契约文书的发现与研究》，《农业考古》2004年第3期。

陈维：《湘潭圆丝银初探》，《西安金融》2004年第11期。

张玉：《从束鹿县张氏家族契约看清代直隶农村的银钱流通》，《中国农史》2005年第1期。

杨枫、岳华：《虚银两之汉口洋例银》，《武汉金融》2005年第10期。

张世才：《清同治后吐鲁番地区土地买卖的形式及特点》，《西域研究》2006年第4期。

刘朝辉：《清代制钱研究综述》，《中国史研究动态》2008年第7期。

曹树基：《清中后期浙南山区的土地典当——基于松阳石仓村"当田

契"的考察》,《历史研究》2008 年第 4 期。

公一兵:《试论清代福建的白银货币结构》,载《中国工商业、金融史的传统与变迁——十至二十世纪中国工商业、金融史国际学术研讨会论文集》,河北大学出版社 2009 年版。

章文钦:《吴渔山嘉定账簿初探》,《中华文史论丛》2009 年第 2 期。

袁为鹏、马德斌:《商业账簿与经济史研究——以统泰升号商业账簿为中心(1798—1850)》,《中国经济史研究》2010 年第 2 期。

彭凯翔:《近代北京货币行用与价格变化管窥——兼读火神会账本(1835—1926)》,《中国经济史研究》2010 年第 3 期。

马勇虎:《乱世中的商业经营——咸丰年间徽商志成号商业账簿研究》,《近代史研究》2010 年第 5 期。

马勇虎:《咸丰年间货币流通的民间形态——徽商志成号商业账簿研究》,《安徽史学》2011 年第 2 期。

马琦:《清代黔铅的产量与销量——兼评以销量推算产量的方法》,《清史研究》2011 年第 1 期。

刘燕武:《天津行化银由宝银转为"虚银两"的过程》,《中国钱币》2011 年第 2 期。

李红梅:《从土地文书看清代货币使用的地域差异》,《江苏钱币》2013 年第 2 期。

任玉雪、武洋:《论清代奉天地区的市钱》,《清史研究》2014 年第 4 期。

张宁:《清代后期的外币流通》,《武汉大学学报》(人文科学版)2003 年第 3 期。

张宁:《论我国现代货币单位"元、角、分"体系的确立》,《史学月刊》2005 年第 2 期。

张宁:《墨西哥银元在中国的流通》,《中国钱币》2006 年第 4 期。

张宁:《制钱本位与 1861 年以前的宁波金融变迁——兼与"大数用银,小数用钱"说商榷》,《中国社会经济史研究》2012 年第 1 期。

张宁:《铜钱危机视野下的明代币制变革》,《湖北大学学报》2014 年第 6 期。

［日］滨口福寿：《隆庆万历期钱法新展开》，《东洋史研究》第3卷，1972年。

［美］郝延平：《晚清沿海的新货币及其影响》，《"中央研究院"近代史研究所集刊》1978年第7期。

［日］黑田明伸：《乾隆の钱贵》，《东洋史研究》第45卷第4期，1987年。

［瑞士］傅汉思：《清代前期的货币政策和物价波动》，《中国钱币》1995年第3期。

［日］百濑弘：《清代西班牙银元的流通》，载于《日本学者研究中国史论著选译》第六卷，中华书局1995年版。

［日］岸本美绪：《评林满红〈世界经济与近代中国农业〉一文》，《"中央研究院"近代史研究所集刊》1997年第28期。

万庆：《乾隆时期关于铜禁政策的大讨论及相关问题研究》，硕士学位论文，广西师范大学，2003年。

张诗波：《明代铜钱铸造之研究》，硕士学位论文，东北师范大学，2004年。

郑永昌：《清代乾隆朝钱贵时期之私钱问题及其对策（1736—1775）》，博士学位论文，台湾师范大学，2005年。

黄阿明：《明代货币与货币流通》，博士学位论文，华东师范大学，2008年。

屈明月：《元代钞法研究》，硕士学位论文，西南政法大学，2010年。

蔡小平：《明代洪武永乐年间的荒政与钞法》，硕士学位论文，江西师范大学，2011年。

娄晓瑞：《清代南疆察合台文契约文书研究》，硕士学位论文，新疆大学，2011年。

彭志才：《清代以来江西地区社会经济若干问题研究》，博士学位论文，河北大学，2014年。